Ingrid Müller-Münch

Die Täterinnen von Majdanek

Ingrid Müller-Münch

Die Täterinnen von Majdanek –

KZ-Aufseherinnen vor Gericht

Dittrich

2. Auflage 2025 [erste Auflage 2024]
Meckenheimer Str. 47 · 53919 Weilerswist-Metternich
info@velbrueck.de
www.dittrich-verlag.de
Printed in Germany
ISBN 978-3-910732-25-4

Satz: Gaja Busch
Covergestaltung: Helmi Schwarz-Seibt, Leverkusen

Bei diesem Buch handelt es sich um eine Neubearbeitung des 1982 erschienen Buches *Die Frauen von Majdanek. Vom zerstörten Leben der Opfer und der Mörderinnen* von Ingrid Müller-Münch.

Bibliografische Information der Deutschen Nationalbibliothek: Die Deutsche Nationalbibliothek verzeichnet diese Publikation in der Deutschen Nationalbibliografie; detaillierte bibliografische Daten sind über http://dnb.dnb.de abrufbar.

Inhalt

Prolog

Zeugin: »Das Mädchen stand auf einem Schemel. Dann wurde der Schemel weggestoßen … durch … Brygida.«

Ein Richter hakt nach:

Richter: »Was hatte das Mädchen an? Ein dunkles Kleid. Sie haben aber vorhin gesagt, ein schwarzes Kleid.«

Der Zeugin wird vorgehalten, eine andere Überlebende des Konzentrations- und Vernichtungslagers Majdanek habe gesagt, es sei ein roter Rock und eine blaue Bluse oder ein blauer Pullover gewesen. Der Vorsitzende Richter schaltet sich ein, korrigiert, braun. Roter Rock und brauner Pullover oder brauner Rock und roter Pullover.

Zeugin: »Es ging so plötzlich. Wir hatten solche Angst. Wir haben weggeschaut.«

Die Zeugin wird immer leiser, ihre Schultern sacken nach vorne. Das Gericht wird aufmerksam. Weggeschaut? Ja dann kann sie ja nichts gesehen haben.

Doch, versichert die Zeugin, es sei Brygida gewesen, die den Schemel umgestoßen habe. Ob denn das Mädchen noch etwas gesprochen habe, bevor es gehängt wurde, will der Vorsitzende Richter wissen.

Zeugin: »Vergesst mich nicht und rächt mich.« (*Zeugin schluchzt und flüstert fast*)

Richter: »Hatte das Mädchen Schuhe an oder war es barfuß?«

(Befragung einer KZ-Überlebenden als Zeugin im Majdanek-Prozess)

Ein Taxifahrer fällt aus der Rolle – »Ein ganz normaler Prozesstag«

Der 466. Verhandlungstag im Majdanek-Prozess. Den ganzen Vormittag hatte ich in der muffigen Atmosphäre des Düsseldorfer Landgerichts verbracht, einem der Verteidiger gelauscht, der durch sein Plädoyer eine angeklagte Massenmörderin vor lebenslanger Haft bewahren wollte. Und ich kam mir jetzt am Kölner Hauptbahnhof, auf der Suche nach einem Taxi, noch immer fremd und deplatziert in dieser hektischen Alltagsbetriebsamkeit vor. Der Wechsel von der Welt, über die man in Saal 111 des Düsseldorfer Landgerichts seit über fünf Jahren zu Gericht saß, und der, die draußen vor der Tür so gar nichts damit zu tun hatte, fiel mir fast jedes Mal schwer. So grübelte ich denn vor mich hin und ließ mich erschöpft von einem Taxifahrer nach Hause kutschieren. Ganz in Gedanken, müde und leer. An einem Zebrastreifen musste der Wagen halten, weil eine Frau mit einem Kopftuch, an der Hand zwei kleine Kinder, die Straße überquerte. Plötzlich eröffnete der Mann hinter dem Steuer mit einer Bemerkung, die ich erst gar nicht verstand, einen endlos langen Monolog. »Woanders wäre ich jetzt einfach durchgefahren«, brummte er zwischen den Zähnen. Woraufhin ich erstaunt aufhorchte und mich erkundigte, wie er das gemeint habe. Von der Frau, die da so unverhofft seinen Weg gekreuzt hatte, kam er auf die Ausländer, die sich hier breit machten und es geschickt verstünden, durch unaufhaltsames Kinderkriegen dem deutschen Steuerzahler die Würmer aus der Nase zu ziehen. Die sollte man alle »platt machen«. Dann ließ er sich über die »Zigeuner« aus, die zwar verdreckt und verarmt täten, aber im Grunde genug Geld zusammengeschachert hätten, um in dicken Mercedes-Limousinen durch die Gegend zu fahren. Und so, als hätte er geahnt, dass ich gerade aus einem Prozess kam, bei dem es um die Ermordung von hunderttausenden Menschen ging, schlug er auch dorthin noch den Bogen.

Einige Tage vor diesem Dienstag, dem 12. Mai 1981, hatte der damalige israelische Ministerpräsident Menachem Begin für Schlagzeilen gesorgt, als er dem deutschen Volk insgesamt die Mitschuld an dem gegeben hatte, was während der nationalsozialistischen Herrschaft den Juden angetan worden war. Was der sich eigentlich einbilde – geriet die Stimme des beleidigten deutschen Volkes da hinter dem Lenkrad immer mehr in Fahrt – wo diese Juden uns Deutsche doch nun wirklich hinlänglich geschröpft hätten. Millionen und Millionen an Wiedergutmachung hätten wir ihnen schon in den Rachen gestopft, und noch immer wollten sie keine Ruhe geben. Dabei lebte doch längst keiner mehr von denen, die seinerzeit in den KZs gewesen wären. Es sei Zeit, endlich »Schwamm drüber« zu sagen, damit deren Kinder nicht länger auf unsere Kosten ein schönes Leben in Israel führen könnten. Die ganze Fahrt über ging das so – und da ich wie versteinert diese Hasstirade über mich ergehen ließ, feuerte ihn mein Schweigen erst recht an. Endlich, vor meiner Haustüre, hörte der Redefluss auf. Aber noch immer brachte ich kein Wort heraus, gab ihm sogar ein Trinkgeld und ging nach Hause.

Bis heute habe ich mir nicht verziehen, dass ich so gar nichts dazu gesagt habe. Dass ich nicht wenigstens meine Verachtung, meinen Widerspruch, mein Entsetzen ausgedrückt habe. Und wenn es nur dadurch gewesen wäre, dass ich ihm kein Trinkgeld gegeben hätte. Ich habe seither oft darüber gegrübelt, warum mich diese Situation so gelähmt hat. Warum ich, sonst kaum um eine Antwort verlegen, gar nicht reagieren konnte.

Vielleicht ist diese Szene mit ein Grund dafür, warum ich das Buch, das ich 1982 über die Frauen von Majdanek schrieb, hier nun in einer aktualisierten und überarbeiteten Form noch einmal herausgebe. Denn nationalsozialistisches Gedankengut lebt bis heute weiter, wie auch an dem neuerlichen Erstarken von rechten und rechtsextremen Parteien zu erkennen ist.

Was mich damals an diesem Prozess gegen Hackmann u.a. (wie er offiziell nach dem Hauptangeklagten und ehemaligen SS-Hauptsturmführer Hermann Hackmann benannt war) vor allem faszinierte, waren die Rollen, die die angeklagten Frauen in Majdanek spielten. Bis dahin wusste man wenig über KZ-Aufseherinnen. Hier bot sich die Gelegenheit, ihre Motive, ihr Leben kennenzulernen. Denn Hass und Gewalt in Majdanek gingen nicht ausschließlich von den Männern aus. Sie hatten zwar das Sagen, wie in allen Konzentrations- und Vernichtungslagern. Aber auch die Frauen erwiesen sich nicht dem Klischee entsprechend, das sie als weise, versöhnlich, mütterlich und friedfertig zeichnet. Die im Majdanek-Prozess angeklagten Frauen mordeten und waren auf eine Weise brutal, dass sie in so mancher Publikation über das Verfahren als wahre Furien und Monster dargestellt wurden.

Um mein Buch über die Frauen von Majdanek noch einmal in die Hand zu nehmen und meinen Zorn über das loszuwerden, was seit seiner Erstveröffentlichung im Jahre 1982 geschehen war, brauchte ich mehrere Anläufe, habe mich lange gesträubt. Zu schmerzhaft ist die Erinnerung daran, was in Majdanek geschah und was in Saal 111 des Düsseldorfer Landgericht noch einmal in Erinnerung gerufen wurde.

Erst 2015 begann ich ernsthaft darüber nachzudenken. Damals wurde Oskar Gröning, einst Buchhalter von Auschwitz, wegen Beihilfe zum Mord in 300.000 Fällen vor dem

Schwurgericht Lüneburg angeklagt und verurteilt. Als Ende 2022 von einem Itzehoer Landgericht eine 97-Jährige ehemalige Sekretärin des Konzentrationslagers Stutthof nach 40 Verhandlungstagen wegen Beihilfe zum Mord in mehr als 10.000 Fällen verurteilt wurde, habe ich angefangen, meine Unterlagen zu durchforsten und zu sortieren. Und mich zurückerinnert an die Zeit, als einstige Majdanek-Häftlinge nach Düsseldorf angereist waren, um gegen ihre ehemaligen Peiniger und Peinigerinnen auszusagen. Hätte es damals schon den heutigen juristischen Umgang mit dem Personal in den Konzentrations- und Vernichtungslagern der Nationalsozialisten gegeben – ihre Anreise wäre nicht nötig gewesen. Sie hätten sich nicht noch einmal mit Erinnerungen und Albträumen konfrontieren müssen. Ein Umschwung, der mich heute noch wütend macht. Nicht weil er stattfand. Sondern weil er viel zu spät kam.

Am 26. November 1975 habe ich zum ersten Mal ein Gerichtsgebäude betreten. Wenige Wochen zuvor erst war mein Volontariat bei der *Westdeutschen Zeitung* zu Ende gegangen. Übergangslos wurde ich damals Landeskorrespondentin der Nachrichtenagentur Reuters. Das bedeutete, dass ich an manchen Tagen drei, vier Termine wahrnehmen musste. Dieser hier war Pflicht, hörte sich nach Routine an.

Altnazis vor Gericht! War dazu nicht längst alles gesagt?

Die Redaktion meinte, da müsse ich schon hingehen. Dennoch verspürte ich allgemein ein unterschwelliges Desinteresse, zunächst auch bei mir. Das änderte sich erst vier Jahre nach Prozessbeginn, Hollywood sei Dank. Mit der Ausstrahlung der Fernsehserie »Holocaust« im Januar 1979 drängte sich die Erinnerung an die millionenfach ermordeten Juden plötzlich zwischen Salzstangen und Feierabendbier mitten in die deutschen Wohnzimmer.

An diesem November-Mittwoch 1975 jedoch stand ich – schlecht vorbereitet auf das, was da auf mich zukommen würde – unschlüssig auf dem Flur vor Saal 111 des Düsseldorfer Landgerichts. Jung war ich, Mitte 20, unerfahren, nervös. Ich ahnte noch nicht, dass in wenigen Minuten eines der aufwendigsten und längsten Verfahren in der Geschichte der Bundesrepublik beginnen würde. Ein Prozess, der mein Leben mitbestimmen sollte. Hier ging es um sechs Frauen und neun Männer, einst SS-Leute, allesamt als junge Menschen Aufseher und Aufseherinnen des Konzentrationslagers Majdanek. Der Prozess war eine Besonderheit, denn nie zuvor waren ehemalige SS-Frauen vor einem deutschen Gericht angeklagt worden. Man wusste wenig über KZ-Aufseherinnen, kannte weder ihre Motivation, ihre Herkunft, ihren Alltag, ihren Antrieb. Der Majdanek-Prozess hat einiges ans Licht geholt.

Noch jedenfalls waren die Saaltüren an diesem ersten Verhandlungstag verschlossen. Neben mir bildeten sich Grüppchen, Kollegen begrüßten sich, man kam ins Gespräch. Unerfahren, wie ich war, gehörte ich noch nicht zu diesem inneren Zirkel. Deshalb schlenderte ich allein den langgestreckten Flur entlang. Plötzlich kam eine Frau auf mich zu. Korpulent, die Haare zu einem altmodischen Dutt im Nacken zusammengesteckt, eher nachlässig in ein schlechtsitzendes Kostüm gekleidet. Ihr Lächeln, mit dem sie mich begrüßte, wirkte angespannt, unsicher, beinahe devot. Noch bevor ich mich erkundigen konnte, wer sie denn sei, platzte es regelrecht aus ihr heraus: Das, was hier vonseiten der deutschen Justiz gespielt werde, sei zutiefst ungerecht. Die Polen hätten sie doch schon verurteilt und inhaftiert. Jetzt müsse doch auch mal gut sein, wo sie doch immer nur das Beste gewollt hätte. Bei diesen Worten schniefte sie in ein Taschentuch.

Drei Angeklagte hinter Regenschirmen auf dem Gerichtsflur vor Saal 111

Erschrocken hörte ich ihr zu. Noch bevor ich mich erkundigen konnte, wer sie denn sei, öffneten sich die Saaltüren, auf die nun alle zustrebten. Ich schloss mich an und ergatterte einen der vorderen Plätze auf der Pressebank. Von dort aus sah ich sie wieder, diese Frau, deren Namen ich noch immer nicht kannte. Sie hatte in der zweiten Reihe Platz genommen, als Angeklagte, direkt gegenüber dem Richterpult. Kurz darauf betrat die Schwurgerichtskammer zum ersten Mal Saal 111.

Gleich zu Prozessbeginn wurde klar: Routine würde dies nicht sein, was mich hier erwartete, in diesem wilhelminisch prunkvollen, dadurch aber auch einschüchternden Gerichtsgebäude an der Düsseldorfer Mühlenstraße. Am fünften Verhandlungstag erst konnte nach endlosem Hin und Her zwischen Verteidigern und Gericht die Anklageschrift verlesen werden.

Auf meinem Stenogrammblock vom 5. Dezember 1975 erinnern mich die verwischten undeutlichen Schriftzeichen an meine Tränen und meine Wut, die ich an diesem Wintervormittag nicht zurückhalten konnte. Wut über jene Frau, die sich so dreist auf dem Gerichtsflur bei mir angebiedert hatte. Und nun, während der Hauptverhandlung, unter der Bank gerne ihr Strickzeug verbarg.

An jenem Tag verwandelte sie sich in meinen Augen zurück in die »blutige Brygida« der Jahre 1942/43. In die Aufseherin des Lubliner Lagers, die – laut Anklage – Häftlinge getreten und zu Tode gepeitscht, Frauen und Kinder zum Ersticken in der Gaskammer ausgewählt, ihren Schäferhund auf eine schwangere Jüdin gehetzt und Frauen in Latrinen gestoßen und ertränkt haben soll. Die Opfer der in Majdanek begangenen Verbrechen wurden vergast, erschossen, erschlagen, totgetreten, erhängt, ertränkt, geschunden, gefoltert. Und Hildegard Lächert, die »blutige Brygida«, habe mitgeholfen.

474 Tage lang, vom 26. November 1975 bis 30. Juni 1981, also fünfeinhalb Jahre lang, versuchte das Düsseldorfer Schwurgericht die Vorwürfe gegen Hildegard Lächert, Hermine Ryan-Braunsteinger und die mit ihnen angeklagten Männer und Frauen zu erhärten. Mithilfe von etwa 340 Zeugen aus Israel, der damaligen UdSSR, Polen, den USA, Südafrika, Australien, Österreich, Kanada und Deutschland. Darunter 215 ehemalige Häftlinge, Männer und Frauen, sowie 85 einstige Angehörige des SS-Wachpersonals. Etwa 70mal reiste das Schwurgericht zur Vernehmung derjenigen ins Ausland, die sich weigerten, wieder deutschen Boden zu betreten. Oder für die eine solche Reise einfach zu beschwerlich gewesen wäre.

Ich habe seit 1975, also seit meinem ersten Besuch im Majdanek-Prozess, fast 25 Jahre lang in NS-Prozessen vor deutschen und französischen Gerichten auf der Pressebank gesessen. In dieser Zeit habe ich immer wieder mitbekommen, welchen Qualen KZ-Überlebende ausgesetzt waren, angesichts einer minutiösen und dadurch häufig auch verletzenden, oftmals wenig rücksichtsvollen Befragung vonseiten des Gerichts, der Staatsanwaltschaft und der Verteidiger. Einer Befragung, die deshalb notwendig war, weil jedem der Angeklagten en détail nachgewiesen werden musste, ob er oder sie die ihnen zur Last gelegte Exzess-Tat auch begangen hatte.

Deshalb musste geklärt werden, ob Zeugen sich daran erinnerten, wie die SS-Leute zu dem Zeitpunkt, an dem sie ihre Verbrechen begangen haben sollen, gekleidet waren, zu welcher Uhrzeit sich die Angelegenheit begeben hatte, wie die Sonne stand, ob eine Erhängung mittels einer Schlaufe oder eines Hakens stattfand, usw., usw. Allesamt Fragen, die die einstigen KZ-Häftlinge kaum beantworten konnten.

Ein Überlebender vor Gericht drückte das Dilemma so aus: »Ich kann keine Name nicht. Ich weiß nur eine Sache: War er in Majdanek, hat er gemordet. Aus!«

Und eine weitere Zeugin beschrieb die juristische Prozedur folgendermaßen: »Man verlangt von uns, dass wir, wenn wir dabei gewesen sein wollen, alles gesehen und gehört haben müssen. Dabei waren wir vor Angst und Schrecken geradezu gelähmt, und unsere Sinne nahmen kaum etwas wahr. Man fordert von uns, die Stunde, den Tag zu nennen, aber wir besaßen im Lager keine Uhr, keinen Kalender. Wir wussten oft nicht einmal, ob es ein Sonn- oder Feiertag war. Wir sollen das Aussehen unserer Henker beschreiben. In ihren Uniformen sahen sie aber für uns alle gleich aus. Wenn wir uns dann in einem Punkt irren, werden unsere Aussagen in Bausch und Bogen abgetan.«

Dem Ankläger für die Verbrechen des weiblichen KZ-Personals von Majdanek, Staatsanwalt Dieter Ambach, fiel immer wieder auf, dass eine besonders große Belastung für die Überlebenden der Moment war, wenn sie vom Gericht gebeten wurden, durch die Reihen zu gehen, in denen die Angeklagten mit ihren Verteidigern saßen. Dabei mussten sie ihren einstigen Peinigern ins Gesicht schauen, um sie zu identifizieren.

Manche fingen an schrecklich zu schreien: »Er hat meine Mutter weggenommen! Das ist er.« Der Dolmetscher sagte, »Frau Jakubovic, sie müssen sich mehr beherrschen. Sie sind viel zu aufgeregt.« »Sag ich, ich kann nicht. Jetzt seh ich das ganze Bild. Er hat meine Mutter weggebracht. Ich bin nicht jetzt im Gerichtssaal. Ich bin jetzt in Majdanek.«

Von den Überlebenden wurde verlangt, im Zeugenstand möglichst emotionslos und objektiv das Erlebte zu schildern. Taten sie dies nicht, schlug sich das zugunsten der Angeklagten im Urteil nieder. Dort hieß es dann: »Ihre Angaben erschienen der Schwurgerichtskammer aber gleichwohl lediglich in begrenztem Umfang klar, verlässlich, objektiv und frei von Irrtümern bzw. Erinnerungsfehlern.« Die Zeugin habe versucht, »das objektive Tatgeschehen außerdem noch mit ausgesprochen emotional geprägten subjektiven Eindrücken und Wertungen ›anzureichern‹. In den von der Zeugin zum Teil mehrfach wiederholten Äußerungen, die SS-Aufseherin (Lächert) habe den Häftling – so wörtlich – ›zerrissen‹, sie habe ihn mit Fußtritten und Peitschenhieben ›bearbeitet‹, bis er nur noch ein ›Blut- und Fleischklumpen‹ und ›hundertprozentig‹ tot gewesen sei, kommt das nach der Überzeugung der Schwurgerichtskammer deutlich zum Ausdruck.« Die angeklagte Lächert, so das Gericht, musste deshalb in Anwendung des Grundsatzes in dubio pro reo in diesem Anklagepunkt freigesprochen werden.

Und dann lese ich am 6. April 2013 auf der Titelseite der im Ruhrgebiet erscheinenden *Westdeutschen Allgemeinen Zeitung*: »Fahnder sind 50 KZ-Wärtern aus Auschwitz auf der Spur«. Ich las diesen Satz mehrmals, bevor ich begriff, dass nunmehr – 68 Jahre nach Ende des Zweiten Weltkrieges und der Befreiung von der nationalsozialistischen Herrschaft – endlich die Strafverfolgung von KZ-Aufsehern und -Aufseherinnen in Gang gekommen war.

Warum jetzt? Warum erst jetzt? Ich kontaktierte den Mann, von dem ich mir Aufklärung über den so überraschenden Eifer seiner Behörde erhoffte: Oberstaatsanwalt Kurt Schrimm, damals Leiter der Ludwigsburger Zentralen Stelle für die Aufklärung von NS-Verbrechen. Kleinlaut räumte er ein: »Man hätte dies auch vorher tun können. Aber in den Köpfen (einschließlich meinem Kopf) der deutschen Staatsanwälte war das Thema Auschwitz erledigt. Wir sagen heute, es war falsch, die nicht zu verurteilen. Es war falsch. Und nur weil damals Fehler gemacht wurden, diesen Fehler jetzt fortzusetzen, würde ich wiederum auch für falsch halten. Gleichheit im Unrecht gibt's nicht.«

Es ist eine Sensation, dass dies plötzlich möglich wurde, eine radikale Wende in der Rechtsprechung. Ohne dass es eine Gesetzesänderung gegeben hätte. Lediglich durch eine andere Auslegung der bestehenden Paragrafen. Für die Kölner Strafverteidigerin Edith Lunnebach war »eigentlich immer schon klar, wenn du da warst in Majdanek, warst du beteiligt an diesem gemeinsamen, an diesem organisierten Verbrechen. Denn das Betreiben von Konzentrations- und Vernichtungslagern war ein organisiertes Verbrechen. Insoweit haben wir Strafverteidiger uns immer schon gewundert, dass die Strafverfolgung von Aufsichtspersonal und Mitarbeitern in derartigen Lagern an dem angeblich notwendigen Einzeltatnachweis krankte.«

Ausgelöst worden war das neue Denken, die neue juristische Herangehensweise, durch einen kleinen Amtsrichter aus Bayern. Kurz vor seiner Pensionierung hatte sich Thomas Walther 2006 in die Zentrale Stelle zur Aufklärung von NS-Verbrechen versetzen lassen und war fassungslos darüber, wie dort mit ehemaligen NS-Tätern umgegangen wurde. »Das haben wir schon immer so gemacht, Herr Walther«, wurde ihm gleich bei seinem Amtsantritt gesagt. Und da solle er nun ja nicht dran rütteln. Doch da kannte man Thomas Walther noch nicht. Denn er beließ es nicht dabei.

Als ihm gesagt wurde, man könne nur gegen KZ-Aufseher ermitteln, wenn sie durch besondere Grausamkeiten aufgefallen seien, bei einer Erschießung zum Beispiel mitgewirkt und beobachtet wurden, oder wenn sie jemanden aufgehangen hätten und es hierfür noch einen lebenden Zeugen gäbe – da stutzte Walther. Für ihn stand außer Frage: Wer gegen Sold in einer Mordfabrik arbeitete und wusste, was er tat, leistete zumindest Beihilfe zum Mord. Das genau habe ich auch immer empfunden, in all den Jahren auf der Pressebank, und häufig habe ich diesen Umgang mit NS-Tätern in meinen Prozessreportagen kritisiert.

Die Konsequenz aus dem starren Festhalten am Nachweis jeder einzelnen Tat war: Kaum ein KZ-Aufseher, eine KZ-Mitarbeiterin stand jemals vor Gericht. 6.500 Verfahren wegen mutmaßlicher NS-Verbrechen fanden überhaupt nur statt. Die meisten endeten wegen des verlangten Nachweises über jede einzelne Tat mit beschämend geringen Strafen. Demgegenüber standen über 84.000 Einstellungsbeschlüsse. Manch einer bezeichnet sie, nicht von ungefähr, als 84.000 heimliche Begnadigungen. »Geradezu im Gnadenfieber« seien die Strafen erlassen worden, so Robert Kempner, einer der Ankläger von Nürnberg.

Das Lager Majdanek – Auszüge aus Gerichtsakten und Urteilsbegründung

Zum ersten Mal standen im Düsseldorfer Majdanek-Prozess KZ-Aufseherinnen vor einem deutschen Gericht. Neben anfangs neun Männern waren zunächst auch sechs Frauen angeklagt. Der Saal 110 des Düsseldorfer Landgerichts war kaum groß genug für alle Prozessbeteiligten. Direkt gegenüber dem Richterstisch, mit Blick auf das Gericht, saßen die Angeklagten, umrahmt von jeweils zwei Verteidigern.

Nach 474 Verhandlungstagen wurden 7 Männer und 2 Frauen verurteilt. Doch nur SS-Aufseherin Hermine Ryan-Braunsteiner bekam lebenslang wegen Mordes. Hildegard Lächert, die »blutige Brygida«, wurde wegen Beihilfe zum Mord zu lediglich zwölf Jahren Haft verurteilt, obwohl die Staatsanwaltschaft siebenmal lebenslänglich gefordert hatte.

Wie viele Menschen tatsächlich in Majdanek inhaftiert und vergast wurden, verhungerten, durch die Schwerstarbeit oder an Seuchen starben, von SS-Leuten erschlagen, erschossen, getötet wurden, konnte in dem Prozess nicht geklärt werden. Schätzungen schwanken zwischen mindestens 200.000 und einer Million Menschen. Erschwert wird die Rekonstruktion der Anzahl von Inhaftierten dadurch, dass in Majdanek, anders als in KZs üblich, keine Numerierung der neu eintreffenden Häftlinge stattfand.

Im Spätsommer 1941 wurde mit der Errichtung des Lagers Lublin Majdanek begonnen. Die SS-Führung hatte zu diesem Zweck ein im wesentlichen unbebautes Gelände in der Nähe des Lubliner Stadtbezirks Majdan Tartarski, volkstümlich auch Majdanek genannt, ausgewählt. Zur Durchführung der hierfür erforderlichen Arbeiten bediente man sich sowohl polnischer Zivilarbeiter als auch russischer Kriegsgefangener.

Nach Errichtung der ersten Sicherungsanlagen wurden mehrere hundert russische Kriegsgefangene als ständige Arbeitskräfte in das neue Lager verlegt. Infolge der schlechten Lebensbedingungen, insbesondere durch das im Lager grassierende Fleckfieber, ging die Zahl der Kriegsgefangenen jedoch innerhalb weniger Monate auf 150 bis 200 zurück.

An ihre Stelle traten andere Häftlingsgruppen: Häftlinge aus Konzentrationslagern im Reichsgebiet, die Ende 1941 in Lublin eintrafen und denen die in Konzentrationslagern typischen Funktionen als Blockälteste, Kapos usw. übertragen wurden. Im Frühjahr 1942 trafen die ersten größeren »Judentransporte« im Lager ein: Ende März/Anfang April 1942 waren das 10.000 Juden aus der Slowakei, denen ab Anfang 1943 jüdische Häftlinge aus allen Teilen des besetzten Europas folgten. Während dieser Zeit wurde der Ausbau des Lagers weiter fortgetrieben.

Wann genau die ersten weiblichen Häftlinge in das Lager überführt worden sind, konnte in der Beweisaufnahme des Majdanek-Prozesses nicht eindeutig geklärt werden. Sicher ist lediglich, dass dies in den letzten Monaten des Jahres 1942 geschehen ist. Und dass ab Anfang Januar 1943 hunderte von weiblichen Häftlingen eintrafen, vornehmlich aus politischen Gründen festgenommene polnische Frauen und Mädchen. Die für die Frauen reservierte Abteilung verfügte über ein eigenständiges Kinder- und Jugendlager.

Zur Beaufsichtigung der weiblichen Häftlinge wurde am 15. Oktober 1942 eine Gruppe von SS-Aufseherinnen vom Frauen-KZ Ravensbrück nach Lublin kommandiert. Es waren die kurz darauf zur sogenannten Aufseherin ernannte, nach dem Krieg wegen ihrer Tätigkeit im Lager, insbesondere der Beteiligung an der Vergasung jüdischer Kinder, in Polen zum

Tode verurteilte und hingerichtete Elsa Ehrich und neun andere Aufseherinnen, darunter die Angeklagten Ryan und Lächert sowie die ehemalige Mitangeklagte Mayer. Im Frühjahr 1943 wurde die Gruppe nach und nach auf annähernd 20 Aufseherinnen verstärkt.

Bei den Aufseherinnen handelte es sich durchweg um jüngere Frauen ohne spezielle Ausbildung hierfür, die zu dieser Tätigkeit entweder aufgrund der sogenannten Notdienstverordnung aus dem Jahr 1938 dienstverpflichtet oder durch die Arbeitsämter vermittelt worden waren. Sie trugen im Dienst eine feldgraue Uniform, bestehend aus Rock, Jacke und Mantel, militärähnliche Stiefel und einem sogenannten Schiffchen als Kopfbedeckung. Zumindest einige der Aufseherinnen verfügten über einen pelerineähnlichen Umhang. Ausgerüstet waren sie mit Pistolen und verschiedenen Arten von Peitschen, die jedoch nicht alle Aufseherinnen ständig bei sich trugen.

Die Massentransporte jüdischer Menschen aus dem Warschauer Getto im Frühjahr 1943 sowie weiterer Umsiedlungsaktionen hatte zur Folge, dass sich bis zum Herbst 1943 zeitweilig einige 10.000 Gefangene im Lager befanden, darunter alleine 7.000 weibliche Häftlinge. Dadurch waren die Baracken vielfach erheblich überbelegt.

Das Gelände war zum größten Teil mit einem Stacheldrahtzaun umgeben. Der unbebaute Teil des Feldes diente als Appellplatz, auf dem sich die Häftlinge morgens und abends aufzustellen hatten. Auf jedem Appellplatz befand sich in der Mitte ein hölzerner Galgen und in der Nähe des Eingangs ein Wasserbassin. Unmittelbar am Eingang der Felder lagen Wachstuben, in denen sich die Blockführer aufhielten.

Die Unterkunftsbaracken der Häftlinge bestanden aus sogenannten Pferdebaracken, von denen die meisten keine Fenster, sondern nur Luken hatten. Anfangs schliefen die Häftlinge auf Stroh, das in dünner Schicht direkt auf der nackten Erde lag. Später, als die Baracken Fußböden bekamen, verteilte man an die Häftlinge Papierstrohsäcke mit ein wenig Spähnen oder Stroh. Im Jahre 1943 wurden dann die Baracken mit jeweils 250 dreifach übereinanderliegenden Pritschen und Barren versehen. Ungeachtet der Anzahl der Pritschen wurden die Blocks jedoch häufig mit 500 bis 1.000 Personen belegt. Darüber hinaus gab es auf jedem Feld einen sogenannten »Gammelblock«, in den die Häftlinge, die für eine medizinische Versorgung nicht mehr geeignet schienen, gebracht und ihrem Schicksal überlassen wurden.

Das Konzentrationslager Lublin-Majdanek verfügte über mehrere Gaskammern. Die beiden kleineren Kammern, die etwa je hundert Personen fassten, hatten an der Decke Öffnungen, durch die vom Dach der Baracke aus Zyklon B eingeworfen werden konnte. Die dritte, größere, sowie eine der kleineren Kammern besaßen an den Wänden in etwa 20 cm Höhe über dem Fußboden verlaufende Rohrleitungen, die an der Unterseite kleine Öffnungen hatten und an Metallflaschen mit Kohlenmonoxyd, die sich in einem Vorraum befanden, angeschlossen waren. Vor der Häftlingsbaracke befand sich ein größerer, mit Stacheldraht eingezäunter Platz, der sogenannte »Rosengarten«, auf dem die Häftlinge zur Vergasung ausgesondert oder vor der Vergasung gesammelt wurden.

Die Leichen der zu Tode gekommenen Häftlinge wurden in einem im Juni 1942 erbauten Krematorium verbrannt. Dieses Krematorium verfügte über zwei Feuerstellen, in denen in 24 Stunden ca. 200 Leichen verbrannt werden konnten. Ab Herbst 1943 wurde ein hinter Feld V erbautes größeres Krematorium in Betrieb genommen, das über fünf Öfen verfügte, in denen bis zu tausend Leichen täglich verbrannt werden konnten. Sofern die Kapazität des jeweiligen Krematoriums nicht ausreichte, wurden die Leichen auch in der Umgebung des Lagers auf Kfz-Fahrgestellen und Eisenbahnschienen verbrannt.

Dem Konzentrationslager Lublin-Majdanek waren, im Gegensatz zu Auschwitz, zu keiner Zeit bedeutende industrielle Unternehmen angeschlossen. Die aus den Reihen der Häftlinge gebildeten Arbeitskommandos waren daher hauptsächlich im Lagerbereich selbst eingesetzt. Sie errichteten Baracken und andere Lagerobjekte, bauten Straßen, legten die Stromleitung und die Kanalisation an, arbeiteten in Werkstätten der verschiedensten Art, in Wäschereien, Gärten und auf dem Lagergut und wirkten bei der Beseitigung der Leichen mit. Besondere Erwähnung hierbei verdienen das Latrinenkommando, von den Häftlingen »Scheißekommando« genannt, in dem ausschließlich weibliche Häftlinge die Fäkalien aus den provisorischen Latrinen und Aborten wegzuschaffen hatten, sowie das Krematoriums-Kommando.

Da es bei der großen Zahl der Häftlinge häufig nicht für alle sinnvolle Arbeiten gab, wurden sie oft zu zwecklosen Tätigkeiten, wie zum Beispiel das Hin- und Hertragen von Steinen und Erdreich oder das Ausheben und Wiederzuschütten von Gräbern, eingesetzt. Damit sollte die geistige und körperliche Kraft und Widerstandsfähigkeit gebrochen warden.

Bedingt durch die Kriegslage begann im April 1944 die Evakuierung. Das Frauenfeld wurde völlig aufgelöst, die weiblichen Häftlinge kamen zumeist in die Lager Auschwitz und Ravensbrück. Zugleich wurden alle noch vorhandenen Aufseherinnen und ein Teil des männlichen Aufsichtspersonal in andere Lager versetzt. Am 22. Juli 1944 wurde das Lager aufgegeben und die meisten der im Lager befindlichen Häftlinge evakuiert. Am 23. Juli 1944 galt Majdanek als befreit. Die sowjetischen Soldaten stießen auf etwas über 1.000 überlebende Häftlinge, vornehmlich sowjetische Kriegsgefangene und polnische Bauern.

Die Angeklagte Hermine Ryan-Braunsteiner, genannt »Kobyla, die Stute«

Die Lufthansa-Maschine, die am Dienstag, dem 7. August 1973, vom New Yorker Kennedy-Airport kommend in Düsseldorf-Lohausen landete, barg eine ganz besondere Fracht: flankiert von zwei deutschen Kriminalbeamten entstieg ihr eine grauhaarige, unscheinbare Frau, deren Geschichte den wenigsten ihrer Mitreisenden bekannt gewesen sein dürfte. Es war Hermine Ryan-Braunsteiner die – nach jahrelangem verbissenen Gerangel zwischen deutschen Strafverfolgungsbehörden und ihren Anwälten – endlich am Vorabend von zwei New Yorker Polizisten aus dem Gefängnis East Meadow geholt und den deutschen Kollegen übergeben worden war.

Fast zehn Jahre hatte der Kampf darum angedauert, ob diese Frau von den US-Behörden an die Bundesrepublik ausgeliefert werden konnte. Seit dem Tag genau, an dem der Wiener Nazi-Jäger Simon Wiesenthal New Yorker Journalisten darauf aufmerksam gemacht hatte, dass in ihrer Stadt eine der berüchtigtsten NS-Verbrecherinnen untergetaucht war, eine ehemalige Aufseherin der Konzentrationslager Ravensbrück, Majdanek und Genthin.

1964 klingelte ein Reporter der *New York Times* an der Haustür des Ehepaares Ryan im New Yorker Stadtteil Queens und erkundigte sich: »Sind Sie Frau Braunsteiner, Hermine Braunsteiner?« Simon Wiesenthal hatte ihm einen Tipp gegeben. Damals waren die ersten Schlagzeilen über die ehemalige KZ-Aufseherin in der Presse erschienen. *Enquire* wählte die Überschrift »Hausfrau muss für ihre Tätigkeit als Wächterin in einem KZ ausgeliefert werden«. Die *Daily News* schrieb, dass diese Frau im KZ Majdanek eine herausragende Rolle bei der Selektion von jüdischen Frauen zur Vergasung gespielt hatte. Und Wiesenthal selbst hatte in *Das Beste* gefordert, »sie hat zu bezahlen für ihre Verbrechen«.

Erst als Medien über sie berichteten, Pressefotografen ihr auflauerten – um ein Bild von der Hausfrau zu machen, die eine Massenmörderin gewesen sein soll – war es vorbei mit der Ruhe in dem kleinen Haushalt des Ehepaars Ryan.

Die polnische Zahnärztin Danuta Medryk, eine Überlebende des Lagers, flog zweimal nach New York, um vor dortigen Richtern Zeugnis über die Vergangenheit der jetzigen Frau Ryan abzulegen. Mary Finkelstein, eine in New York lebende ehemalige Häftlingsfrau, schilderte der amerikanischen Justiz, welch herausragende Rolle die Hermine Ryan-Braunsteiner in Majdanek gespielt hatte.

Am 21. März 1973 unterschrieb ein Oberrichter des *United States District Court* die Ausweisungsverfügung der Frau Ryan, geb. Braunsteiner, die vierzehn Jahre zuvor zum ersten Mal amerikanischen Boden betreten hatte. In der Begründung dieses Beschlusses hieß es unter anderem, sie hätte sich in Amerika dem Zugriff der deutschen Justizbehörden entziehen wollen. Falsch! Die ehemalige SS-Frau brauchte sich so lange keinem Zugriff irgendeiner deutschen Behörde zu entziehen, bis Wiesenthal ihre wahre Identität öffentlich gemacht hatte. Eine deutsche Behörde, die an ihr interessiert gewesen wäre, ja die sie gesucht hätte, gab es bis dahin nicht. Noch im Sommer 1962 war sie als Touristin völlig unbehelligt auf der »Hanseatic« nach Europa geschippert und monatelang durch die Bundesrepublik gereist, in jedem Hotel, in jedem Gasthof ordnungsgemäß angemeldet.

1958 hatte die Angestellte eines österreichischen Hotels den amerikanischen Soldaten Russel Ryan kennengelernt. Kurz darauf reiste sie aus Österreich nach Kanada und heiratete ihn dort eine Woche später. Im April 1959 ist sie gemeinsam mit ihrem Mann mit einem ordnungsgemäßen Visum in die USA gereist und hatte 1963 die amerikanische Staatsangehörigkeit erlangt. Beim Ausfüllen der hierfür notwendigen Fragebögen war ihr freilich ein entscheidender Fehler unterlaufen: Sie hatte ihre dreijährige Vorstrafe verschwiegen, zu der sie 1949 von einem Wiener Gericht verurteilt worden war. Das machte es später den Ausbürgerungsbehörden leicht, das förmliche Verfahren gegen sie einzuleiten. Im Verlauf dessen verzichtete sie im Herbst 1971 rückwirkend auf ihre amerikanische Staatsbürgerschaft. Eineinhalb Jahre darauf wurde sie festgenommen, inhaftiert und landete an dem Dienstag im August 1973 mit der Lufthansa-Maschine in Düsseldorf-Lohausen.

Acht Monate lang blieb sie in Untersuchungshaft. Wieder auf freiem Fuß, mietete sie sich in Bochum eine kleine Wohnung, in die Ehemann und Ex-GI Russel kurze Zeit später nachkam. Er hatte seine Stellung als Feinmechaniker in New York aufgegeben, zuerst eine Zeitlang bei einer deutschen Firma gejobbt, war arbeitslos geworden und lebte nun von der Sozialhilfe. Bis zum letzten Tag hat er während des Prozesses im Gerichtssaal ausgeharrt, kaum einen Verhandlungstag versäumt, seiner Frau Blumen mitgebracht und jedem, der nach ihr fragte, mit hoffnungsvollem Kopfnicken beteuert: »Meine Frau ist eine gute Frau.«

In den Verhandlungspausen war er zu ihr in die erste Bank der Anklagereihen gegangen, hatte ihr beruhigend über Kopf und Rücken gestreichelt oder ihr zärtlich die Hand gedrückt. Dabei wurde sie weich im Gesicht, lächelte und legte die finstere Maske ab, die sie sich in den fünfeinhalb Jahren Verhandlungsdauer aufgesetzt hatte und die ihre Gesichtszüge so feindselig erscheinen ließen. Dank seiner offenbar durch nichts zu erschütternden Liebe wurde sie wieder zu der Hausfrau Ryan aus Queens, über die Nachbarn gesagt hatten, sie sei eine *nice lady* und eine *charming person.*

Die Familie, in die diese Lady als jüngstes von sieben Kindern 1919 hineingeboren wurde, war arm. Der Vater, ein gelernter Metzger, arbeitete als Kutscher bei einer Brauerei in Wien. Die Mutter musste neben dem Haushalt durch Wäschewaschen zum Familienunterhalt beisteuern. Streng katholisch ging es zu in der Drei-Zimmer-Dienstwohnung der Braunsteiners. Die Eltern waren unpolitisch und führten das, was herkömmlich als »gutes Familienleben« bezeichnet wurde.

Hermine, die Jüngste in der Kinderriege, wäre gerne Krankenschwester geworden. Doch dazu reichte es nicht. Vor allem, als der Vater an Speiseröhrenkrebs verstarb, verschlechterte sich die finanzielle Situation der Familie. Nach dem Besuch der Volksschule musste Hermine daher gleich mit anfassen: Zunächst im elterlichen Haushalt, dann bei Herrn Baron von Bachhofen, dem Brauereibesitzer, bei dem die Minderjährige als Stubenmädchen, später als Köchin arbeitete. Sie verdiente dort einen Schilling pro Tag, ein auch für damalige Verhältnisse nicht gerade fürstliches Gehalt. Geld fehlte an allen Ecken und Enden. Eine Rente bekam die Mutter nicht, und Hermine musste sie mit Lebensmitteln und ihrem kargen Verdienst unterstützen. Mitte der dreißiger Jahre versuchte sie ihr Glück zuerst in Holland, später als Hausgehilfin in England. Doch schon nach wenigen Monaten kehrte sie voller Angst nach Wien zurück. Eine Freundin hatte ihr gesteckt, sie habe erfahren, wenn es Krieg geben sollte, dann würden alle in England lebenden Deutschen interniert werden.

Also kam Hermine zurück nach Österreich, arbeitete als Hilfsarbeiterin in der Brauerei des Herrn Baron und meldete sich – da ein Versuch, doch noch als Krankenschwester ausgebildet zu werden, scheiterte – auf Anraten einer Sportsfreundin beim Wiener Arbeitsamt. Das vermittelte sie (da Österreich inzwischen von Hitler »heim ins Reich« geholt worden war) als Arbeiterin in eine Munitionsfabrik nahe Berlin. Mit einer Kollegin logierte sie in der Zeit bei einem Polizeibeamten in Mecklenburg, stellte tagsüber in der Munitionsfabrik Patronen her, fuhr morgens und abends etwa eine Stunde mit dem Zug zwischen Arbeitsplatz und Wohnort hin und her, und verdiente sechzehn Reichsmark. Fünf Mark davon musste sie als monatliche Miete an den Polizisten abgeben, 4,60 Mark kostete die Fahrkarte und von dem übriggebliebenen Rest unterstützte sie weiterhin ihre in Wien lebende Mutter.

Wie ein Geschenk des Himmels muss der gerade zwanzigjährigen Hermine der Vorschlag ihres Vermieters vorgekommen sein, sich als Aufseherin in das nah gelegene Konzentrationslager Ravensbrück zu melden. Der Polizeimeister hatte ihr die Vorteile dieser Arbeit unter anderem durch den Hinweis auf die 60 Reichsmark schmackhaft gemacht, die sie dort verdienen würde, bei freier Kost und Logis.

Hermine Braunsteiner als junge Frau

»Sie sehen also«, hatte ihr Verteidiger später betont, »von welchen Zufälligkeiten es abhängig war, ob nun jemand, wie hier die Angeklagte, in einem solchen Lager landete.«

Von Ravensbrück aus wurde sie nach Majdanek versetzt, wo sie sich schon bald als eine der grausamsten Aufseherinnen in der Riege der wahrlich nicht zimperlichen Kolleginnen entpuppte. Die Richter der Strafkammer glaubten, dass sich in Majdanek für die junge Hermine »die seit langem erstrebte Gelegenheit zur Befriedigung ihres persönlichen und beruflichen Ehrgeizes bot und sich ihr durch willfährige und eifrige ›Pflichterfüllung‹ Chancen zu einem Aufstieg innerhalb der ›SS-Aufseherinnen-Hierarchie‹ und damit zu einem ›besseren Leben‹ eröffnete. Diese ›Chance‹ nahm sie in der Folgezeit konsequent und ohne Rücksicht auf die davon betroffenen Häftlinge wahr.«

Zunächst war sie eingeteilt worden, die Häftlingsunterkünfte auf Ordnung und Sauberkeit zu überprüfen, die weiblichen Arbeitskommandos zu kontrollieren, und an der Zusammenstellung aus dem Lager abgehender ebenso wie ankommender Transporte mitzuwirken.

»Aufgrund dieser ihrer Funktionen«, so das Gericht, »vor allem aber wegen ihres besonders harten Auftretens gegenüber den weiblichen Häftlingen, wurde die Angeklagte alsbald zu einer der von ihnen am meisten gefürchteten Aufseherinnen. Um ihren Pflichteifer zu demonstrieren, nahm sie jede sich bietende Gelegenheit wahr, um die weiblichen Gefangenen zu schikanieren und zu erniedrigen. Selbst wegen noch so geringfügiger tatsächlicher oder angeblicher Verstöße gegen die Lagerordnung wurden die Häftlinge von ihr geschlagen und mit Fußtritten misshandelt. Speziell das Treten galt als ihr ›Markenzeichen‹ und trug ihr bei den polnischsprachigen Häftlingen den Spitznamen Kobyla ein, der auf deutsch ›alte Stute‹ bzw. ›weibliche Schindermähre‹ bedeutet.«

Wie fand der Wandel statt, von der Krankenschwester, die sie eigentlich werden wollte, hin zur Aufseherin in einem Konzentrationslager, in dem für jedermann und jede Frau sichtbar Unrecht geschah? Sie selbst hatte stets versichert, sie habe sich in Majdanek keinerlei Misshandlungen oder sonstige Gewalttätigkeiten gegenüber den Häftlingen zuschulden kommen lassen. Alle diesbezüglichen Vorwürfe seien unberechtigt. Das Gericht verwechsele sie, die Zeuginnen würden lediglich das wiedergeben, was sie irgendwo gelesen oder aus Hass oder Rachsucht untereinander abgesprochen hätten. Im Übrigen halte sie es für ungerecht, dass sie und die Mitangeklagte Lächert jetzt alles ausbaden sollten, was in Majdanek geschehen sei. Dabei verwies sie auf die Kriegssituation, ihre Jugend und ihre zahlreichen Erkrankungen während ihrer Zeit in Majdanek. Außerdem sei sie mit dem Geschehen im Lager seelisch nicht fertig geworden.

Durch die Beweisaufnahme wurden all diese Behauptungen widerlegt. Die Düsseldorfer Richter befanden, nach Abschluss der jahrelangen Vernehmungen von Überlebenden des KZs Majdanek, dass es nicht den geringsten Anhaltspunkt für angeblich innere Konflikte gegeben habe. Der Prozess habe stattdessen insgesamt ein eindeutig negatives Bild der Angeklagten ergeben. Ihr Handeln sei »nicht von Gewissenskonflikten, sondern ausschließlich von ihrem persönlichen Ehrgeiz geoprägt und bestimmt gewesen.«

Der Einstieg in die Lagerkarriere war bei ihr, wie bei fast allen der im Majdanek-Prozess angeklagten Frauen eher zufällig, wie der Prozess ergab. Schlecht informiert und aus kleinen Verhältnissen stammend, hatten sie sich mit einem Job abgefunden, der ganz im Sinne der Machthaber war. Die gute Entlohnung lockte. Ihr späteres Verhalten zeigte erst deutlich ihre Einstellung, die jede der Aufseherinnen sich im Verlauf des Lageraufenthaltes zu eigen gemacht hatte.

Hermine Ryan-Braunsteiner stand ständig unter Strom. Ihr durfte man nicht in die Quere kommen, sonst setzte es was, mit ihren eisenbeschlagenen Stiefeln, ihrer Peitsche. Sie war so unbarmherzig, dass sie sogar aus der Phalanx ihrer brutalen Kolleginnen herausragte. Obwohl sie allein acht Monate ihres fünfzehnmonatigen Aufenthalts in Majdanek erkrankt war: an Fleckfieber, Mandelentzündung, Bronchitis, Ruhr, Gelbsucht, Gallenblasenentzündung und einigem mehr, erkannten sie viele Zeuginnen wieder.

Staatsanwalt Dieter Ambach hob hervor, dass es ja nicht gerade für die Angeklagte spreche, wenn sich Zeugen gut an sie erinnerten, obwohl sie nachweislich häufig wegen Krankheit abwesend gewesen sei. Dass auch ihr Spitzname immerhin 46 Zeuginnen gut im Gedächtnis geblieben war. Dass allein 63 der nach Düsseldorf angereisten Überlebenden sie im Gerichtssaal wiedererkannten und sich an Begebenheiten erinnerten, die zeigten, dass die damalige Hermine Braunsteiner sich nicht nur zähneknirschend in ihr Lagerleben schickte, sondern aktiv Hand anlegte, um die dort Inhaftierten zu quälen und in die Gaskammern zu schicken.

Glaubt man ihr, dann hat sie tatsächlich versucht, aus Majdanek entlassen zu werden. Als Antwort hierauf will sie jedoch den Bescheid bekommen haben, dies sei nur möglich, wenn sie ein Kind erwarte. Und damit konnte sie nicht dienen.

So schickte sie sich denn in den Zeiten, in denen sie weder im Lazarett noch in Kur war, mit aller Macht und aller Gewalt in die Gegebenheiten von Majdanek. Nach kurzer Zeit schon stieg sie zur Stellvertreterin der Oberaufseherin Elsa Ehrich auf, war mit ihr befreundet, teilte mit ihr die Stube und aß mit ihr zusammen im Offizierskasino. Für ihre besonderen Verdienste wurde sie 1943 mit dem Kriegsverdienstkreuz 2. Klasse ausgezeichnet. Ebenso wie Elsa Ehrich und die Auschwitz-Aufseherin Maria Mandl, die beide nach dem Krieg in Polen zum Tode verurteilt worden waren. »Dieses Kriegsverdienstkreuz«, sagte die Angeklagte Ryan-Braunsteiner nicht ohne

Stolz vor den Düsseldorfer Richtern, »habe ich im Knopfloch meiner Uniformjacke getragen. Daneben habe ich auf der linken Seite meiner Uniformjacke noch das Sportabzeichen getragen.« Eine stolze KZ-Aufseherin, die offenbar nach Gutdünken schaltete und waltete. So schilderte die Warschauer Chirurgin Hanna Narkiewicz-Jodko sie als grausam und kurz angebunden. »Scharf nahm sie morgens die Appelle ab. Wer nicht korrekt in Reih und Glied stand, wurde getreten und geschlagen. Die Frauen, die mit dreihundert in einer Baracke zusammengepfercht waren, wurden ständig angeschrieen, als Schweine und Kühe verunglimpft. Die Braunsteiner trug stets ein versteinertes Gesicht zur Schau. Sie schlug verbissen und bewusst.«

Die zum Zeitpunkt ihrer Aussage vor der Düsseldorfer Strafkammer 57-Jährige Janina Rozenszer bestätigte dies. »Während eines Appells fehlte eine Person aus unserer Baracke. Es stellte sich heraus, dass eine Häftlingsfrau betrunken war. Kobyla fing an, sie furchtbar zu treten und wir mussten draußen stehen bleiben.«

Andere hatten miterlebt, wie die Angeklagte so lange zutrat, bis die von ihr geschundenen Menschen bluteten und nicht mehr aufstehen konnten. Und das lediglich, weil jemand seine Häftlingsnummer nicht korrekt angenäht hatte, weil ihr eine Kleinigkeit nicht passte. Eine Zeugin konnte dem Gericht noch die Narben zeigen, die die Prügel der Braunsteiner an ihrem Kopf hinterlassen hatten. Eine andere war, weil sie als Stubenmädchen beim Rauchen erwischt worden war, so geschlagen worden, dass ihr auf einem Ohr das Trommelfell platzte und sie seitdem auf dieser Seite nichts mehr hören konnte.

Eine als Zeugin gehörte Überlebende erinnerte sich gut, wie ein Mann bei der Ankunft in Majdanek ein kleines Kind, das gerade erst laufen konnte, in einem Rucksack auf dem Rücken trug. Dieser Mann versuchte nun bei der Trennung von Männern und Frauen sein Bündel unbemerkt bei sich zu behalten. Doch das Kind im Rucksack bewegte sich, die Braunsteiner bemerkte es und begann, unbarmherzig auf die Tasche einzupeitschen. Und auch, als der Mann den Rucksack heruntergenommen, das weinende Kind ausgestiegen war, hörte die Aufseherin nicht auf, nun auf beide – Mann wie Kind – mit der Peitsche einzuschlagen.

Die Anschuldigungen gegen sie waren massiv und für die Prozessbeteiligten jedesmal aufs Neue eine Qual. Für die Zeuginnen allerdings viel mehr. Sie litten darunter, sich all das noch einmal ins Gedächtnis rufen zu müssen. Der Frau gegenüber zu stehen, die einst über ihr Leben, ihren Tod entschieden hatte. Wurden erneut von Albträumen geplagt. Von Gespenstern, Toten, Mord und Vergasungen heimgesucht.

Bis Mitte Januar 1944 blieb Hermine Braunsteiner in Majdanek, dann wurde sie befördert, bekam im Lager Genthin die Oberaufsicht über vierzehn ihr unterstellte SS-Frauen. Von dort setzte sie sich vor der herannahenden Roten Armee mit anderen SS-Leuten ab. Und schilderte ganz zu Anfang des Düsseldorfer Verfahrens unter Tränen, wie diese kleine Gruppe plötzlich auf der Flucht begann, sich gegeneinander zu wenden: Wie SS-Männer über eine Notbrücke die Elbe überquerten, den begleitenden SS-Frauen die Benutzung dieser Brücke jedoch verwehrten. Wie Panik entstand unter den Zurückgebliebenen am östlichen Ufer, bis die Frauen dann selbst ein Floß bauten und unter furchtbaren Ängsten den Fluss uberquerten.

Im Herbst 1945 kehrte sie zurück zu ihrer Mutter, die mittlerweile im amerikanischen Sektor Wiens lebte.. Kurze Zeit darauf wurde Braunsteiner zum ersten Mal verhaftet, von der österreichischen Polizei den britischen Behörden übergeben, ein Jahr später jedoch wieder entlassen. 1948 erneut festgenommen, wurde sie im November 1949 durch das Landgericht für Strafsachen Wien zu drei Jahren schweren Kerkers verurteilt, weil sie in Ravensbrück »Häftlinge in einen qualvollen Zustand versetzt und durch die Tat Menschenwürde und die Gesetze der Menschlichkeit gröblich verletzt« und »Häftlinge unter Missachtung der Menschlichkeit gewalttätig behandelt« hatte. Freigesprochen wurde sie dagegen mangels schlüssiger Schuldbeweise von dem Vorwurf, Häftlinge in Majdanek gekränkt, beleidigt, gewalttätig behandelt und gequält zu haben.

Die Untersuchungshaft wurde ihr angerechnet, bald darauf war sie wieder frei. Von da an verlief ihr Leben ruhig. Sie musste Geld verdienen, arbeitete mal hier, mal da. Im Sommer in einem Hotel in Villach am Wörthersee, im Winter in einer Samengroßhandlung in Villach. Dort lernte sie Hilde Sch. kennen, freundete sich mit ihr an. Erst nach ihrem Tod im Jahre 2019 kam heraus, wie stabil ihre antisemitische Gesinnung ihr Leben lang gehalten hatte und wie unverblümt sie Hilde Sch. dies in einem Brief kundtat. Am 17. Januar 2019 berichtete die *Frankfurter Rundschau* über einen jungen Fotografen, der einige Jahre zuvor in der Hinterlassenschaft seiner Großmutter auf einen Briefwechsel gestoßen war, der ihn zutiefst erschütterte. Ein Brief aus dem Jahr 1973 von »Tante Hermi« – wie die Braunsteiner in seiner Familie genannt wurde – an seine Großmutter Hilde Sch. stach besonders hervor. Zu dem Zeitpunkt saß Hermine Ryan-Braunsteiner in den USA in Abschiebehaft. »Ihr werdet sicher auch sehr überrascht sein und zu gleicher Zeit darüber entsetzt sein, wo ich mich zur Zeit befinde«, hieß es in dem Brief. »Leider ist es nun schon die fünfte Woche, dass man mich verhaftete und [ich] so auch das amerikanische Gefängnis von innen kennenlernen muss. Es ist nicht leicht für mich zu ertragen, es ist eine andere Welt für mich, um mit dieser Sorte Menschen zusammen leben zu müssen.« Arrogant wirkte die Braunsteiner ihr Leben lang. Voller Missachtung gegenüber Menschen, die sie für nicht standesgemäß hielt. Obwohl sie selbst aus einem Haushalt stammte, in dem es kaum Platz für Extravaganzen gegeben hatte. Dennoch tat sie, auch vor Gericht, so als wäre sie etwas Besonderes. Und wälzte jegliche Schuld an ihren Verbrechen auf andere ab. Am liebsten auf die, die in Majdanek ihren Tritten und ihren Gewaltausbrüchen ausgeliefert waren. Bester Beweis hierfür ist der Briefwechsel mit ihrer Freundin Hilde Sch. Voller Selbstmitleid und Zorn schrieb sie 1973: »Dieses habe ich alles meinen lieben Freunden, den J. und auch dem deutschen Staat zu verdanken, die ... [auf den enormen Druck und Geldmacht der so beliebten Rasse] mich nach 34 Jahren für schuldig machen wollen und so meine Auslieferung fordern, um mich aufs neue wieder zu verurteilen, für all das, was damals der deutsche Staat anordnete und ausführen ließ.« Larmoyant und wehleidig vermisste sie ihren Hund und ihren Ehemann.

Dieser Brief aus dem Gefängnis von Nassau County im US-Bundesstaat New York, beendete offenbar die lange und innige Freundschaft zwischen Hilde Sch. und Tante Hermi. Inmitten der Unterlagen stieß der Enkel auch auf Fotos, die Braunsteiner mit zwei Löwenbabys auf dem Arm zeigten. Seitdem fragt sich der Enkel: Konnte es wirklich sein, dass seine Großmutter nichts von der Vergangenheit ihrer langjährigen Freundin gewusst hatte?

Als am 25. November 1975 der Düsseldorfer Majdanek-Prozess begann, saß sie als einzige der fünfzehn angeklagten Frauen und Männer in Untersuchungshaft. Am 8. April 1976 wurde sie gegen eine Kaution von 17.000 US-Dollar trotz des nachdrücklichen Protestes der Staatsanwaltschaft wegen ihres angegriffenen Gesundheitszustandes aus der Haft entlassen. Wohlhabende Unterstützer müssen dem Ehepaar Ryan kräftig unter die Arme gegriffen haben. Immer wieder wies die Verteidigung der Ryan-Braunsteiner darauf hin, dass ihre Mandantin aus zweierlei Gründen gar nicht vor dieses Gericht gehöre: Zum einen, weil sie geborene Österreicherin und seit der Aberkennung ihrer amerikanischen Staatsangehörigkeit staatenlos sei. Zum anderen, weil sie schon in Wien 1949 wegen ihrer Taten in Ravensbrück und Majdanek zu drei Jahren Haft verurteilt worden war und niemand wegen der gleichen Delikte zweimal vor Gericht gestellt werden dürfe.

Die Staatsanwaltschaft antwortete darauf stets mit dem Hinweis, dass die Angeklagte durch den sogenannten Anschluss Österreichs an das Deutsche Reich 1938 die deutsche Staatsangehörigkeit erworben habe. Dass die deutsche Gerichtsbarkeit schon deshalb auf sie zutreffe, aber auch, »weil sie die hier zur Last gelegten Taten in ihrer Funktion als Zivilangestellte der Waffen-SS und Angehörige eines SS-Totenkopfverbandes begangen hat. Da den SS-Totenkopfverbänden durch Erlass Hitlers vom 17. August 1938 polizeiliche Aufgaben besonderer Art übertragen worden waren, war sie bei der Bewachung der Häftlinge im Konzentrationslager Trägerin eines staatlichen deutschen Amtes«. Die Richter schlossen sich dieser Argumentation an und befanden außerdem, dass sie in Wien zwar wegen Misshandlungen und Quälereien freigesprochen worden war, die nun zur Entscheidung anstehenden Tötungsdelikte aber nicht Gegenstand der damaligen Verhandlung waren.

Fünfeinhalb Jahre lang saß die Braunsteiner Tag für Tag vorne in der ersten Reihe der Angeklagten, meist bewegungslos, regungslos. Angesichts ihrer Disziplin, ihrer Verbohrtheit, ihrer offensichtlichen Verdrängung dessen, was sie einst verbrochen hatte, fragte ich mich, wie ihr Alltag wohl ausgesehen hatte. Wie Russel, ihr geliebter Ehemann, zu ihr halten konnte, obwohl er ja fast täglich im Gerichtssaal anwesend war und alles mit anhörte, was Zeuginnen über seine Hermine aussagten. Offenbar gelang es beiden hervorragend, so zu tun, als entsprüngen die Vorwürfe lediglich der Fantasie der KZ-Überlebenden. Sie machten den Eindruck eines Paares, das glaubte, einfach das Pech gehabt zu haben, in die Mühlen einer voreingenommenen Justiz und eines jüdischen Komplotts geraten zu sein.

Einmal, ich weiß den Tag nicht mehr genau, äußerte sich Hermine Ryan-Braunsteiner zum ersten Mal – zwar widerstrebend und stockend – doch immerhin, zu ihrer Tätigkeit im KZ. »Ich konnte mir kein richtiges Urteil erlauben, ob die Häftlinge zu Recht oder zu Unrecht eingesperrt waren, weil ich deren Akten nicht kannte«, sagte sie. Auf die Frage, ob sie denn eingesehen habe, dass in Majdanek Unrecht geschah, antwortete sie: »Nein, wenn ich die Lebenserfahrung damals schon gehabt hätte – aber ich war ja erst neunzehn oder zwanzig.«

Jung war sie gewesen, aber was Überlebende über sie berichteten, hatte nichts mit Alter und Lebenserfahrung zu tun. Am 23. Juni 1977, nach eineinhalbjähriger Verhandlungsdauer, brach sie plötzlich zusammen. Es war der Tag, an dem eine polnische Zeugin berichtete, wie die Aufseherin Braunsteiner einem jüdischen Jungen in den Rücken geschossen hatte, der vor dem Abtransport zur Gaskammer fliehen wollte. Mitten in dieser Aussage hämmerte die ansonsten stets zurückhaltend-reserviert auftretende Angeklagte mit ihren Fäusten auf den Tisch und schrie: »Die Frau soll die Wahrheit sagen. Ich habe keinen Jungen erschossen.« Dabei stampfte sie mit den Füßen auf den Boden und bekam einen nicht enden wollenden Schreikrampf, in den kurz darauf die vier mitangeklagten Frauen einstimmten. Der schnell herbeigerufene Amtsarzt beendet für diesen Tag das Verfahren mit der Diagnose, Frau Ryan befände sich in einem »reaktiven Erregungszustand« und könne dem Prozess nicht mehr folgen. Kurz danach hat sie die polnische Zahnärztin Danuta Medryk auf dem Gerichtsflur mit den Worten einzuschüchtern versucht: »Sag die Wahrheit, Du!« Es waren die Aussagen Danuta Medryks gewesen, die zu ihrer Auslieferung aus Amerika und zu ihrer Verurteilung in Düsseldorf geführt hatten.

Zwei Jahre später dann ein erneuter Zusammenbruch. Sie schrie plötzlich während des Verfahrens: »I can't take it anymore, help me, help me.« Der Arzt stellte einen »akuten Kreislaufkollaps mit kaum tastbarem Puls« fest und versicherte dem Gericht, seine Patientin könne sich nicht mehr »auf den Füßen halten«. Am nächsten Verhandlungstag erklärte er ihren Zusammenbruch damit, dass sie sich seit nunmehr vierzehn Jahren in einem sogenannten Stresszwang befände, da sie in einer andauernden Konfliktsituation lebe. Daraufhin ergriff der Vorsitzende Richter, Günter Bogen, die Gelegenheit und forderte die blass und eingefallen vor ihm sitzende Angeklagte auf, ihr »totales Schweigen« endlich zu brechen. Woraufhin es aus ihr nur so herausquoll. Es sei ihr Pech gewesen, dass die Ehrich sie zur Vertreterin gemacht habe. Sie sei gar »nicht immer dagewesen, wenn etwas passiert« sei, dazu sei sie viel zu oft krank gewesen. Bei Transporten – räumte sie ein – will sie zwar schon mal dabeigewesen sein, aber nicht bei »abgehenden«. Diese Einschränkung war für sie wichtig, denn immerhin warf ihr die Anklage vor, an der Abfertigung von Transporten hin zur Gaskammer mitgewirkt zu habe. »Diese Selektionen« – so Staatsanwalt Ambach in seinem Plädoyer – »waren gleichbedeutend mit der Verurteilung zum Tode in der Gaskammer ... Sie waren in der Zeit der Überbelegung des Lagers von der Einlieferung der jüdischen Häftlinge aus dem Warschauer Getto an bis hin zur endgültigen und fast umfassenden Vernichtung der Juden am 3. November 1943 diejenigen Mordaktionen, die die meisten Opfer gefordert haben. Wer wegen Alters, Krankheit oder Schwäche nicht mehr arbeitsfähig war und nur als unnützer Esser erschien, wurde ausgelöscht. Dabei geschah fast ausschließlich das endgültige Auslöschen durch Vergasung, weil dies die Methode war, durch die letztendlich auf einfachste und billigste Art größere Menschenmassen getötet werden konnten ... Bei den üblichen Morgen- und Abendappellen holten die Aufseherinnen die Häftlinge aus den Reihen der Angetretenen heraus, die ihnen arbeitsunfähig erschienen, deren Nummern sie selbst oder andere Aufseherinnen im Laufe des Tages notiert hatten oder die ihnen schlichtweg unsympathisch waren.«

Bei einer solchen Selektion hatte eine Zeugin beobachtet, wie die Aufseherin Braunsteiner ungefähr fünfzehnmal unter den angetretenen Häftlingsfrauen nach schwachen und heruntergekommenen suchte und die selektierenden SS-Ärzte Max Blancke und Heinrich Rindfleisch dann auf diese Unglücklichen hinwies. Staatsanwalt Ambach sprach in diesem Zusammenhang davon, dass es für die in Majdanek inhaftierten Juden nur eine einzige Überlebenschance gegeben habe, »nämlich, dass sie nicht als Juden erkannt oder in andere Lager verbracht worden sind. Während es selbst in Auschwitz ... eine Überlebenschance für Juden gab, bestand diese in Majdanek nicht.« Wie sein Kollege, der für die angeklagten Männer zuständige Staatsanwalt Weber, bereits ausgeführt hatte, »sind am 3. November 1943 – bis auf 300 Frauen – alle Juden auf bestialische Weise getötet worden. Auch diese 300 Frauen, die – stellenweise schon entkleidet für die Erschießung – diesmal positiv selektiert worden sind, wurden in Auschwitz getötet, damit es nur ja keine Zeugen für diesen Tag des Massenmordes gebe. Eine gibt es, die Zeugin Mitron! Ihr gelang es, bei dem Transport vom 14. April 1944 von Majdanek nach Auschwitz vom Zug zu springen und so zu überleben. Die übrigen erlitten den Tod in der Gaskammer.«

Auch der Anklagevertreter hatte den Eindruck, als hätte die Angeklagte Ryan-Braunsteiner ihre damalige Einstellung kaum geändert: Ihm sei immer wieder aufgefallen, mit welch verachtendem, hasserfülltem Gesichtsausdruck sie versuche, während der Hauptverhandlung Zeuginnen einzuschüchtern.

Im Mai 1981 beteuerte Hermine Ryan-Braunsteiner in ihrem Schlusswort, sie habe keinen Menschen getötet und versicherte dem Hohen Gericht, nur ein Rädchen im Getriebe gewesen zu sein. »Ich werde mein ganzes restliches Leben daran zu tragen haben, dass ein Schicksal mich zum Glied einer Kette machte, die zu zerreißen ich zu klein und deren Lauf aufzuhalten ich nicht fähig war«, fuhr sie fort und schien dabei ganz ihre eigenen Aktivitäten vergessen zu haben, die den Lauf dieser Kette gesichert hatten.

Wegen gemeinschaftlichen Mordes in zwei Selektionsfällen, deretwegen die mitangeklagte Hildegard Lächert lediglich der Beihilfe verurteilt worden war, bekam Hermine Ryan-Braunsteiner lebenslang, die höchste in diesem Verfahren verhängte Strafe. Das Gericht hatte ihr einen persönlichen Ehrgeiz attestiert, der sie dazu trieb, Befehle in »besonders brutaler und bestialischer Art und Weise auszuführen, nur um in der Hierarchie der Aufseherinnen aufzusteigen« und damit ihre Karriere zu fördern. Sie habe »aus egoistischem Interesse eilfertig zum befohlenen Mord beigetragen, sich durch eigenen Beitrag die Tat zu eigen gemacht.«

Die Düsseldorfer Strafkammer befand Hermine Ryan-Braunsteiner außerdem der Beihilfe zum Mord an mindestens 100 jüdischen Kindern und wenigstens zwei ihrer Mütter für schuldig. Sie wurden im Frühjahr 1943 unter Mitwirkung ihrer Kollegin Hildegart Lächert mit Gewalt auf LKWs geladen, abtransportiert und anschließend in den sogenannten Badebaracken vergast. Hermine Ryan-Braunsteiner zeigte sich nach Ansicht des Gerichts dabei besonders erbarmunslos; sie ergriff von sich aus mindestens eines der aus der Baracke herausgeführten Kleinkinder an den Beinen und schleuderte es wie einen leblosen Gegenstand ohne jede Rücksicht auf mögliche Verletzungen auf die Ladefläche des Fahrzeugs. Eine Aktion, an der sich Ryan-Braunsteiner nach Ansicht des Gerichts bereitwillig und mit besonderem Pflichteifer beteiligte: »Für ihr persönliches Fortkommen war sie zu allem bereit, auch dazu, unschuldigen, nur der Rasse bzw. religiösen Zugehörigkeit wegen verfolgten Menschen und selbst Kindern gefühllos mit den Mitteln staatlich befohlenen Mordterrors zu begegnen; ihr besonderer Eifer, der das Maß der angeordneten Mitwirkung weit überschritt, wird veranschaulicht vor allem durch die besondere Rohheit, die sie bei der ›Kinderaktion‹ bewies, als sie ein jüdisches Kleinkind erbarmungslos wie ein Stück Holz auf die Ladefläche des Transportfahrzeugs schleuderte.« Des verbrecherischen Zwecks der Selektion seien sich Lächert wie Ryan-Braunsteiner bewusst gewesen – das heißt, sie haben beide gewusst, dass die jüdischen Frauen vergast werden sollten.

Weiter hieß es in der Urteilsbegründung: »Wer aber, wie die Angeklagte Ryan dafür sorgt, dass verbrecherische Befehle rückhaltlos vollzogen werden, wer wie sie befohlene

Verbrechen nicht nur ohne innere Hemmungen ausführt, sondern hierbei auch noch in besonders brutaler Weise sogar über das Anbefohlene hinausgeht, weil er ein materielles Eigeninteresse mit der verbrecherischen Tätigkeit verfolgt, der fördert nicht nur fremdes Unrecht, sondern stellt sich mit den Tat-Urhebern auf eine Stufe; er ist selbst Mittäter und kann sich nicht, wie es die Angeklagte Ryan in ihrem Schlusswort andeutungsweise versucht hat, mit Erfolg darauf berufen, nur das kleine Rad im Getriebe des übermächtigen staatlichen Mordapparates gewesen zu sein.«

Nach ihrer Verurteilung zu lebenslanger Haft nahm ihr Leben im Mülheimer Gefängnis seinen eintönigen Verlauf: Tagsüber arbeitete sie in der Nähstube, um etwas Geld zu verdienen und die Langeweile zu vertreiben. Turnte regelmäßig in ihrer Zelle und kapselte sich von der der ebenfalls inhaftierten Mittäterin Hildegard Lächert, »der blutigen Brygida« ab. Sie grollte nicht ohne Grund: Für die gleichen Taten war Lächert nur zu einer zeitlich begrenzten Freiheitsstrafe verurteilt worden, sie aber zu lebenslänglich.

Als erste Artikel über Ryan-Braunsteiners Vergangenheit den anderen Häftlingen in die Hände fielen, zog sie sich für eine Zeitlang ganz zurück, nahm nicht mehr am sonntäglichen Umschluss und dem Ausgang in den Innenhof der Haftanstalt teil. Ehemann Russel besuchte sie weiterhin regelmäßig und hoffte – allerdings vergeblich –, dass sich irgendwann noch einmal herausstellen würde, auf welch großem Missverständnis das alles beruhte, was seiner Frau angelastet wurde.

Bis 1996 dauerte ihr Gefängnisaufenthalt. In diesem Jahr wurde die damals schwerkranke 77-Jährige vom nordrhein-westfälischen Ministerpräsidenten Johannes Rau begnadigt. Die letzten drei Jahre ihres Lebens verbrachte sie in einem Bochumer Altersheim.

Hermine Ryan-Braunsteiner mit Begleitung, 1977

Die Zeugin Krystyna Tarasiewicz – »Ein Bild, das ich nie vergessen werde«

Mein erster Eindruck, das erste Bild, das mir sehr genau in Erinnerung geblieben ist, war ein auf einem glimmenden Müllhaufen sitzender ausgemergelter Häftling in gestreiftem Anzug, mit schwarzen, vor Hunger glühenden Augen. Man sah ihm an, dass er gar nicht mehr richtig bei Bewusstsein war. Ich gab ihm eine aus dem Gefängnis Pawiak mitgebrachte Schnitte Brot, drückte sie ihm in die Hand und sah, wie er dieses Stück Brot anstarrte, ohne die Kraft zu haben, es zum Mund zu heben. Er aß dieses Brot, sterbensmatt, nur noch mit den Augen.

Am nächsten Tag, glaube ich, trieb man uns in den Baderaum, hieß uns, uns auszuziehen, nahm uns alle Sachen weg. Dann trieb man uns unter die abgedrehten Duschen, wo ich einen Kapo in roten Breecheshosen sah, einer Uniform, die der eines Löwenbändigers in einem Zirkus glich. Aus einer großen blechernen Flitspritze desinfizierte er uns alle. Ich stand nackt da, all dessen beraubt, was mich noch vor kurzem bekleidet hatte. Erschrocken fiel ich in Ohnmacht. Kann mich nur noch erinnern, dass abwechselnd siedend heißes und eiskaltes Wasser auf uns floß, denn das war kein Bad, sondern eine Tortur.

Und dann forderte man uns auf, eine nach der anderen, in einen Zementbottich mit einer ekelhaft stinkenden und schmutzigen, angeblich desinfizierenden Flüssigkeit zu steigen. Wonach wir wiederum aus dem Baderaum getrieben wurden und gestreifte Anzüge aus Brennesseln bekamen. Ja, diese Anzüge waren aus Brennesselfäden gewoben, sie waren rauh und schützten kaum vor Kälte. Dazu gab man uns schreckliche Holzschuhe.

Dies alles erzählte ich, als ich am 27. Februar um 9.30 Uhr mit meiner Aussage vor dem Düsseldorfer Landgericht begann. In welchem Kommando ich in Majdanek gearbeitet habe, wollte Richter Bogen wissen. Erst war ich bei der Hofkolonne eingesetzt, beim Saubermachen auf unserem Feld V. Diese Kolonne bestand hauptsächlich aus Minderjährigen. Dann arbeitete ich in der Gärtnerei. Der Boden, den man uns umgraben ließ, war noch zugefroren. Wir schaufelten, aufgestellt in einer langen Reihe. »Wieso«, warf Richter Bogen verwundert ein. Ja, wir stießen diesen zusammengefrorenen Boden mit Schaufeln auf. Das war im April, denn es traf gerade der erste Transport nach dem Aufstand im Warschauer Getto ein. In dem Moment kam die Frage: »Waren das jüdische Transporte?«

Das waren Polen, antwortete ich, seit altersher, geboren und aufgewachsen in Warschau, polnische Bürger, was tut's, dass ihre Religion eine andere war? Wer fragt schon danach, ob denn alle Bürger der Bundesrepublik Deutschland auch evangelisch sind? Die Religion entscheidet nicht über jemandes Staatsangehörigkeit.

Aus dem neuen Transport, der im Rosengarten stand, also gleich neben dem Baderaum, konnte sich eine Frau mit einem Kind auf dem Arm irgendwie losreißen und lief verzweifelt schräg durch die Gärtnerei in Richtung der Landstraße. Ein SS-Mann fing an, auf sie zu schießen. Er traf sie und sie stürzte, versuchte aber noch im Liegen, ihr Kind zu schützen. Das ereignete sich fünfzehn oder vielleicht auch nur zehn Meter von uns entfernt. Ich sah und hörte, wie das Kind an der Mutter zu zerren begann und ausrief: »Mama, Mama, steh auf, fliehen wir!«

»Und was geschah weiter mit dem Kind?« erkundigte sich der Richter. Der SS-Mann ging auf das Kind zu, riss es von der in einer Blutlache liegenden Mutter weg, nahm es bei der Hand und ging mit ihm in Richtung des Rosengartens. Kein Mensch hat dieses Kind mehr gesehen.

Ich sagte weiter aus, dass wir, nachdem der Boden in der Gärtnerei schon umgegraben war, allerlei Grünzeug gepflanzt hatten und dies dann begießen mussten. So ging ich mit einer großen Kanne zu einem einige Meter entfernten Brunnen, Wasser zu holen. Ich war damals ein schwaches, mageres, dazu noch ausgehungertes Kind, und es ging über meine Kräfte, diese Kanne voll Wasser zu schleppen. Ich sagte zum Richter: »Man gab uns pro Tag eine Schüssel Wassersuppe aus Steckrüben oder Blätterkohl gekocht, in der Würmer drin waren. Ich war so hungrig, wie nur ein Mensch hungrig sein kann, ohne vor Hunger zu sterben.«

In der Mitte des Weges blieb ich stehen, um die schmerzenden Glieder zu recken. Und da meine Kameradinnen gleich in der Nähe arbeiteten, sagte ich etwas zu ihnen. Etwa: Ich habe keine Kraft mehr oder: Ich glaube, mir bricht der Rücken. Die Blutige Brigitte musste von weitem gesehen haben, dass ich stehengeblieben war. Sobald ich die Kanne abgesetzt hatte, fiel sie mit einem Schrei über mich her, sie griff mich buchstäblich an wie ein wildes Tier, warf mich zu Boden, ergriff ein irgendwo in der Nähe liegendes Brett, indem rostige Nägel steckten und begann, damit auf mich einzuschlagen. Sie schlug mich so lange, bis sie selbst ermattete. Bis sie, die stark und gut genährt war, keine Kraft mehr hatte.

Diese für mich bis heute so schmerzliche Szene hatte ich vor dem Gericht nur kurz beschrieben, obwohl die Blutige Brigitte mich doch bestialisch hatte töten, mit der Kante des Brettes zerstückeln wollen. Ich wollte aber vermeiden, dass das Gericht den Eindruck gewann, ich sei gekommen, Rache zu nehmen. Ich litt sehr lange an den Folgen dieser Schläge, und doch musste ich täglich zur Arbeit. Ich musste auf dem Appellplatz stehen, und nur abends machten die Kameradinnen mir Umschläge, versuchten, mir zu helfen.

Ich kann mich erinnern, dass es vor Ostern war, denn etwas später, am Gründonnerstag, wurde nach dem Appell ein großes Prügeln angeordnet. Richter Bogen fragte: »Wie wurden die Frauen zum Prügeln ausgewählt?« Man rief ihre Nummern aus, nach einer Liste, die zuvor von den Aufseherinnen zusammengestellt wurde. Doch es war keine Strafe für irgendein konkretes Vergehen, denn was hatten wir schon dort, unter den Lagerbedingungen, verschulden können? Damals wurde auch meine Freundin Wiesia, eine Minderjährige, ausgerufen. Durch einen Irrtum, wie sich später herausstellte. Anstelle einer anderen Frau, deren Nummer auf der Liste stand. Sie wurde schrecklich verprügelt, erhielt 25 Peitschenhiebe. Als ich dort auf dem Appellplatz stand, spürte ich jeden dieser Schläge, die Wiesia bekam, an meinen eigenen, nach den Hieben der Blutigen Brigitte noch nicht ausgeheilten Wunden.

Zu Ostern dann lagen wir, Wiesia und ich, nebeneinander auf den Pritschen mit furchtbaren Schmerzen und gedachten weinend des Osterfestes in unserem Elternhaus, der Marzipanhasen und der Schokoladeneier.

Nach Ostern, als immer mehr Transporte aus dem Warschauer Getto eintrafen und immer häufiger Menschen zur Vergasung selektiert wurden, als das Krematorium mit dem Verbrennen der Leichen nicht mehr fertig werden konnte, fuhr man sie mit Lastautos in die umliegenden Wälder hinaus und errichtete schließlich einen großen Scheiterhaufen. An den Selektionen nahmen teil der Leiter des Krematoriums, Musfeld, die Lagerärzte, Oberarzt Blanke und Rindfleisch, die die Menschen nicht heilten, sondern sie töteten, sowie die Oberaufseherin, Elsa Ehrich, und ihre Adjutantin, Hermine Braunsteiner. Außerdem waren alle Aufseherinnen in der Regel zugegen, es sei denn, eine von ihnen hatte woanders Dienst oder war im Urlaub. Ich erinnere mich, dass die Blutige Brigitte bei diesen Selektionen selbstverständlich ebenfalls dabei war. Die Selektionen wurden durchgeführt, indem die Frauen so wie sie in Fünferreihen blockweise dastanden, von dem Chef des Krematoriums oder von der Rapportführerin Braunsteiner mit der Peitsche zu Fünfer-Gruppen beiseite geschoben wurden, wobei man vor allem auf ihre Beine und Gesichter schaute. Diejenigen, die besonders ausgemergelt oder alt waren oder die wunde Füße hatten, wurden zum Gas ausgewählt.

Dann hatten die Aufseherinnen alle Hände voll zu tun, um Ordnung zu halten, denn es spielten sich dantische Szenen ab: Frauen schrien, rissen sich die Haare vom Kopf. Wussten sie doch, dass sie sterben sollten. Die Aufseherinnen schlugen mit Peitschen auf sie ein und trieben sie mit Gewalt in die Gaskammer.

Ich erinnere mich an eine Szene, wo eine greise Mutter zum Gas ausgewählt wurde, woraufhin die Tochter aus der Reihe trat und der Mutter folgte. Der Chef des Krematoriums hielt sie mit dem Peitschengriff zurück und sagte: »Du Dumme, du kannst noch leben, wo gehst du hin?« Sie antwortete: »Dort ist meine Mutter, ich muss bis zum Ende mit meiner Mutter bleiben.«

»Und was geschah mit den Kindern, die auf Feld V in separaten Baracken untergebracht wurden?«, fragte der Richter.

Die Kinder lebten dort unter verzweifelten Bedingungen. Einmal täglich brachte man ihnen Suppe in Kesseln, die Kinder drängten sich mit ihren Schüsseln heran, die älteren und stärkeren drängten die kleineren immer wieder zurück. Die, die schon Suppe bekommen hatten, konnten sie ebenfalls nicht in Ruhe essen, denn andere Kinder stießen sie im

Gedränge, schütteten einander die Suppe aus. Die Mütter durften nicht über den Zaun zu ihren Kindern hin, um ihnen zu helfen, um sie zu füttern, denn die Posten hatten den Befehl, von den Türmen herab auf jeden zu schießen, der versuchen würde, zu den Kindern zu dringen: genau wie auf jedes Kind, das dort hinausgehen wollte.

Ich erinnere mich an einen etwa fünf Jahre alten Jungen, mit großen, vor Fieber und Hunger brennenden Augen. Er hieß Jureczek. Seine Mutter kam bis an den Zaun, stand ratlos da und rief von weitem: »Jureczek! Jureczek!« Er näherte sich dem Drahtzaun auf der anderen Seite und rief: »Mama! Nimm mich hier weg!« Und ich sah die ganze Verzweiflung dieser Mutter.

In diesem Moment brach meine Stimme ab, die Worte blieben mir im Hals stecken, ich griff nach Wasser, aber meine Hand zitterte und ich wurde, wie man mir später sagte, so blass, dass Richter Bogen eine Pause anordnete.

Nach der Pause sprach ich weiter: Ich erinnere mich an den Tag, an dem zwei große Lastautos mit Anhängern vorgefahren waren. Musfeld, Ehrich und Adjutantin Braunsteiner waren dabei. Natürlich waren auch eine ganze Rotte SS-Männer und Aufseherinnen da. In einiger Entfernung standen die verzweifelten Mütter und einige andere Häftlinge. Ich hatte gerade einen freien Tag nach der Nachtschicht in der Schneiderei, ähnlich wie Jureczeks Mutter, die so nahe wie möglich an den Drahtzaun gelaufen war. Als Jureczek sie gesehen hatte, drückte er die Fäustchen unter dem Kinn zusammen und rief: »Mutti! Lauf weg! Hier ist Tod, hier ist Tod! Lauf weg!«

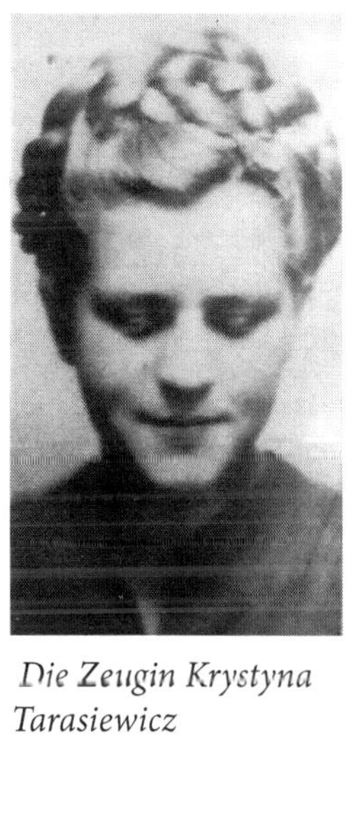

Die Zeugin Krystyna Tarasiewicz

Niemand zweifelte länger, dass diese Kinder zum Vergasen weggebracht wurden. Man begann, sie auf die Laster zu laden. Die Kinder weinten, wollten zu ihren Müttern, die SS-Männer rissen sie von den Müttern weg und warfen sie brutal auf die Lastautos, wo sie bestialisch zusammengepfercht waren.

Ich wurde wieder blass, schwieg eine Weile, setzte dann aber meine Aussagen fort: Als die Autos schon voll waren, wurden die restlichen Kinder auf die Köpfe der stehenden geworfen, wie Säcke. Ich sah die Braunsteiner, wie sie mit breit gespreizten Beinen dort stand und die Kinder auf die Köpfe der anderen schmiss.

Richter Bogen fragte: »Wieviel Kinder konnten es sein?« Ich glaube, dass es etwa fünfhundert gewesen sein mussten, denn sie kamen aus zwei Baracken.

»Ist es möglich, dass fünfhundert Kinder in zwei Lastautos untergebracht werden konnten?«, lautete die nächste Frage.

Ich sagte: Bei den heutigen Vorstellungen von Kindern und Transport – nein. Aber es geschahen dort unvorstellbare Dinge. Erstens waren diese Kinder ausgehungert, das waren lebendige Skelette. Zweitens verstaute man sie enger als Hähnchen, warf sie auf die Köpfe der andern bis hoch hinauf. Und dass es einige hundert Kinder gewesen waren hatte ich mir nicht nur gemerkt, sondern darüber 1947 auch geschrieben, denn diese Albträume ließen mich in der Nacht nicht schlafen. Diese Bilder bedrängten mich auch noch nach der Befreiung, nach dem Krieg, sie gaben mir keine Ruhe.

Und Richter Bogen fragte weiter: »Frau Tarasiewicz, waren Sie dabei, als ein sechzehnjähriges Mädchen auf Feld V wegen Fluchtversuch erhängt wurde?«

Ja, Herr Richter, ich kann mich daran erinnern, als wäre es gestern gewesen. Erst standen wir lange beim Strafappell, sie zählten uns und kamen damit nicht zurecht: immer wieder fehlte eine. Wir standen lange so, bis die Nachricht aus der Kommandantur kam, dass sie ein Mädchen auf der Flucht ertappt hätten und dass sie es vor den Augen aller wegen des Fluchtversuchs erhängen würden. Sie brachten das Mädchen zum Galgen. Als es auf das Podest stieg, sagte das Mädchen leise, als wollte es sich entschuldigen oder uns um Verzeihung bitten für dieses lange Stehen auf dem Appellplatz: »Ich wollte leben.« Und dann, als der Chef des Krematoriums ihr die Schlinge um den Hals legte, rief es: »Vergesst micht nicht!«

Musfeld stieß dann den Schemel unter ihren Füßen weg, und von ratlosem Schrecken und Grauen gepackt, von den Aufseherinnen gezwungen, auf den Galgen zu schauen, stimmten wir ein religiöses Lied an. Aber da hörte man auch schon die ekelhafte Stimme der Blutigen Brigitte: »Schnauze halten!« Und die anderen Aufseherinnen begannen zu höhnen: »Ihr betet? Gott ist doch mit uns!« Gott mit uns, das stand sogar auf ihren Gürtelschnallen geschrieben.

Das Gericht wollte noch wissen, welche Aufseherinnen bei der Exekution anwesend gewesen seien, welche sich an dem Aufhängen beteiligt hätten. Nun, es waren bestimmt Elsa Ehrich und Hermine Braunsteiner dabei, auch Hildegard Lächert und alle anderen, die uns mit den Peitschengriffen zwangen, auf die Erhängte zu schauen, damit keine von uns auf den Gedanken kommt, einen Fluchtversuch zu wagen.

Zu dieser Hinrichtung fragte Richter Bogen: »Frau Tarasiewicz, haben Sie auch gesehen, dass die Verurteilte den Schemel selber zum Galgen trug?« Das ist die deutsche Genauigkeit bei der Feststellung von Tatsachen.

»Was geschah mit den Säuglingen?« Jetzt fielen die Fragen eine nach der anderen. Die Mütter bekamen keine Milch für sie, sie selber hatten auch fast keine, denn auch sie ernährten sich sehr schlecht, daher konnten sie ihre Kinder nur mit dieser stinkenden Wassersuppe füttern. So lag an jedem Morgenappell neben der Frauenkolonne ein Haufen Kinderleichen zum Zählen da.

»Wissen Sie von irgendeinem dieser Kinder, dass es das Lager überlebt hatte?« Nein, Herr Richter, das war unwahrscheinlich. Ich wüsste nicht, dass irgendeines dieser Kinder noch lebte, als ich Ende Juli 1943 nach Ravensbrück gebracht wurde. Diese Kinder starben binnen einiger Wochen. Ich weiß noch, dass wir damals in der Schneiderei im geheimen, um nicht von der Aufseherin entdeckt zu werden, für diese Säuglinge Hemdchen und Jäckchen aus den zum Stopfen unserer Lagerwäsche bestimmten Lumpen nähten.

Ich erinnere mich noch an ein Bild, das ich nie vergessen werde, solange ich lebe. Eine große Gruppe polnischer Greise und Jungen wurde in die Gaskammer getrieben. Es musste wohl ein ganz frischer Transport gewesen sein, weil diese Menschen so angezogen waren, wie sie hier eintrafen: in einfachen Leinenhemden, mit einer Schnur gegürtet, und in ebensolchen weißgrauen Hosen, welche unten mit Bastschuhriemen zusammengebunden waren. Die meisten Alten hatten langes, weißes Haar und führten die Knaben an der Hand, die so wie sie gekleidet waren, aber nach Piastenart, mit Stirnlöckchen, geschnittenes Haar trugen. So schritten sie würdevoll daher. Selbst diese kleinen Knaben verhielten sich wie ihre Großväter. Das war nach dem Abendappell, wir gingen in die Schneiderei zur Nachtschicht, und diese Kolonne polnischer Bauern marschierte parallel neben uns. Wir fragten leise: »Woher kommt ihr?« Ich hörte eine ebenso leise Antwort: »Aus Bilgoraj.«

An der Spitze der Kolonne sah ich den Chef des Krematoriums. Wir zweifelten nicht länger, wohin man sie führte. Wir zögerten, solange es ging, um uns zu überzeugen, ob sie zum Baderaum gingen. Am Schluss des Marschzuges sah ich den

Emil Laurich, »Aniolek« Engelchen, einen der grausamsten SS-Männer, einen jungen Burschen mit blauen Augen und einem so hübschen und glatten Gesicht, dass wir von ihm sagten: Er hätte den Engel in einem SS-Krippenspiel abgeben können.

Dann hörten wir das Rattern des Traktors. Zehn Minuten lang, vielleicht länger, uns schien es eine ganze Ewigkeit. So lange dauerte nämlich das Sterben der Greise und Kinder, die mit Zyklon B erstickt wurden.

Meine Stimme versagte wieder. Eine Pille, eine kurze Pause, und ich sprach weiter: Wir machten uns keine Illusionen, was mit diesen Menschen geschah. Und als die Häftlinge aus der Effektenkammer mit Bergen voller Lumpen um fünf Uhr morgens in die Schneiderei kamen, sagten sie uns: »Wir haben ihre Leichen gesehen, sie laden sie direkt aus der Gaskammer auf die Lastautos.«

Als ich in der Schneiderei arbeitete, sah ich immer wieder diese Menschentransporte, die man in den Baderaum trieb. Und wenn sie nicht, in die gestreiften Lageruniformen oder anderen Lumpen gekleidet, wiederkamen, wenn wir das Rattern des Traktors hörten, wussten wir, was mit ihnen geschah.

Eines Tages verstummte der Traktor plötzlich und ich hörte ein so grauenhaftes, so unmenschliches Brüllen der im Gas Erstickenden, dass ich diese Schreie selbst in meiner Todesstunde nicht vergessen werde.

Hildegart Lächert, die »blutige Brygida«

Zuerst tat sie mir leid, die korpulente, matronenhafte Frau, mit der ich auf dem Flur des Düsseldorfer Landgerichts ins Gespräch gekommen war. Zum ersten und einzigen Mal. Zu Beginn des Prozesses ahnte ich noch nicht, welch furchtbare Details aus dem Leben der Hildegard Lächert ich im Verlauf von über fünf Verhandlungsjahren erfahren sollte. Und wie oft ich von meiner Pressebank aus fasziniert den erst wilhelminisch-hochgekämmten, später dann kurzfrisierten Hinterkopf der einstmals schönen Frau anstarren sollte. Voller Unglauben und Entsetzen.

Spätestens seit am fünften Verhandlungstag die beiden Staatsanwälte die Anklageschrift verlesen hatten, mied ich jeglichen Kontakt mit den Angeklagten. Auch mit Frau Lächert, die sich so gerne auf den Gerichtsfluren den Journalisten anbiederte.

Zu Beginn des Prozesses war sie 55 Jahre alt, eine aufgeschwemmte, eher gutmütig wirkende ältliche Frau, die beim geringsten Anlass in Tränen ausbrach. Nichts war mehr übriggeblieben von ihrer einstigen Schönheit, über die immer wieder berichtet wurde. Sie lebte in Reichartshausen bei Heidelberg, mit Rauhaardackel und Freundin in der Nachbarschaft. Erzählte stolz allen, die es hören wollten, wie anerkannt und beliebt sie dort sei. Das war ihr wichtig und dafür tat sie einiges: Sie half den Bauern bei Ernteeinsätzen und deren Frauen beim Obsteinkochen. Der Gemeinde vermachte sie schon zu Lebzeiten eine wertvolle Sammlung Meissener Porzellan, »dafür haben sie mir zugesichert, achtzig Jahre lang mein Grab zu pflegen«.

Die Leute im Dorf wussten angeblich schon vor Prozessbeginn von ihrer Vergangenheit und der ihres letzten

Lebensgefährten und Verlobten. Sepp, ein ehemaliger SS-Mann, dessen Verlobungsring sie treu auch noch nach seinem Tod trug, und dessen Grab auf dem Gemeindefriedhof sie regelmäßig mit ihrem Dackel besuchte.

Eine Frau also, die ein durch und durch angepasstes, kleinbürgerliches Leben führte, »kein schlechtes Gewissen hatte« – wie sie im kanadischen Fernsehen einmal betonte – und fest davon überzeugt war, alle Schuld aus den Tagen in Majdanek durch ihre Haft in polnischen Gefängnissen abgegolten zu haben. »Zehn Jahre sind ja eigentlich genug für diese Sachen«, hatte sie vor den kanadischen Fernsehkameras getönt. Und wer nicht zufällig mitbekam, dass diese bieder wirkende Person bei den Europa-Wahlen 1979 für die vom rechtsextremistischen Holocaust-Leugner Erwin Schönborn gegründete »ANE«, die »Arbeitsgemeinschaft Nation Europa«, kandidierte – der konnte ernsthaft daran zweifeln, dass die »blutige Brygida« aus Majdanek mit dieser angesehenen und beliebten Bürgerin von Reichartshausen überhaupt identisch sei.

Das Mädchen Hildegard Marta Luise wurde 1920 als jüngstes von drei Geschwistern aus der Liaison einer unverheirateten Hausfrau und eines Schlossermeisters geboren; zu einer Zeit, als uneheliche Kinder für die Mütter der Armen und der Reichen gleichermaßen eine Schande bedeuteten. Ihren Vater hat sie nie kennengelernt. Seit dem sechsten Lebensjahr gehörte sie der »Deutschen Turnerschaft« an und trat nach der Entlassung aus der Volksschule in den »BDM«, den »Bund Deutscher Mädel« ein, wo sie mit nationalsozialistischem Gedankengut vertraut gemacht wurde. Sie begann eine Schneiderlehre, brach sie ab, nahm eine Stellung bei der »NS-Frauenschaft« an und besuchte Kurse, die sie auf eine Tätigkeit in den Kolonien vorbereiteten, einem schon lange gehegten Wunschtraum von ihr. 1938 musste sie diese Kursbesuche aus finanziellen Gründen aufgeben, arbeitete dann in verschiedenen Fabriken und wurde mit achtzehn Jahren zum ersten Mal schwanger. Über den Vater ihrer beiden Kinder, den Sohn Dieter und die Tochter Karin, erklärte sie 1947 vor ihren polnischen Richtern in Krakau: »Ich war mit Walter Hinnrichs, einem Reserveoffizier der Luftwaffe, verlobt, der Ende 1942 an der Front als vermisst gemeldet worden ist. Wie ich später erfuhr, ist er gefallen. Ich bekam darüber eine amtliche Mitteilung. Mit ihm habe ich zwei Kinder, und da er sich an der Front befand, hat sich auf Wunsch meines Verlobten sein Schwager, der SS-Hauptsturmführer Hans-Peter Meister, der als Mitarbeiter von Goebbels in der Reichskulturkammer und auch in der Kanzlei von Hitler beschäftigt war, um meine Kinder gekümmert.«

Meister besorgte ihr eine Tätigkeit im KZ Ravensbrück, wo sie mit ihren Kindern hätte zusammen sein können. So war jedenfalls ihre Vorstellung. Doch nur die Tochter ging mit in das Lager, erkrankte nach drei Monaten und kam in ein Berliner Krankenhaus. Der Sohn war bei der Großmutter geblieben.

In Ravensbrück führte man sie in das rüde Handwerk derer ein, die Werkzeug bei der »Endlösung der Judenfrage« und der Verwaltung und Zerstörung allen unbequemen Lebens sein sollten: den Aufsehern der Konzentrations- und Vernichtungslager. Im Oktober 1942 wurde die 22-Jährige in das KZ Majdanek versetzt, arbeitete dort zunächst in einer Außenstelle, später dann im Lager selbst. Eine besondere Position hatte sie dort nie, sie war Handlanger der Planenden, mal aushilfsweise hier, mal helfend dort tätig.

»Als sie«, so Staatsanwalt Dieter Ambach, »im Verlaufe der Hauptverhandlung mitbekam, dass ihr Taten auf dem Frauenfeld angelastet werden, also dem Teil des Lagers, wo die weiblichen Häftlinge untergebracht waren, und dem landwirtschaftlich genutzten Gelände in unmittelbarer Lagernähe, der sogenannten Gärtnerei, behauptete sie vor dem Düsseldorfer Landgericht einfach, sie sei nur außerhalb des eigentlichen Lagergebietes auf dem Gut Fellin und als Aufseherin des obskuren Kommandos Wildgemüse eingesetzt gewesen. Um Zustimmung heischend beschrieb sie ihre Arbeit in diesem Kommando so: ›Ich war eingeteilt, eine Kolonne von Arbeiterinnen beim Sammeln von Wildpflanzen zu bewachen. Wir haben viel Spaß an der frischen Luft gehabt. Wir haben viel gelacht. Ja, wir hatten wirklich ein herzliches Verhältnis. Ich habe vielen von ihnen eine Extraportion Weißbrot mit Butter zukommen lassen. Aber wenn eine aufsässig wurde, hab ich schon mal zugelangt. Die hat dann was auf den Hintern gekriegt.‹«

Eine Aufseherin also, der lediglich manchmal die Hand ausrutschte und deren schlimmste Tat ein Klaps auf den Hintern einer Häftlingsfrau war? Glaubte man ihren eigenen Darstellungen, dann war die »blutige Brygida« überhaupt nicht blutig gewesen, alle die vielen Aussagen der Zeugen und Zeuginnen vor den Düsseldorfer Richtern nur Ausgeburten blühender Fantasien.

Die Aussage der Maria Kaufmann-Krasowski zum Beispiel, die am 238. Verhandlungstag in Düsseldorf beschrieb, wie die Aufseherin Lächert einmal einen Häftling, der mit Bodenarbeiten beschäftigt war, so lange peitschte und trat, bis er nur noch ein »Fetzen von einem Menschen« war, ein »Klumpen Fleisch«. Anschließend soll sie den umstehenden Häftlingsfrauen befohlen haben: »Schafft den Dreck da weg.«

Oder die Schilderung des Polen Stanislaw Baranowski aus Warschau: »Da sind die Kinder auf dem Boden gelegen, nicht Boden, Morast war, und haben aufgeleckt diese Suppe, die verschüttet war aus dem Kübel. Das hat die »blutige Brygida« gesehen, hat sie auf die Köpfe der Kinder geschlagen mit einem schweren Schöpflöffel, bis die Kinder am Boden lagen und aus den Köpfen bluteten.«

Und über ein anderes Erlebnis: »Wurde ins Bad geführt nach der Arbeit. Brot wurde mir weggenommen. Nach dem Bad hatte diese Person, eine Aufseherin, mir mein Stück Brot zurückgegeben. Brygida sah das und fing an, mich auf die Hände zu schlagen. Ich habe versucht, mich zusammen zu nehmen, damit sie nicht sehen konnte, wie furchtbar ich darunter litt.«

Die Zeugin Dora Abend erinnerte sich noch gut daran, dass die »Brygida« häufig an Selektionen teilgenommen hat. Beim Appell erschien sie mit einigen SS-Männern, die mit Fingern auf bestimmte Frauen zeigten. »Brygida« holte sie aus den Reihen heraus, indem sie sie entweder an den Schultern packte oder an den Haaren oder Ohren herauszog. »Brygida war hübsch, aber gemein«, sagte die Zeugin Chela Apelbaum und fügte hinzu: »Ich weiß nicht, ob sie überhaupt noch ein Mensch war.« Zlata Brsztyn erinnerte sich ebenfalls gut an die Lächert, weil sie öfters anwesend war, wenn die Frauen zum Abmarsch bereit in die Gärtnerei standen. Dann »schlug sie mit der Peitsche oder einem Gürtel grundlos auf uns Frauen ein.« Oder hetzte ihren Schäferhund auf Häftlingsfrauen. »Die Frauen waren dann von dem Hund so gebissen worden, dass sie weggebracht werden mussten und wir sie nie wieder gesehen haben«, bekundete Paula Joskowitz.

Hildegard Lächert hat all dies stets abgestritten. Nur soviel war sie bereit einzuräumen, gestand sie in Interviews mit dem Hamburger Dokumentarfilmer Eberhard Fechner: »Ich sprech mich nicht frei. Ich hab mich damals nicht freigesprochen. Ich hab mich der Schuld bekannt. Aber ich hab' keinen ungebracht und wegen mir ist keiner gestorben. Dabei bleib ich heute noch.«

Es gibt aus dieser Periode im Leben der Hildegard Lächert eigentlich nur einen Menschen, der ein gutes Leumundszeugnis für sie abgelegt hat: ihre Jugendfreundin Lucie Krause, die sie mit siebzehn Jahren durch einen Verwandten kennengelernt hatte. Frau Krause charakterisierte die junge Hildegard der damaligen Zeit als eine »leicht beeinflussbare« Person, »die man auch leicht als Werkzeug benutzen konnte«. Sie habe Hildegard Lächert einmal während ihrer Zeit in Majdanek getroffen. Bei der Begegnung habe ihre Freundin die ganze Zeit geweint und ihr anvertraut, sie müsse unbedingt raus aus dem Lager, auch wenn sie das nur über eine erneute Schwangerschaft erreichen könne.

Die ihr anvertrauten Häftlinge hassten sie und selbst ihre ehemaligen Vorgesetzten waren von dieser schlagkräftigen Untergebenen nicht gerade begeistert. Die Oberaufseherin Elsa Ehrich schrieb über sie einmal in einem Bericht an die Lager-Kommandantur: »Aufseherin Lächert macht in ihrer furchtbar überspannten und nervösen Art auf die Häftlinge keinen guten Eindruck. Sobald sie die Kommandokontrolle wahrnimmt, beginnt sie mit den Häftlingen herumzutoben.«

»Die Frau Lächert war eigentlich ein ›armes Hascherl‹«, beschrieb die Angeklagte Mayer dem Gericht ihre ehemalige Kollegin, »weil sie von der Ehrich immer zur Seite geschubst wurde. Vielleicht«, so vermutete die Mayer, »lag das an Lächerts Äußerem: Sie trug eine Uniform, die gar nicht passte, konnte sich auch nicht durchsetzen bei der Ehrich.« Ein Trampel sei sie zwar gerade nicht gewesen, aber immerhin tat sie »mir irgendwie ein bisschen leid. Sie wirkte irgendwie, als gehöre sie nicht dazu«.

Trotz ihrer Gewaltbereitschaft, dank derer sie sicherlich gut in den Kreis der Aufseherinnen passte, blieb sie eine Außenseiterin. Den anderen war sie einfach zu überspannt und nervös, tobte zuviel mit den Häftlingen herum, musste deshalb häufig ermahnt werden. Zeuginnen hatten über sie gesagt, sie sei immer gleich in die Luft gegangen, sei ständig aufgeregt gewesen, stets wütend oder jähzornig.

Wie sie zu dem Spitznamen »Brygida« gekommen ist, geht aus den Aufzeichnungen der Lager-Überlebenden Irina Marszalek hervor: »In der zweiten oder dritten Nacht, seit wir so arbeiten, stürzt ein SS-Mann mit der Aufseherin zu uns herein und schreit, es sei bei Strafe verboten, sich den Türen und Fenstern zu nähern und hinauszusehen. Was geht draußen vor? Unsere Neugier ist stärker als die Angst. Ich schlage vor, dass wir einen Posten aufstellen, eine von uns soll das Wort ›Brygida‹ ausrufen, wenn sich die Aufseherin nähert. Ich habe damals nicht geahnt, dass dieser Name in die Geschichte des Lagers eingehen wird: ›Krwawa Brygida‹, so hieß die Aufseherin von nun an. Blutige Brygida.«

Ihr Verteidiger führte zur Entlastung seiner Mandantin eine Begebenheit auf, die Hildegard Lächert gerne und häufig zum besten gab. Eine Jüdin, die zwei Kinder im Lager hatte, habe sie gebeten, herauszubekommen, wohin man die Kinder gebracht habe. Sie – Frau Lächert – sei daraufhin zum Kommandanten Florstedt gegangen und habe diesen gefragt, wo denn die Kinder hingekommen seien. Der Kommandant habe sie angeschrien und gesagt, was sie sich einbilde, ihn danach zu fragen. Im Übrigen seien die Kinder doch vergast worden. Sie sei nach dieser Auskunft fix und fertig gewesen, da sie selbst zwei kleine Kinder hatte, die im gleichen Alter wie die Kinder der jüdischen Häftlingsfrau waren. Dies sei auch der Grund gewesen, weshalb diese Jüdin Frau Lächert angesprochen habe, denn diese habe gewusst, dass Frau Lächert zwei Kinder hatte.

Ob diese Anekdote stimmt oder nicht mag dahingestellt sein. Laut Düsseldorfer Strafkammer jedenfalls geriet »die intellektuell nur schwach begabte, charakterlich sehr labile und weitgehend lediglich emotional motivierte Angeklagte Lächert im Kreis der weiblichen Häftlinge innerhalb kurzer Zeit in den Ruf, eine der schlimmsten und brutalsten SS-Aufseherinnen des Lagers zu sein.«

Hildegard Lächert in einem Düsseldorfer Park, 1978

Über die Gründe und den Zeitpunkt ihrer Entlassung aus Majdanek stritten sich ihre Verteidiger und die Staatsanwaltschaft aufs heftigste eine Menschengeneration später. Erst in der Urteilsbegründung kam das Gericht zu der Entscheidung; dass Hildegart Lächert am 30. September 1943 aus den

Diensten der SS entlassen wurde, »wegen Schwangerschaft«. Doch noch war damit ihre Zeit als Lageraufseherin nicht zu Ende: Ein halbes Jahr später wurde sie erneut als SS-Aufseherin eingestellt und in Nebenlagern des KZs Auschwitz beschäftigt. Ab Januar 1945 arbeitete sie in einem weiteren Lager, diesmal in Südtirol, wo italienische Widerstandskämpfer und rassistisch Verfolgte inhaftiert waren.

Nach dem Krieg tauchte erneut einer der vielen Männer auf, die für einen Augenblick den Lebensweg dieser Frau kreuzten, um ihn dann unverbindlich wieder zu verlassen. In den Akten heißt es dazu lapidar: »Das Kriegsende erlebte die Angeschuldigte in der Heimat ihres damaligen Verlobten in Kärnten/Österreich.« Es war Franz Fugger, der im Institut für Hygiene in Auschwitz arbeitete, und der – so die Lächert 1947 vor Krakauer Richtern – »wollte mich heiraten. Fugger lernte ich in Majdanek kennen.«

Doch diese Episode sollte genauso kurz bleiben, wie die vorherigen und die nachfolgenden: Wenige Monate später trifft man sie wieder in Berlin, als Krankenschwester in einem amerikanischen Krankenhaus. Im März des darauffolgenden Jahres wurde sie bei einem Besuch in Österreich von der dortigen Polizei verhaftet und ein Jahr später nach Polen ausgeliefert.

Wie über so vieles in ihrem Leben hatte sie auch über diese Zeit in ihrer Erinnerung den sanften Schleier des Vergessens gestülpt und blickte durch eine rosa Brille zurück. Gerne behauptete die Lächert, sie hätte sich 1945 freiwillig an die Polen ausliefern lassen, weil sie Sippenhaft für ihre bei der Mutter in Ostberlin lebenden zwei Kinder fürchtete. Denn heroisch, das wäre sie in ihrem Leben gerne gewesen. Und gut. Und von allen bewundert und geliebt. Aber es kam alles so anders und es mutet so hilflos an, wenn sie – wie zum Abschluss des

Interviews mit dem kanadischen Fernsehen – ihre Gesprächspartner quasi anfleht: »Und ich hoffe auch, dass sie nicht allzu schlecht von mir denken.«

Viele denken schlecht von ihr. Allen voran die polnischen Ermittler, die sie zusammen mit vierzig weiteren ehemaligen SS- Angehörigen in Krakau vor Gericht stellten. In diesem Verfahren war sie nur eine Randfigur. Wegen Misshandlungen, Beleidigungen und Diebstahl an Häftlingsgut vor allem in den Nebenlagern von Auschwitz, aber auch wegen ihrer Mitgliedschaft bei der verbrecherischen Organisation der SS, wurde sie zu fünfzehn Jahren Gefängnis verurteilt. Später sagte sie hierüber: »Glauben Sie nicht, dass die Polen mich zum Tode verurteilt hätten, wenn die heute gegen mich erhobenen Vorwürfe stimmen? ... Aus Sympathie hat man mich ja nicht am Leben gelassen, ne?« Und geradezu großzügig zeigte sie sich einmal während einer Vorvernehmung zum Düsseldorfer Majdanek-Prozess: »Ich habe verziehen, was die Polen mir angetan haben.«

Seit sie in Düsseldorf angeklagt wurde, lobte sie häufig ihre polnischen Richter. »Es war ein faires Gericht.« Die hätten ein Recht gehabt, sie zu verurteilen.. Ihre deutschen Richter akzeptierte sie nie, fragte immer lautstark, wo die denn während der NS-Zeit gewesen seien. Im KZ doch wohl nicht, warf sie ihnen vor, ohne zu berücksichtigen, dass die Düsseldorfer Richter bei Beginn des Zweiten Weltkrieges im Alter von Jugendlichen und Schülern gewesen waren.

Über ihre zehn Jahre Haft in polnischen Gefängnissen kam sie manchmal geradezu ins Schwärmen. Das Essen und die Freizeit wären zwar schlecht gewesen, außerdem hätte man ständig arbeiten müssen. Aber die Gemeinschaft unter den Gefangenen, die wäre ganz anders als hier, die hätte ihr gefallen.

Ihre Familie hielt sie in der Zeit für tot. Ihnen war mitgeteilt worden, die Mutter wäre an einer lebensgefährlichen Erkrankung verstorben. Das machte es ihr doppelt schwer, als sie 1956 entlassen wurde und in die Bundesrepublik kam. Für dieses Land will sie sich deshalb entschieden haben, weil ihr Polen im Gefängnis die Namen polnischer Agenten in Amerika mit auf den Weg gegeben hatten.

Und schon wieder scheint sich auch bei diesen Erzählungen der Wunsch nach Ansehen, nach Macht und Bedeutung mit dem zu vermischen, was wohl tatsächlich ihr kleinkarierter Alltag gewesen war. Die Namen dieser Agenten will sie an die Amerikaner weitergegeben haben. Und behauptete später (wobei sie ihre Stimme zu einem konspirativen Flüstern senkte), Näheres könne sie darüber nun nicht mehr sagen, weil sie dann andere mit reinreiße.

Ihr Alltag war allerdings viel weniger der einer verkappten Mata Hari, als schlichtweg der einer 36 Jahre alten Frau und Mutter, die einen neuen Anfang finden musste. Mit Hilfe der Amerikaner, bei denen sie zu der Zeit arbeitete, gelang es ihr, Tochter und Sohn aus Ostberlin zu sich zu holen. Doch man war sich fremd, so fremd, dass sie dem Sohn erst an einer von ihr ererbten Anomalie des kleinen Fingers beweisen musste, dass sie wirklich seine Mutter war.

Die neugegründete Familienidylle währte nur kurz: Bei einem Besuch in Ostberlin blieb die Tochter in der alten Heimat. Ihre Mutter mag sich noch heute nicht eingestehen, dass ihr Kind sie freiwillig verließ, und beruhigt sich mit dem Gedanken, man habe Karin damals dabehalten.

Sie jobbte erst bei der amerikanischen Armee in Heidelberg, fand Arbeit in einer Jugendherberge, einem Rehabilitationszentrum, einer Spielwarenfabrik, zuletzt gar als Putz- und Stehfrau in einem Heidelberger Bordellbetrieb. Dokumente aus US-Archiven deuten daraufhin, dass sie für CIA und BND tätig war. In welcher Form ist unbekannt. Nur was die Geheimdienste mit einer solch gedanklich plumpen Frau wollten, die vom Düsseldorfer Gericht als intellektuell minderbegabt und charakterlich labil bezeichnet worden war, ist unklar.

Am 24. August 1973 kam sie – nach 17 Jahren Freiheit – erneut in Haft. Es folgte ein Jahr Untersuchungsgefängnis, aus dem sie wegen schwerer Bronchien- und Asthmaanfälle vorzeitig entlassen wurde. Die Vergangenheit hatte sie wieder eingeholt, das Düsseldorfer Verfahren kündigte sich an.

Fünfeinhalb Jahre lang verbrachte Hildegard Lächert seit November 1975 mehrmals pro Woche in Saal 111 des Düsseldorfer Landgerichts. Seit dem 13. Juni 1979 musste sie wieder in Untersuchungshaft, weil – wegen ihrer guten Verbindungen zur rechtsradikalen Szene – mit Fluchtgefahr gerechnet werden musste. Sie war die Angeklagte, über die im Verlauf dieses Prozesses am häufigsten geredet, am meisten im In- und Ausland berichtet wurde. Die detaillierten Schilderungen ihres Verhaltens in Majdanek schockierten und entsetzten weltweit, weckten aber auch das Interesse an dieser Frau. Sie selbst flüchtete vor alldem in sich selbst. Und was an ihr gebohrt haben mag, was sie nicht zur Ruhe kommen ließ, nagte an ihrem Körper, während ihre Seele beim morgendlichen Gebet die nötige Absolution bekam.

Am 405. Verhandlungstag wurde die in Polen geborene Janina Rozenszer (57), Beamtin im statistischen Amt in Jerusalem, als Zeugin gehört. Frau Rozenszer war im Januar 1943 nach einer Straßenrazzia im damaligen Lemberg nach Majdanek verschleppt und dort neun Monate inhaftiert worden. Bei der Razzia hatte man ihr gesagt, sie würden alle nach Deutschland zur Zwangsarbeit geholt. Stattdessen wurden sie nach Majdanek verschleppt. Dort musste sie Steine wegräumen, Pullover für die Deutschen in der sogenannten Kunststube des Lagers stricken. Später wurde sie zur Feldarbeit eingeteilt.

Eines Tages hortete sie von der Arbeit ein wenig Zucker und Brot. »Brygida hat uns kontrolliert am Eingang und fand bei uns sehr viel Sachen. Zuerst hat sie uns furchtbar geschlagen und hat dabei geschrieen und verkündet, dass die ganze Gruppe von 50 Frauen von ihr Hiebe bekommen sollte.« Janina Rozensher bekam fünfundzwanzig Schläge.

Als sie vor Gericht erzählte, wie Brygida Häftlingsfrauen mit der Peitsche schlug, zwei Frauen danach gestorben sind, wird sie aufgefordert, die Peitsche zu beschreiben. »Wer hat sich denn die Peitsche angeguckt?«, fragte sie verwundert und berichtete wenig später von den Kindern aus dem Warschauer Getto, von Müttern, die mit ihren Kindern in Majdanek eintrafen. Sie hätte mit angesehen, wie die Kinder auf Lastwagen hinaufgeworfen wurden. Von Brygida und ihrer Kollegin Braunsteiner. Mütter, die sich nicht von ihren Kindern trennen wollten, wurden mit raufgedrängt. Die Zeugin sah mit an, wie eine junge Frau erhängt wurde, eine blonde Jüdin. »Uns wurde gesagt, wenn einer von uns versuchte zu fliehen, erwarte uns dasselbe Schicksal.«

Weil sie falsche Papiere hatte und sich als arische Polin ausgeben konnte, wurde Janina Rozenszer im Frühherbst 1943 aus Majdanek entlassen.

Zum ersten Mal musste der Prozess wegen Verhandlungsunfähigkeit der Lächert an einem Mittwoch im November 1977 unterbrochen werden. An diesem Tag erkrankte Hildegard Lächert an den Folgen ihrer übergroßen Tierliebe: Sie hatte sich nach einem Autounfall um einen Dackel gekümmert und war zum Dank dafür gebissen worden. Die daraufhin verabreichte Tetanus-Spritze bekam ihr nicht.

Mal waren es die Bronchien, mal ihr Asthma, das ihr schon seit Jugend an zu schaffen machte, mal der Kreislauf, der

Bluthochdruck, mal das Herz. Und langsam kündigte sich das an, was ihr in den kommenden Jahren das Leben zur Hölle machen sollte und erst nach Beendigung des Prozesses wieder halbwegs verschwinden würde: Eine unerträgliche Hautkrankheit, bei der sich ihre Haut handtellergroß von ihrem Körper löste und bei der aus den offenen Wunden Eiter und Blut herausquollen. Diese Schwären bedeckten bei Prozessende ihren ganzen Körper, ließen sie kaum noch richtig schlafen, sitzen oder liegen. Im Mülheimer Frauengefängnis lief sie fast nur noch barfuß und in einem weiten Nachthemd herum, weil jedes Stück Stoff an ihr festklebte. Und zu den Sitzungen im Landgericht kam sie manchmal von oben bis unten in Mullverbände eingewickelt – es wirkte wie die Verkörperung eines Menschen, der sich zwar nicht das Gewissen zermarterte, zur Strafe dafür aber den ganzen Körper. »Der platzt das Fell«, hatte ein Psychiater einmal über sie gesagt.

Dabei simulierte sie auch gerne, war wehleidig und klagte, wo immer es ging. Am 17. Januar 1980 meldete sie sich plötzlich in der Hauptverhandlung und stöhnte über Kreislaufbeschwerden. Der im Gerichtssaal anwesende Arzt untersuchte sie und fand ihren Gesundheitszustand äußerst bedenklich. Mit Blaulicht und Notarztwagen wurde sie ins Düsseldorfer Marienhospital gefahren. Doch dort schickte man sie bald wieder zurück in den Gerichtssaal. Zu Fuß, denn die Ärzte fanden, sie sei kerngesund.

Einmal freilich, da hatte sie erneut allen Grund, sich zu beklagen: Es war im November 1978, als Norman Finkelstein, Sohn einer aus New York angereisten ehemaligen KZ-Insassin es nicht ertrug, dass die Peinigerin seiner Mutter friedlich durch die Düsseldorfer Altstadt schlenderte. Und das, nachdem Mary Finkelstein kurz zuvor dem Gericht bleich und zitternd die Gräueltaten dieser Frau geschildert hatte. Sohn

Norman stürzte sich auf die ehemalige KZ-Aufseherin und schlug zu. Verletzt musste Hildegard Lächert in einer Klinik behandelt werden und war mehrere Tage krank. Die BILD-Zeitung registrierte das auf Seite 1.

Mit fünfzehn Anklagepunkten zur »blutigen Brygida« hatte die Staatsanwaltschaft diesen Prozess angetreten, bei ihren Plädoyers Anfang 1981 forderten die Anklagevertreter für Frau Lächert die Höchststrafe: achtmal lebenslang.

Der Ankläger glaubte, dass sie einen männlichen Häftling mit ihren eisenbeschlagenen Stiefeln und ihrer durch Eisenstücke in den Spitzen verstärkten Peitsche auf grausame Art und aus Mordlust zu Tode gepeitscht und getreten, arbeitsunfähig wirkende jüdische Frauen teilweise unter Schlägen, teilweise lachend an den Haaren aus den Reihen der angetretenen Häftlinge herausgezogen und zur Vergasung geschickt hatte. Außerdem soll sie aus dem Warschauer Getto kommende Kinder zum Teil mit der Peitsche, zum Teil mit Fußtritten zum LKW getrieben und sie dann wie Gegenstände auf die Ladeflächen geworfen haben. Dabei soll sie mit der Peitsche die Mütter zurückgejagt haben, die ihre Kinder retten wollten.

Hildegard Lächert in einer Prozesspause auf dem Gerichtsflur

In seinem Plädoyer meinte Staatsanwalt Dieter Ambach: »Wenn auch nach dem Gesamtergebnis der Beweisaufnahme bei mir die Überzeugung bestehen bleibt, dass die Angeklagte Lächert weitaus öfter aktiv an Aussonderungen zur Vergasung teilgenommen hat«, könnte man ihr heute jedoch nur noch wenige Selektionen mit der für eine Verurteilung notwendigen Sicherheit nachweisen. Mehr als 80 Zeugen hatten sie im Laufe des Verfahrens auf Lichtbildern oder persönlich im Gerichtssaal als die »blutige Brygida« ihrer Lagerzeit wiedererkannt. 26 polnische Zeugen brachten diesen Spitznamen mit dem wirklichen Namen der Lächert in Verbindung.

Lächerts Verteidiger, der Mannheimer Rechtsanwalt Hohl, ging so weit zu behaupten, seine Mandantin sei überhaupt nicht die »blutige Brygida« gewesen. Von den über dreihundert gehörten Zeuginnen hätten immerhin einige diesen Namen der Oberaufseherin zugeordnet, andere der mitangeklagten Frau Ryan-Braunsteiner, wieder andere hätten ausgesagt, »blutige Brygida« und Lächert seien zwei völlig verschiedene Personen gewesen.

Am 30. Juni 1981 wurde das für viele Prozessbeobachter überraschende Urteil gefällt. Nur in zwei Punkten hielten die drei Berufs- und zwei Laienrichter Hildegard Lächert nachweislich der Tat überführt: Einmal der Selektion jüdischer Frauen im Mai 1943 zur Vergasung und ein zweites Mal der Mitwirkung am Abtransport jüdischer Kinder und Säuglinge, die anschließend getötet wurden. Die Kammer hatte ihr unverständlicherweise zu Gute gehalten, ihre Grausamkeiten seien kein Zeichen von »Unbarmherzigkeit oder Gefühlsroheit gewesen, sondern der Ausruck ihrer völligen Unfähigkeit mit den Gefangenen umzugehen.« Die hierfür vorgesehenen Einzelstrafen von sieben und neun Jahren wurden zu einer Gesamtfreiheitsstrafe von zwölf Jahren Gefängnis zusammengezogen. Wobei Frau Lächert nicht – wie es die Staatsanwaltschaft gefordert hatte – wegen Mordes, sondern lediglich wegen der Beihilfe zu den Morden verurteilt wurde. Häufig haben die Richter unter Anklagepunkten gegen die Lächert notiert: »Nicht erwiesen ist, dass die angeklagte Tat stattgefunden hat.« Oder: »Nach allem war ein sicherer Tatnachweis nicht zu führen, was zur Folge hatte, dass die Angeklagte auch von diesen Anklagevorwürfen freigesprochen warden musste.«

So wurde sie zum Beipiel von dem Anklagepunkt freigesprochen, im Sommer 1943 ihren Schäferhund auf eine hochschwangere polnische Häftlingsfrau namens Wladka gehetzt zu haben, solange, bis der durch Aufreißen der Bauchdecke und Herauszerren der Leibesfrucht sowie der Gedärme den Tod erlitt. Der Anlass hierfür: bei dem Erzeuger des ungeborenen Kindes soll es sich um einen SS-Angehörigen gehandelt haben, der angeblich zugleich intime Beziehungen zur Angeklagten Lächert unterhielt. Wie üblich der Kommentar in der Urteilsbegründung: »Ein Tatnachweis war hier nicht zu führen.« Trotz zahlreicher Zeuginnen, die das Geschehen mit angesehen hatten.

Die Fragen, wie es nach so vielen eindeutigen Zeugenaussagen zu einem solchen Urteilsspruch kommen konnte, wurden auch durch die vom Gericht ausgesprochene Mutmaßung nicht beantwortet, dass Lächerts Tun möglicherweise auf »erhebliche geistige und intellektuelle Primitivität und charakterliche Mängel« zurückzuführen sei. Deshalb nämlich hatte man sie nicht als eigenständige Mörderin, sondern lediglich als Mordgehilfin eingestuft. Die Richter sahen die Ursache für ihre Gewaltexzesse darin, dass sie ihren Aufgaben im Lager einfach geistig, charakterlich und gefühlsmäßig in keiner Weise gewachsen war.

Über sie ebenso wie über ihre Kollegin Hermine Ryan-Braunsteiner hatten genügend Zeugen ausgesagt, sie hätten sie bei Selektionen für die Gaskammern gesehen. Nach heutiger Rechtsauffassung Grund genug, um wegen Mordes verurteilt zu werden. Doch damals, im Majdanek-Verfahren, reichte das nicht aus. In diesem Prozess musste noch jede Gräueltat, jede Beteiligung an Selektionen und Vergasungen nachgewiesen werden. Da reichte es nicht aus, dass so jemand wie die Lächert allein durch ihre bloße Anwesenheit den Tötungsapparat am Laufen hielt.

Die Urteilsbegründung wirkt aus heutiger Sicht nicht immer nachvollziehbar. So heißt es wörtlich: »Was die innere Einstellung der Angeklagten Ryan und Lächert zu den Ausrottungs-Maßnahmen des NS-Regimes gegenüber den Juden im allgemeinen und zu der Tötung der bei der Selektion aussortieren jüdischen Menschen im besonderen betrifft, so konnten ihnen nicht nachgewiesen werden, dass sie diese Maßnahmen gutgeheißen und sich persönlich mit ihnen identifiziert haben.«

Zehn Jahre danach bezeichnete der Vorsitzende Richter der Düsseldorfer Strafkammer, Günter Bogen, in einem Interview mit mir sein damaliges Urteil als »äußerst schmerzlich« und nannte es, zumindest was die Angeklagte Lächert anging, rundweg als »falsch«.

Der Mann, der mir 1991 die Eingangstür seines Hauses in einem Düsseldorfer Vorort öffnete, war sichtlich gealtert. Das jahrelange Verfahren hatte deutliche Spuren hinterlassen. Vor allem die Aussagen der KZ-Überlebenden im Zeugenstand, so sagte Bogen mir, hätten ihn bis weit in sein Privatleben belastet. Die Art, wie er sie befragen musste, die prozessuale Aufgabe, die eigentlich nicht zu bewältigen war. Denn eines der größten Probleme sei das der Identifizierung gewesen, »das Wiedererkennen der Angeklagten durch ehemalige Häftlinge als Täter der einen oder anderen konkreten Exzess-Tat«. Als ich Bogen danach fragte, wie er sein damaliges Urteil im Rückblick empfinde, sagte er: »Traurig, traurig. Schlicht traurig.« Mit dem Gefühl, als Richter ein falsches

Urteil gesprochen zu haben, werde er wohl für den Rest seines Lebens nicht fertig. Das belaste ihn schon erheblich.

Erstaunt horchte ich auf. Ein falsches Urteil? Und dann erläuterte mir Bogen, wie akribisch das Gericht nach Beweismaterial gesucht hatte, um Hildegard Lächert, die »blutige Brygida«, zu überführen. Denn eine ganz erhebliche Rolle in dem Verfahren spielte die Frage, so Bogen, »ob diejenige, die nun bei uns als Lächert angeklagt war, mit einem Pferd durch das Lager geritten sei. Wir hatten zig Zeugenaussagen, die das bekundet haben. Wir hatten aber nichts darüber, dass es tatsächlich so war.«

Wie viele andere Überlebende hatte die Zeugin Lola Givner über die Lächert gesagt: »Brigyda war eine gutaussehende Frau, die auf einem Pferd ritt, eine schwarze Pelerine trug und diese spitzen Schuhe hatte.«

Ein Historiker hatte im Auftrag des Gerichts wochenlang in polnischen Archiven nach einem Hinweis hierfür gesucht, weil zahlreiche Zeuginnen behauptet hatten, Hildegard Lächert hätte sie vom Pferd aus mit der Peitsche geschlagen. »Er ist nicht fündig geworden«, bedauerte Bogen. Der 1992 verstorbene Dokumentarfilmer Eberhard Fechner dagegen schon. Als Bogen sich am Abend des 21. Novembers 1984 – also drei Jahre nach der Urteilsverkündung – Fechners Dokumentation »Der Prozess« im Fernsehen ansah, wurde ihm klar, welch verhängnisvollen Fehler seine Kammer begangen hatte.

Dokumentarfilmer Eberhard Fechner präsentierte in seinem Film nicht nur ein Foto der reitenden Hildegard Lächert. Ihm gegenüber hatte sich die »blutige Brygida« auch noch mit ihren Ausritten gebrüstet. Sie konnte dies unbehelligt tun, weil Fechner seinen Film erst ausstrahlen durfte, nachdem das Urteil rechtskräftig geworden war. Ebenso wie Richter Bogen hatte auch ich damals im Film die Stimme der Lächert gehört, die unbekümmert eingestand: »Wenn wir dann nach

Hause gingen, also in unsere Baracken, hat jeder ein einzelnes Zimmer gehabt, dann war man müd, dann mussten wir Wäsche waschen. Nun ja, dann hat man ja wirklich genug. Und dann sind wir ausgeritten dort. Sind wir jeden Tag durch die Wälder geritten. Die haben diese arabischen Vollblüter gehabt, und die mussten ja jeden Tag ausgeritten werden. Und da waren sie mir sehr dankbar, dass ich mir auch eins genommen habe und damit reiten durfte.«

Mit diesem Eingeständnis der Lächert begann die Traurigkeit von Richter Bogen. Da das Gericht keinerlei Beweise für Ausritte der Lächert gefunden hatte, den Zeuginnen, die dies behauptet hatten, einfach nicht glaubte, kam eine der brutalsten KZ-Aufseherinnen mit zwölf Jahren Haft davon.

Ein solches Mammutverfahren wie der Majdanek-Prozess musste damals einfach an der Vorgabe scheitern, den Angeklagten jedes Verbrechen durch Zeugenaussagen nachzuweisen. Und es ist daran gescheitert.

Dann war alles vorbei, die ganze Aufregung, das Zittern vor dem Urteil, die ständig schlimmer werdende Hautkrankheit. Erleichtert atmete Hildegard Lächert auf, äußerte gegenüber Mitgefangenen die Vermutung, »jetzt kann ich ja doch wohl dieses Monstrum nicht gewesen sein«, für das sie alle gehalten hatten. Denn lebenslang, das hatte nicht sie bekommen, die angeblich schlimmste Aufseherin aus Majdanek, sondern ihre Zellennachbarin, Hermine Ryan-Braunsteiner.

In der Untersuchungshaft verband beide lange Zeit so etwas wie eine aus der gemeinsamen Geschichte geborene Zweckfreundschaft. Doch seit dem Urteil waren sie völlig zerstritten. Die kühl-distanzierte Hermine Ryan-Braunsteiner konnte nicht begreifen, dass die so primitiv und ohne Stil in Majdanek agierende Hildegard Lächert vor Gericht besser weggekommen war als sie.

Im Mülheimer Frauengefängnis lebte die einstige »blutige Brygida« mit der Routine eines erfahrenen Häftlings. Aus ihren zehn Jahren Haft in Polen geschult, fügte sie sich schnell in das eintönige Leben hinter Gittern ein. Und verstand es, sich einen festen Platz in der streng geordneten Beziehungshierarchie einer solchen Anstalt zu verschaffen. Monatlich soll sie rund einhundert Mark von der »Stillen Hilfe« bekommen haben, einer Organisation, die sich um die Betreuung verurteilter NS-Täter kümmerte.

Mit diesem Geld kaufte sie das, was sie nie in ihrem Leben umsonst bekommen hatte: Zuwendung und Freundschaften gegen Süßigkeiten, Kaffee und Tee, so dass beim Wochenend-Umschluss ihre Zelle tatsächlich so aussah, als wäre sie die Beliebteste und Netteste im ganzen Haus. Dann kamen die mitgefangenen Frauen und speisten und labten sich und man kann nur rätseln, ob es der Kaffee oder die Frau Lächert war, die sie anlockten.

Besuch von draußen bekam sie selten, ab und an von einer Mitarbeiterin der »Stillen Hilfe«, hin und wieder von einer evangelischen Pastorin, seltener von ihrer Heidelberger Freundin, mit der sie jedoch jeden zweiten Sonntag mit richterlicher Genehmigung telefonieren durfte. Ihre vier Enkelkinder kannte sie nur vom Foto her. Ihre Tochter Karin lebte in Ostberlin, verheiratet mit einem Mitglied der Volksarmee. Sohn Dieter hatte in Norwegen in eine gutbürgerliche Familie eingeheiratet und auch die letzte Verbindung zu seiner Mutter dadurch abgebrochen, dass er den Namen seiner Frau annahm. Beide Kinder haben die Mutter in der Haft nicht besucht.

Gegen Ende ihrer Inhaftierung wurde sie krank, musste an der Hüfte operiert werden, hatte zu hohen Blutdruck. Solange es ihr gesundheitlich gutging, hatte sie im Gefängnis zwar nicht regulär gearbeitet, sich aber intensiv um die dort einsitzenden drogenabhängigen Frauen gekümmert, »meine Hascherchen«, wie sie sie nannte. Handarbeitete mit ihnen auf ihrer Zelle, häkelte Topflappen, bastelte Strohsterne. Plauderte mit den um sie Versammelten gerne von früher, als sie noch eine schöne Frau war, mit einer guten Figur. Beschwerte sich auch schon mal darüber, dass die Drogensüchtigen eigentlich gar nicht in den Knast, sondern in eine Therapie gehörten. Müttern würden ihre Kinder weggenommen, Familien daran zerbrechen.

Einmal die Woche bekam sie im Gefängnis eine Zeitlang offiziell kein Essen, weil sie an dem Tag hungern wollte. Doch inmitten all der Schokolade und Marzipanbrote in ihrer Zelle war diese Hungerkur mehr eine Demonstration für die Umwelt denn eine wirkliche Diät. Und dass sie Vegetarierin geworden sei, bestätigte den Bruch, der sich in der Wahnvorstellung ihres eigenen Lebens vollzog. »Ich esse nämlich schon lange kein Fleisch mehr«, hatte sie ihre neuen Essgewohnheiten begründet. »Ich habe einmal gesehen, wie Schweine zum Schlachten getrieben wurden. Die armen Tiere fühlten, dass etwas mit ihnen geschehen sollte.«

Als ein Artikel über sie im STERN erschien, lasen ihn alle Mitgefangenen und distanzierten sich für eine Weile von ihr und der Ryan-Braunsteiner. Als dann in der Gefängnisbücherei das von Heiner Lichtenstein geschriebene Majdanek-Buch auslag, lieh sie es sich einfach und behielt es möglichst lange auf ihrer Zelle.

Sie starb 1995 in Freiheit.

Exkurs: Die Strafverfolgung – Eine Bilanz der Versäumnisse

Die Verfolgung von NS-Verbrechen in der Bundesrepublik ist auch eine Geschichte der Justizversäumnisse. Diejenigen, die auf den verschiedensten Ebenen an bürokratisch organisierter Vernichtung und Ermordung beteiligt waren, konnten sich nach dem Prinzip von Befehl und Gehorsam auf fehlendes Unrechtsbewusstsein, auf Nichtwissen und Befehlsnotstand berufen.

Anfang der 1960er Jahre versuchte der hessische Generalstaatsanwalt Fritz Bauer die Dinge anders anzugehen. Im sogenannten Frankfurter Auschwitzprozess kämpfte er darum, dass das Morden in Vernichtsungslagern als eine Gesamttat behandelt werde und alle, die dabei wissentlich mithalfen, zur Verantwortung zu ziehen seien.

Bauer schrieb später in der Juristenzeitung, 22. Jahrgang 1967, Nr. 20: »An der Spitze stand Hitler, dem ... Männer wie Himmler und Göring folgten ... Am Fuße der Pyramide fanden sich insbesondere die Einsatzgruppen ... und die Vernichtungslager mit Tausenden von Wachmannschaften. Der Gesamtumfang der objektiv und in der Regel auch mit Vorsatz Beteiligten dürfte eine fünfstellige Zahl ausmachen. ... Eine Aufteilung z.B. der »Endlösung der Judenfrage« oder eine Aufteilung der Beiträge der ganz überwiegenden Mehrzahl der Beteiligten – seien es Mittäter oder Gehilfen – in Episoden, die Auflösung des Geschehens und der Tätigkeit der Mitwirkenden in – im Zeitlupenstil aufzuklärende – Details ist ein historisch und rechtlich untauglicher Versuch, ja ein unmögliches Unterfangen. ... Auch die Tätigkeit eines jeden Mitglieds eines Vernichtungslagers stellt vom Eintritt in das

Lager, womit in aller Regel sofort die Kenntnis von dessen Aufgabe, Tötungsmaschinerie zu sein, verbunden war, bis zu seinem Ausscheiden eine natürliche Handlung dar, was immer er physisch zur Verwaltung des Lagers und damit zur »Endlösung« beigetragen hat. Er hat fortlaufend, ununterbrochen mitgewirkt.«

Bauer kam mit seiner Rechtsauffassung nicht durch. Weder vor dem Frankfurter Gericht, noch in der Revision vor dem Bundesgerichtshof. Die Zeit war noch nicht reif, zu viele ehemalige Nazis noch immer in wichtigen Funktionen, ob in Politik, Gesellschaft oder Justiz. Die Konsequenz: Jahrzehntelang wurden die Verbrechen von NS-Tätern vor Gericht scheibchenweise in Kleinst-Taten zerlegt. Solange, bis kaum noch etwas übrigblieb.

Hinzu kam noch, dass die Ermittlungen gegen NS-Täter in den 50er und 60er Jahren, als es noch zigtausende Zeugen gegeben hätte und als Totschlag und Körperverletzung noch nicht verjährt waren, träge und ohne Engagement geführt wurden. Wie sollte es auch anders sein? Standen die ermittelnden Polizisten und Staatsanwälte denen, die sie verfolgen sollten, doch meist erheblich näher als den Opfern, denen Gerechtigkeit – zumindest vor Gericht – widerfahren sollte.

Allein in Nordrhein-Westfalen waren an die 90 Prozent aller Richter, Staatsanwälte und Polizisten nach 1945 zuvor NSDAP-Mitglieder gewesen, ergab eine im Auftrag des NRW-Justizministeriums erstellte Studie von 2002. Darin enthalten war unter anderem der Hinweis, dass der erste Leiter der nach 1958 von den Justizministern der Länder eingerichteten Ludwigsburger Zentralen Stelle zur planmässigen Erfassung und Verfolgung von NS-Verbrechen seit 1933 SA-Mitglied gewesen war.

Die Justiz hatte Entschuldigungen aller Art für ehemalige NS-Helfershelfer parat: Stand der Täter möglicherweise unter Befehlsnotstand? Hätte er um Leib und Seele fürchten müssen, wenn er sich aus einem KZ wegbewarb? Konnte man einem Zeugen glauben, der zwar schilderte, wie ein KZ-Aufseher jemanden totschlug, aber weder Zeit noch Ort richtig benennen konnte? Und wie sollte man mit Zeugen umgehen, wenn sie als Kommunisten im KZ waren? Denn diese wurden in Zeiten des Kalten Krieges als Kriminelle angesehen. Die Ermittlungsakten jener Jahre sind voll von derlei Abwägungen.

Der bayerische Amtsrichter Thomas Walther hat dem ein Ende gesetzt. Nachdem er sich in die Ludwigsburger Zentrale Stelle zur Aufklärung von NS-Verbrechen versetzen ließ, hat er den bisherigen Trott gestoppt. Er hat die schlichtweg überzeugende aber dennoch im Zusammenhang mit nationalsozialistischen Verbrechen geradezu revolutionäre Sichtweise auf das Strafrecht mit einer simplen Rückbesinnung auf das Wissen begründet, das zu Beginn des Jurastudiums gelehrt wird. Demnach ist Beihilfe zum Mord immer dann gegeben, wenn jemand eine Tat fördert, bei ihr mitwirkt und diese billigt. Wer also die Tür aufhält, damit ein anderer jemanden ermorden kann, macht sich der Beihilfe schuldig.

Der Kölner Strafrechtler Cornelius Nestler gab mir 2013 in einem Interview für ein WDR-Feature hierfür ein Beispiel: »Stellen sie sich vor, sie haben einen Banküberfall. Und da gibt es einen Menschen mit einer Sturmhaube, der die Tür zur Bank sichert. Und ein anderer, der aufpasst, dass die Kunden in der Bank in Schach gehalten werden. Sie wissen nicht, wer was gemacht hat. Weil beide Personen eine Sturmhaube getragen haben. Aber wenn sie sicher sein können, dass der eine oder der andere entweder an der Tür stand oder die Kunden in Schach gehalten hat, dann wissen sie, was auch immer sie gemacht haben – es war Beihilfe zum Bankraub. Und dies übertragen sie jetzt auf die Tätigkeit eines Wachmanns in einem Vernichtungslager. Wo auch immer er war, das, was er gemacht hat, war Beihilfe zum Mord.«

Dank Walthers unbefangenen Blick auf das Strafrecht ging es plötzlich auch anders. Als am 30. November 2009 vor einer Münchener Schwurgerichtskammer der Prozess gegen den knapp 90-Jährigen angeklagten Sobibor-Mitarbeiter John Demjanjuk begann, betrat die Justiz Neuland.

Strafrechtler Cornelius Nestler hat als Nebenklagevertreter im Demjanjuk-Prozess erlebt, wie anders alles ablief, als all die Verfahren, die ich zuvor beobachtet hatte. »Das Besondere war«, so Nestler, »dass nach so langer Zeit, jemand angeklagt wurde, dem nicht eine spezifische Einzeltat, also ein spezifisches Tötungsdelikt vorgeworfen wurde, sondern dem vorgeworfen wurde, dass er in seiner Funktion, also als Wachmann in dem Vernichtungslager Sobibor, Beihilfe zu dem Mord an den Menschen begangen hatte, die in dem Vernichtungslager, in dem Zeitraum, in dem er dort tätig war, ermordet wurden.«

Anders als dies die Richter im Majdanek-Prozess handhabten. Dort hatte sich das Düsseldorfer Schwurgericht bei seinen milden Urteilen von der Erwägung leiten lassen, »dass den im KL Majdanek auf Befehl handelnden Kommandanturangehörigen nur dann eine die Täterschaft anzeigende Gesinnung nachgewiesen werden kann, wenn sie über die ihnen aufgetragene Tätigkeit hinaus einen Tatbeitrag geleistet, besonderen Eifer gezeigt, sich bei den Vernichtungsaktionen auffallend rücksichtslos eingesetzt oder sonst zu erkennen gegeben haben, dass sie an den betreffenden Tötungen ein eigenes materielles oder politisches Interesse hatten.«

Eine zu der Zeit gebräuchliche Art des justiziellen Umgangs mit KZ-Personal. Nach heutigem Stand hätte man in all diesen Verfahren, in denen ich als Prozessbeobachterin gesessen hatte, ganz anders vorgehen können. Sich diese schmerzhaften Zeugenvernehmungen ersparen können, da ja – wie das Gericht 2011 im Demjanjuk-Prozess urteilte – es nunmehr ausreichte, wenn die Angeklagten Teil der Vernichtungsmaschinerie gewesen waren. Es hätte also genügt, diese Täter und Täterinnen wegen Mordes zu belangen, wenn man ihnen nachweisen konnte, dass sie an einem bestimmten Tag, an dem es zum Beispiel zu Vergasungen gekommen war, ihrer Aufsichtspflicht in einem KZ nachgekommen sind.

Urteil über Oskar Gröning, den »Buchhalter von Auschwitz«
Der Bundesgerichtshof bestätigte am 20. September 2016 das Urteil des Landgerichts Lüneburg, durch das der 94-Jährige Oskar Gröning, genannt der »Buchhalter von Auschwitz« , wegen Beihilfe zum Mord in 300.000 Fällen zu vier Jahren Haft verurteilt worden war. Die zahlreichen Nebenkläger in diesem Prozess begrüßten die Bestätigung des Lüneburger Urteils als »wichtige Korrektur der früheren Rechtsprechung« , so die ZEIT am 28.11.2016.
Bei der »Ungarn-Aktion« im Mai 1944 trieben Lagerangehörige die Deportierten aus den Waggons heraus und wiesen sie an, ihr Gepäck auf der Rampe stehen zu lassen. Um ihre Arglosigkeit aufrecht zu erhalten, teilten sie ihnen wahrheitswidrig mit, dass ihnen das Gepäck nachgebracht werde. Im Verlauf der »Ungarn-Aktion« kamen 141 Züge mit rund 430.000 aus Ungarn deportierten Menschen in Auschwitz an. Gröning war Teil des personellen Apparats, der schon zum Zeitpunkt des Befehls zur

»Ungarn-Aktion« in Auschwitz Dienst tat. Im Rahmen seiner Tätigkeit in der Häftlingsverwaltung hatte Gröning die Aufgabe, das Geld der Deportierten nach Währungen zu sortieren, zu verbuchen, zu verwalten und nach Berlin zu transportieren. Er hatte als Teil der Drohkulisse bei ankommenden Transporten auf der Rampe dabei mitgewirkt, jeden Gedanken an Widerstand oder Flucht bei den Häftlingen bereits im Keim zu ersticken.

Der damalige SS-Mann wusste, dass die nach Auschwitz deportierten Juden dort massenweise unter bewusster Ausnutzung ihrer Arg- und Wehrlosigkeit qualvoll getötet wurden. Ihm war ebenfalls bewusst, dass er die in Auschwitz betriebene Tötungsmaschinerie durch seine Tätigkeiten unterstützte. Er war schon kurz nach seinem Dienstantritt in Auschwitz über das dortige Geschehen in vollem Umfang informiert. Gröning fügte sich in seinem Bestreben, nicht an die Front versetzt zu werden, in die Organisation des Lagers ein und führte die ihm erteilten Befehle aus. Daher war ihm klar, dass er durch seine Dienstausübung im Zusammenwirken mit anderen die Voraussetzungen dafür schuf, dass die Verantwortlichen in Staat und SS jederzeit eine in Auschwitz zu exekutierende Vernichtungsaktion beschließen und anordnen konnten, weil auf die dortige Umsetzung ihrer verbrecherischen Befehle Verlass war.

Dem Angeklagten Gröning wurde vonseiten des BGHs nicht alles zugerechnet, was in Auschwitz geschah; vielmehr ging es um die Frage, ob und wie der Angeklagte für Mordtaten strafrechtlich verantwortlich gewesen sei. Auch wurde der Angeklagte nicht »irgendwie anlässlich des Vernichtungsprogramm tätig, sondern es sind konkrete Handlungsweisen des Angeklagten mit unmittelbarem

Bezug zu dem organisierten Tötungsgeschehen in Auschwitz ... festgestellt [worden].«

Ich erkundigte mich bei Thomas Walther, ob dies auch für Majdanek gelte, einem KZ, das zunächst als Konzentrationslager galt und später erst zum Vernichtungslager wurde. Seine Antwort lautete: »Ich bin davon überzeugt, dass es nicht darauf ankommt, zu wieviel Prozent die Menschen dort aus den ankommenden Zügen sofort umgebracht wurden. Ob sie erst noch im Zuge von Arbeitsleistungen ausgepresst wurden. Es reicht nach meiner Überzeugung aus, dass insgesamt die Wachmannschaften wussten, in diesen Lagern wird gemordet. Zu wieviel Prozent die Menschen dort umgebracht wurden ist für die rechtliche Würdigung der Frage, was geschieht dort, sind die Mannschaften verdächtigt, Beihilfe zum Mord zu leisten, unabhängig davon, ob jetzt 100%, 99% oder nur 70% oder 60% der Menschen sofort umgebracht wurden.«

Was wäre gewesen, wenn die deutsche Justiz direkt so an die Verfolgung von KZ-Aufsehern und -Aufseherinnen herangegangen wäre? Warum hatte es so lange gedauert, bis endlich auch ohne einen Zeugenbeweis Ermittlungen gegen KZ-Aufseher möglich geworden sind? Diese Frage stellt sich fast 80 Jahre nach Kriegsende. Knapp 75 Jahre, nachdem 1950 die Anklagekompetenz von den Alliierten wieder auf die bundesdeutschen Behörden übertragen wurde. 66 Jahre, nachdem 1958 die für derartige Ermittlungen zuständige Ludwigsburger Zentrale Stelle zur Aufklärung von NS-Verbrechen gegründet worden war.

Viele der ehemaligen Nationalsozialisten hatten ihren Lebensabend friedlich verbracht. Während ihre überlebenden Opfer von Albträumen geplagt, den ermordeten

Familienangehörigen nachtrauernd, sich ein neues Leben nach Majdanek oder Auschwitz aufbauen mussten.

Die Düsseldorfer Ankläger und Richter des Majdanek-Prozesses waren damals noch nicht so weit gewesen. Zum Beispiel Staatsanwalt Dieter Ambach, der die Anklage gegen die Frauen vertrat, bedauerte, kurz nachdem das Urteil im Majdanek-Prozess gesprochen worden war, in einem Interview mit mir sehr, wie schwer es gewesen war, die ehemaligen Aufseherinnen zu überführen, wie engmaschig dabei seine Möglichkeiten waren. Immer davon ausgehend, dass daran nichts zu ändern sei: »Wir mussten ihnen ja, das war die Schwierigkeit des Verfahrens, jeweils einzelne Taten nachweisen. Man musste ihnen zum Beispiel nachweisen, dass sie mit Freude und aktiv an Selektionen teilgenommen hatten.«

1987 scherte ein Krefelder Schwurgericht aus dem allgemeinen Konsens des strikten Einzeltatnachweises aus und hat den KZ-Aufseher aus Buchenwald, Wolfgang Otto, wegen Beihilfe zum Mord an dem Kommunistenführer Ernst Thälmann verurteilt. Das Gericht hatte zwar nicht klären können, welche Rolle der Angeklagte KZ-Aufseher bei der Erschießung Thälmanns ausübte, ihm reichte aber dessen bloße Anwesenheit durch die er »die übrigen Teilnehmer mindestens psychisch unterstützt hat«. Der Bundesgerichtshof hob das Urteil auf. Es ging also alles wieder seinen üblichen Weg. So kam es, dass man in der Kette der Verantwortlichen für die Ermordung von Millionen von Menschen in den Vernichtungs- und Konzentrationslagern letztlich immer bei Hitler und Himmler landete. Alle anderen seien lediglich Befehlsempfänger gewesen, denen man schon besondere Grausamkeiten nachweisen musste, sonst wurden sie freigesprochen oder kamen mit milden Strafen davon. Wenn sie denn überhaupt angeklagt wurden.

»Es ist sehr schwer, nach so viel Jahren, die alle Mörder anzuschauen und auch solche Fragen zu beantworten: Ob ich bin zur Arbeit rechts oder links rausgegangen oder hier so gestanden oder was ist so gestanden. Zum Beispiel solche Fragen, ob an die Galgen war eine Haken oder eine Ring?« wunderte sich eine Zeugin.

DDR-Anwalt Fritz Kaul, als Nebenklagevertreter im Majdanek-Prozess, hatte all dies in seinem Schlussplädoyer heftig kritisiert: »Dadurch, dass die Staatsanwaltschaft durch die Form der von ihr erhobenen Anklage … das Deliktgeschehen in einzelne Delikthandlungen auflöste, und dass Gericht die Anklage in dieser zerhackstückten Form zugelassen hat, wurde die gerichtliche Sühne des verbrecherischen Geschehens nahezu unmöglich gemacht.«

Am Beispiel von Samuel Kunz, Aufseher im Vernichtungslager Belzec, erläutert Jurist Cornelius Nestler gerne, wie Strafverfolger jahrzehntelang mit SS-Leuten umgingen: Kunz wurde schon in den 60er Jahren mehrfach als Zeuge vernommen. Und gestand stets frank und frei, »Ja, ich bin im Sommer 1942 nach Belzec gekommen.« Er habe nach wenigen Wochen schon mitbekommen, was in dem Lager passierte, nämlich »die fabrikmäßige Vernichtung« von unzähligen jüdischen Menschen. Es gibt, so Nestler, hierüber drei Vernehmungsprotokolle. Und niemand sei auf die Idee gekommen, Kunz anzuklagen, obwohl »er als Wachmann in einem Vernichtungslager dafür gesorgt hat, dass die Menschen, die dort hinkamen, vernichtet werden konnten.«

Das beste Beispiel dafür, wie leicht diese akribische Suche nach dem Einzeltatnachweis zu Fehlurteilen führen kann, erlebte ich im Majdanek-Prozess. Als die Tagesschau am 30. Juni 1981 verkündete, im Düsseldorfer Prozess um die Ermordung von mindestens 250.000 Menschen sei das Urteil verkündet worden, verlas der Vorsitzende Richter Günter Bogen die Entscheidung seiner Kammer mit zitternden Händen und einer brüchigen Stimme. Wer diesen 51-Jährigen Mann an jenem Dienstag bei der mündlichen Urteilsbegründung beobachtete, sah einen Menschen, gequält das verkündend, was für ihn und seine Mitrichter noch feststellbar und zu strafen war, hieß es in den Medien. Einige Journalisten empfanden den Richter an diesem Tag dem physischen Zusammenbruch nahe. Die Urteile, die Richter Günter Bogen mit sichtlicher Anspannung über die noch verbliebenen sieben angeklagten Männer und zwei Frauen aus dem ehemaligen Kommandanturstab des Konzentrationslager Majdanek zu verkünden hatte, lösten Tumulte im vollgedrängten Saal 111 des Düsseldorfer Landgerichts aus.

»Hat denn das Gericht in fünfeinhalb Jahren nichts dazu gelernt?«, rief ein Zuschauer völlig außer sich. Ein ehemaliger KZ-Häftling in blau-weiß gestreifter Kleidung schrie: »Wollen Sie diese Skandalurteile wirklich im Namen des deutschen Volkes verkünden?« Während draußen, vor dem Gerichtsgebäude, Fackeln entzündet wurden, Menschen sich zu Mahnwache und Demonstration sammelten und auf ersten Transparenten von einer »Verhöhnung der Opfer« die Rede war. Aus dem In- und Ausland hagelte es Proteste. So unüberhörbar war die Reaktion gegen diese Urteile, dass der damalige nordrhein-westfälische Ministerpräsident Johannes Rau sich schützend vor die Richter der 17. Großen Strafkammer stellte und um Verständnis für deren Entscheidung bat. Das Gericht war mit den Strafen, die Günter Bogen an diesem Vormittag zu verkünden hatte, weit hinter den Anträgen der Staatsanwaltschaft zurückgeblieben; Für fünf Angeklagte lebenslang, drei Freiheitsstrafen zwischen fünf und zehn Jahren, einen Freispruch hatten die Ankläger gefordert. Tatsächlich aber wurde nur die SS-Aufseherin Hermine Ryan-Braunsteiner, wegen Mordes zu lebenslanger Haft verurteilt. Bei Hildegard Lächert ging das Gericht lediglich von Beihilfe zum Mord aus und verurteilte sie zu zwölf Jahren Haft. Schon damals hatte die Strafkammer »das offensichtliche Missverhältnis zwischen dem tatsächlichen Geschehen im Konzentrationslager Majdanek und dem Wenigen, was dazu in der Beweisaufnahme noch eindeutig festgestellt werden konnte«, bedauert.

Die Zeugin Danuta Medryk – »Auf dem Hofraum des Frauengefängnisses lege ich die Reifeprüfung ab«

Frühjahr 1939. Schule. Artige Mädchen in dunkelblauen Schulkitteln, die Taschen vollgespickt mit Büchern. Daneben das zweite Frühstück, von der Mutter sorgfältig in eine Serviette gewickelt. Ein Brötchen mit Butter, belegt mit Käse oder Wurst, ein Apfel. Nach der Schule Hausaufgaben, Pfadfindertreffen, auf dem Sportplatz Ballspiele. Dem Freund werden die Schuhe mit den hohen Absätzen gezeigt.

Der Herbst bringt Veränderungen.[1] Anstelle der Schule heimlich Gruppenunterricht in ungeheizten Privatwohnungen. Dann in den Nächten zu Hause lernen, im Licht einer schwachen Glühbirne. Anstelle der vollgestopften Schultasche dünne Hefte, unter dem Busen versteckt. Anstelle eines knusprigen Brötchens fades Brot. Und nicht einmal für alle. Die einen genieren sich, dass sie essen, dass sie hungrig sind. Die anderen vermeiden es, auf das Brot zu schauen. Versichern mit Nachdruck, sie seien satt.

An manchen Tagen verlassen Schüler den Unterricht, um Zeitungen zu verteilen, verschlüsselte Meldungen oder Waffen von einem »heißen« Ort wegzuschaffen. Die Lehrerinnen fragen nicht nach dem Grund, wenn jemand den Unterricht schwänzt. Sie ahnen ihn. Es beginnt die Zeit der Konspiration. Die Härte der ungeheizten Wohnungen und leeren Vorratsschränke. Die Straßen voller feldgrauer Uniformen.

1 Nach dem Einmarsch der deutschen Truppen wurde im gesamten Generalgouvernement der Besuch der höheren Schule für polnische Kinder verboten.

Plakatierte Befehle und Verbote. Abschreckungslisten mit den Namen von Erschossenen.

Als sich der Tag unserer mündlichen Reifeprüfung nähert, gibt man uns die Adresse der Wohnung unserer Schulfreundin Janka Gut in der Sniadecka-Straße. Die Straße ist nicht groß, ruhig gelegen. Wir sind sechs Prüfungskandidaten und eine ebenso große Prüfungskommission. Den Rat befolgend gehen wir einzeln, aber jeden Bekannten, den wir unterwegs treffen, bitten wir, uns den Daumen zu drücken.

Ich weiß nicht, ob es ein Zufall ist oder ob wir schon früher beobachtet worden sind. Auf jeden Fall wird genau in dem Moment, als ich in Latein geprüft werde, gegen die Tür geschlagen, und zwar gleichzeitig gegen die Eingangs- und die Küchentür. Im selben Moment dringen drei uniformierte Gestapoleute ins Zimmer ein, begleitet von einem Dolmetscher in Zivil.

Wir müssen uns alle mit erhobenen Händen an die Wand stellen und dann wird die Wohnung durchsucht. Die Lehrerinnen glauben, dass nur sie festgehalten werden. Aber nach der Hausdurchsuchung stellt man uns zu je zweien auf und führt uns alle aus dem Haus.

Nach zwei Tagen Gefängnis beginnen die Lehrerinnen, die Prüfungen fortzusetzen. Wir rechnen damit, nach Deutschland deportiert zu werden. Und glauben, der Krieg werde ein bis zwei Jahre andauern, so dass es für uns schwer sein würde, die für eine Reifeprüfung notwendigen Kenntnisse später zu erneuern.

Bei den gemeinsamen Spaziergängen im Gefängnishof ist die einzige Gelegenheit, wo die Lehrerinnen und wir Schüler zusammentreffen. Und dort, auf dem Hofraum des Frauengefängnisses, während vor mir die Direktorin geht, neben und hinter mir zwei andere Lehrerinnen, lege ich die Reifeprüfung ab.

Das geschieht tagsüber. Aber nachts, wenn vom Warschauer Getto Schüsse zu uns herüber dringen, wenn im Gefängnis Menschen erschossen werden, wenn irgendwann eine Häftlingsfrau unter Schreien und Schmerzen ein Kind gebärt – dann überkommt uns Angst vor der Zukunft.

Danuta Medryk als junge Frau, 1942

Eine ältere Danuta Medryk

Exkurs der Autorin: Warum ich immer wieder in Saal 111 saß

Als das Verfahren anfing, wusste ich nicht, was da auf mich zukommen würde. In dem Tohuwabohu des ersten Verhandlungstages, inmitten der aus aller Welt angereisten Pressebeobachter, bekam ich nur mit Mühe eine einigermaßen brauchbare Meldung für die Nachrichtenagentur Reuters über das zustande, was sich da im Düsseldorfer Landgericht abspielte. Später dann fühlte ich mich geradezu als Insiderin, gehörte im Laufe der Jahre zu den Journalisten und Journalistinnen, die am häufigsten zum Prozess gekommen waren, am meisten berichtet hatten. Und war dabei doch selten genug da.

Mich faszinierten, wie immer, wenn ich in einem Prozess sitze, die Angeklagten. In diesem Prozess vor allem die Frauen. In all den Jahren auf der Pressebank des Düsseldorfer Landgerichts, ließ mich der Gedanke danach nicht los, wie ich mich, wäre ich an ihrer Stelle gewesen, verhalten hätte. Manchmal, wenn ich mich mutig und stark fühlte, beantwortete ich diese Frage damit, dass ich die Verbrechen, deretwegen die einstigen SS-Männer und -Frauen hier vor Gericht standen, nie hätte begehen können. Dass ich, hätte ich damals schon gelebt, selbstverständlich im Widerstand gewesen wäre.

An anderen Tagen dagegen aber saß ich da und war mir nicht so sicher, ob ich als Aufseherin von Majdanek den Mut und die Zivilcourage zum Auflehnen besessen hätte. Wie wäre meine Haltung zu den KZ-Opfern gewesen, die damals allgemein als Ungeziefer und Abschaum galten, denen die Schuld an allem und jedem Unglück gegeben wurde? Hätte ich – nicht mit meinem heutigen Wissensstand und Bewusstsein, sondern mit der Ausbildung und dem Intellekt der angeklagten Frauen – zum Beispiel überhaupt die Möglichkeit gehabt, mich all dem Terror zu entziehen?

An solchen Tagen bekam ich Angst vor mir selbst. Es ist nicht leicht, gegen den Strom zu schwimmen. Ich dachte daran, wie mühsam es ist, sich schon dann gegen eine Mehrheitsmeinung zu stellen, wenn man kaum etwas außer dem Zorn seiner Umgebung riskiert. Machte mir klar, dass die angeklagten Männer und Frauen Vollstreckerinnen eines extremen Antisemitmus waren, der stillschweigend von der Mehrheit der Deutschen, wenn nicht gebilligt, so doch hingenommen worden war.

Was fühlte ich außer Abscheu und Verachtung für die Angeklagten, denen Grausamkeiten vorgeworfen wurden, deren Schilderung ich manchmal nicht ertrug? Es half nicht, dass ich mir einredete, die vor mir sitzenden ehemaligen SS-Leute seien mit normalen Maßstäben nicht zu messen, sie seien Monster. In solchen Situationen fiel mir der Satz ein, den ich irgendwo einmal gelesen habe: »Wir können nicht einfach nur, weil sie uns zu böse scheinen, behaupten, es seien keine Menschen.« Dieser Satz holte mich wieder von dem Exkurs zurück, auf dem ich die Angeklagten wie abartige Wesen anstarren und in Gedanken aussondern konnte.

Eine Lektion habe ich gelernt in den Jahren, die dieser Prozess andauerte: dass nicht das besonders Grausame, Böse und Abartige die hervorstechendsten Eigenschaften dieser Angeklagten war. Hier saß der sogenannte Durchschnittsbürger, der »wildgewordene Kleinbürger«, wie ihn Hannah Arendt einmal genannt hatte. Hier vor diesem Gericht konnte man tagein und tagaus lernen, was es heißt, wenn ein ganzes Volk auf Autoritäten fixiert wird, wenn der »kleine Mann« und die »kleine Frau« es nie gelernt hatten, Befehle zu hinterfragen, gegen unsinnige Anordnungen aufzumüpfen. Wenn sich dann aus dieser Haltung das ergibt, was Axel Eggebrecht einmal als Analyse der Funktion solch eines Terrorregimes auf den simplen Nenner brachte: »... der Durchschnittsmensch als Mörder, das ist der Keim und das Wesen faschistischer Systeme.«

Hier saßen Leute, die entweder prügelten oder selbst geprügelt wurden, die sich klein machten oder andere klein machten. Die endlich einmal ihre Wut, ihren Frust, ihre Aggressionen an denen auslassen konnten, die hilflos und hilfsbedürftig vor ihnen im Dreck hockten, hungrig, zerschlagen. Und sie waren die Entscheiderinnen, diejenigen, die über Leben und Tod bestimmten. Ihr ganzes Leben war in sogenannten normalen Bahnen verlaufen, vorher und nachher, nur nicht während ihrer Zeit im KZ. Und in dieser kurzen Zeit hatte nichts mehr gegolten, was vorher und nachher aus ihnen die Schülerin, die Tochter, den Sohn, die liebevolle Mutter, den umsichtigen Vater machte. In Majdanek wurden sie zu Totschlägerinnen, zu Folterern, zu Mörderinnen. Warum das so war, weiß ich noch immer nicht. Dieses Buch soll vor der beschränkten Selbstherrlichkeit warnen, mit der durchschnittsdeutsche Kleinbürger heute wieder die eigene Ordnung und Sauberkeit über alles setzen. Das rassistische Überlegenheitsgefühl der Nationalsozialisten erlebt derzeit eine erschreckende Renaissance. Millionen von Menschen sollen nach den Plänen eines illustren Kreises von AfD-lern, Neonazis, konservativen Politikern und finanzstarken Industriellen ausgesiedelt werden. Sie sollen aus Deutschland verschwinden, ihrer Grundrechte beraubt und umgesiedelt warden. Allein nur deshalb, weil sie die angeblich falsche Hautfarbe und Herkunft haben, oder nach den Kriterien der Ideengeber nicht ausreichend »assimiliert« sind. Das Ziel: Deutschland soll wieder rein werden, oder – im nationalsozialistischen Jargon gesagt – »arisch« .

Und hätte es die Journalisten von *correctiv* nicht gegeben, die sich in den Kreis der Potsdamer Verschwörer eingeschlichen hatten und alles dokumentierten, niemand wüsste heute, was dort unter Ausschluss der Öffentlichkeit ausgeheckt wurde. Als hätte es die Aussonderung ganzer Bevölkerungsteile aus Deutschland nicht schon einmal gegeben. Als hätte dies nicht in einer Katastrophe geendet, Millionen Menschen das Leben gekostet.

Wenn die angeklagte Hildegard Lächert während einer Vernehmung einmal erklärte, sie habe Häftlingsfrauen nur geschlagen, um Ordnung zu halten; wenn Angeklagte immer wieder den Griff zur Peitsche, den Tritt mit den eisenbeschlagenen Schuhen damit rechtfertigten, dass anders weder Disziplin noch Gehorsam zu wahren gewesen seien, dann bekommen diese Werte eine grausame Eigenständigkeit.

Durch den Majdanek-Prozess habe ich erfahren, wie viel Leid und Ängste, wie viel schlaflose Nächte, Fassungslosigkeit, Narben und Groll diese Geschichte bei denen hinterlassen hat, die ihre Opfer wurden. Denn anders, als es der Taxifahrer auf der unseligen Fahrt vom Kölner Hauptbahnhof in die Südstadt einfach so behauptete, lebten in den fünfeinhalb Jahren des Majdanek-Prozesses noch unzählige der ehemaligen Häftlinge aus NS-Konzentrationslagern. Einige Hundert haben vor den Düsseldorfer Richtern ausgesagt.

In den Verhandlungspausen stritten sich fast regelmäßig eine Handvoll unverbesserlicher Alt- und Neonazi mit den von weither angereisten NS-Opfern. Später dann gesellten sich zu dieser kleinen Gruppe immer häufiger ganze Schulklassen, deren Geschichtsunterricht durch einen Besuch vor Ort lebendiger gestaltet werden sollte.

Bei mir dauerte es eine ganze Weile, bis ich so richtig begriff, um was es da vor dem Düsseldorfer Schwurgericht eigentlich ging. Wie die meisten meiner Generation – ich bin Jahrgang 1947 – war ich wenig auf das vorbereitet worden, was da verhandelt wurde. In der Schule hatte die Weltgeschichte mit der Weimarer Republik aufgehört. Danach war man gleich zur Nachkriegszeit übergegangen. Der Zwischenraum stellte sich mehr oder weniger als leerer Fleck dar. Und bohrend nach dem zu fragen, was damals war, hatte ich mich zu Hause nie recht getraut. Es war, als wenn man sich den quälenden Tod eines an einem Tumor verstorbenen Verwandten nie im Detail schildern lässt. Aus Pietät nicht, aber auch, weil ein Interesse an Einzelheiten fast als Leichenfledderei angesehen wurde und schlicht verpönt war. Da waren sich alle stillschweigend einig, und an diesem Übereinkommen wurde nicht gerüttelt.

Ich habe eigentlich erst im Ausland, als ich mit achtzehn Jahren nach Frankreich kam, zum ersten Mal Anlass gehabt, mir darüber Gedanken zu machen, was von Deutschen während des Dritten Reiches verbrochen worden sein mag. In Orléans, wo ich zwei Jahre lang lebte und arbeitete, kannte fast jeder der Generation über vierzig den Namen »Merdsche«. Nur ich wusste nichts damit anzufangen, wenn man mich darauf ansprach und wissen wollte, was aus dem Mann dieses Namens geworden sei.

Erst sehr viel später, als der Majdanek-Prozess schon lief, erkundigte ich mich nach Merdsche und erfuhr, dass der ehemalige SS-Hauptsturmführer Dr. Friedrich Merdsche von September 1942 bis zum Herbst 1944 Chef der Sicherheitspolizei und der Gestapo in Orléans war und maßgeblich für die Deportation der dortigen jüdischen Bevölkerung verantwortlich zeichnete. Nach dem Krieg hatten die Franzosen ihn in Abwesenheit zum Tode verurteilt. Doch unbehelligt konnte er im Schwarzwald leben, als gutversorgter Rentner mit der

Pension eines Landgerichtsrates. Seinen Namen kannte bei uns kaum jemand.

Das zweite Erlebnis, das mich auf die Narben dieser Zeit stieß, geschah eines Abends, als die Freunde, bei denen ich in Orléans lebte, mich nicht wie gewohnt zu einem Verwandtenbesuch mitnehmen wollten. Später erklärten sie mir, die ältere Dame, deren Geburtstag es zu feiern galt, wolle nichts mehr mit Deutschen zu tun haben. Sie war in einem Konzentrationslager gewesen.

Ich habe das damals nicht verstanden, habe gedacht, mein Gott, aber du bist doch erst nach dem Krieg geboren, hast doch mit all dem nichts zu tun gehabt. Im Laufe des Majdanek-Prozesses habe ich gemerkt, dass es nicht reicht, nichts gegen jemanden zu haben. Dass ich, als Deutsche geboren, nicht einfach durch Freundlichkeit und Vergessen den Betroffenen die Scheu vor allem nehmen kann, was Deutsch ist, Deutsch riecht oder sich in irgendeiner Form Deutsch anhört. Es gehört viel mehr dazu, um die Wunden zu behandeln, die bei vielen dieser Opfer stets dann besonders schmerzten, wenn sie an Deutsches erinnert werden. Aber das musste ich erst lernen.

Ich habe es dadurch gelernt, dass ich immer wieder hinging, in den Saal 111. Wenn ich versuche, es mir zu erklären, dann gibt es Mosaiksteine, die zusammenpassen. Manchmal hatte ich einfach das Gefühl, ich musste dabei sein. Ich fühlte mich den Menschen gegenüber verpflichtet, die da von weither angereist waren und unter Schmerzen berichteten, was ihnen angetan worden war. Diese Menschen waren ja oft gekommen, weil Verwandte und Freunde ihnen noch kurz vor dem Weg in die Gaskammer zugerufen hatten: »Du musst überleben, um der Nachwelt von den Verbrechen an uns zu erzählen.« Aber dann hatte sie nie jemand danach gefragt. Nach ihrer Befreiung aus den Lagern der Nationalsozialisten war die Umwelt mit sich selbst beschäftigt. Da störten Schilderungen von Grausamkeiten und Mord, an denen man sich vielleicht durch Desinteresse mitschuldig gemacht hatte, nur den reibungslosen Tagesablauf.

Auch in anderen Teilen der Welt, dort, wo es die Überlebenden der Lager hinverschlug, in eine Nachbarschaft, die nie etwas mit den Gräueln der Nationalsozialisten zu tun gehabt hat, wurden sie nicht nach ihren Erlebnissen befragt. Und in den neugegründeten Familien dieser Menschen entwickelte sich häufig eine Haltung, die ähnlich der ist, die ungeduldige Kinder den ständigen Kriegserinnerungen des Großvaters gegenüber zeigen: man mochte es nicht mehr anhören, winkte ab oder verließ seufzend das Zimmer.

So war es zwar für viele der Angereisten eine furchtbare Anstrengung, vor Gericht auszusagen, aber es war für sie auch endlich eine Gelegenheit, das loszuwerden, was sich in den Jahrzehnten seither angestaut hatte, was ihre Seele zerfraß.

Mir war der Gedanke fast unerträglich, dass vieles, was dann im Zeugenstand geschildert wurde, für die Urteilsfindung völlig unerheblich war – und daher oft auch niemanden so recht interessierte. Die Prozessbeteiligten waren zwar manchmal betroffen, wenn es der Zeugin oder dem Zeugen gelang, nicht nur stockend und langsam eine Szene von damals wieder zusammenzustückeln, sondern die Situation im Lager wiederauferstehen zu lassen. Das Gericht ließ diese Schilderungen und Abschweifungen zu – aber sie wurden lediglich mehr oder weniger geduldet. Im Grunde saßen alle da, klopften in Gedanken nervös mit den Fingern auf die Tischplatte und hofften, dass es endlich vorangehen würde, das heißt, zur Sache. Wie gut, dachte ich oft, dass die Zeugen und Zeuginnen nicht mitbekamen, was prozessrelevant war und was nicht.

Den Gedanken an diesen Zwiespalt der Gefühle, den sicherlich viele durchmachten, die an diesem Prozess beteiligt waren, hielt ich oft kaum aus. Die Bedeutung, die dieses Verfahren für mich hatte, hing sicher auch damit zusammen, dass es dort nicht, wie sonst üblich, um NS-Männer ging, sondern dass dort NS-Frauen wegen schlimmster Grausamkeiten angeklagt waren.

Hilflos muteten damals vor allem die Versuche in den Medien an, sich diesen Frauen zu nähern, sie zu beschreiben, ihre Handlungen zu erklären. Zur Prozesseröffnung beschäftigte sich das Nachrichtenmagazin DER SPIEGEL mit dem Phänomen des weiblichen Sadismus in deutschen KZs und beschrieb die Angeklagten als »jetzt betuliche ältere Damen mit Strickkostüm, Wollmütze und Kuchengesicht. Hausfrauen von Heim, Herd und Kaffeekränzchen ... Sie sind jene Zukurzgekommenen, Verklemmten, Gescheiterten, die Kriminologen bei früheren NS-Prozessen schon stets als Hauptpersonen angetroffen haben.«

»Wo sie auftauchten«, schrieb Dietrich Strothmann über die beiden hauptangeklagten Frauen, Hildegard Lächert und Hermine Ryan-Braunsteiner, in DIE ZEIT, »breiteten sie Angst und Schrecken aus; wo sie auftraten, wurde geschlagen, gepeitscht, getötet. War es, dass sie plötzlich spürten, welche Gewalt sie über andere hatten, die zu ihnen aufzusehen, die hilflos vor ihnen strammzustehen oder zu kriechen hatten, nachdem sie vorher selber geduckte, vielleicht auch gedemütigte Untergebene gewesen waren, die eine als Hausgehilfin, die andere als Arbeiterin? War es krankhafte Rachsucht, die sich dann zu krimineller Mordlust steigerte? Wie zu Masken sind ihre Gesichter erstarrt, wenn sie auf ihren Stühlen vor dem Richtertisch hocken; gebeugt, regungslos, wenn sie ihre Anklage hören. Manchmal faltet Hermine

Ryan-Braunsteiner wie unter fremdem Zwang die Hände, manchmal schreibt Hildegard Lächert in pausenlosem Eifer mit, die eine für die Zeugen noch heute an ihrem vorstehenden Unterkiefer, die andere an dem stechenden Blick ihrer Augen erkennbar: Sie waren es, sie waren so, kein Zweifel. Aber warum sie so waren – es bleibt ein großer Rest an Unerklärlichem.«

Die Überschriften in der damaligen Presse belegen, dass diese Frauen nicht nur dem ZEIT-Redakteur so unerklärlich blieben. Bestien, Furien oder Monster wurden sie genannt. Doch niemand konnte die Enthemmung erklären. Auch ich werde es nicht können, werde nicht mit einem Zauberstreich das Geheimnis lüften, das aus Hermine Ryan-Braunsteiner eine brutale Massenmörderin und später eine sorgende liebevolle Ehefrau machte. Ich habe lediglich aus dem Leben dieser Frauen soviel an Details zusammengetragen, wie es eben ging. Um dadurch aus diesen Masken, diesen leblosen Gestalten, Menschen zu machen, deren Tun und Handeln im Zusammenhang mit der damaligen Zeit gesehen und erklärt werden muss. Und die bis zu ihrem Tod unter uns gelebt haben könnten, ohne je mit dem Strafgesetz in Berührung gekommen zu sein, hätte es nicht die Ideologen und Wegbereiter eines unvorstellbaren Massenmordes gegeben, die gerade solche Frauen als Handlanger benötigten.

Es bedurfte wohl besonderer Umstände, um aus unscheinbaren Alltagsmenschen willige Werkzeuge eines vernichtenden Systems zu machen. So schilderte die Zeugin Sally Schipper: »Ich bin zwar eine Frau, aber ich muss es sagen: die weiblichen Aufseher waren die größten Bestien. Ich sehe sie noch vor mir mit ihren Schiffchenmützen, blaue Bluse, blaugraue Rockuniform, Stock am Handgelenk und im Stiefelschaft, begleitet von bissigen Hunden.«

In einer Majdanek-Dokumentation für den Nürnberger Militärgerichtshof stand über SS-Aufseherinnen: »Besondere Grausamkeiten wurden von dem weiblichen SS-Personal [verübt]. Die Kommission stellte viele Tatsachen fest, die auf unerhörte, von den weiblichen Henkern des Lagers ausgeführte Grausamkeiten zurückzuführen waren. Es wurden Hunger, unerträgliche Arbeit, Folter, Marterung, Erniedrigung und Mord mit unerhörtem Sadismus als Mittel zur Massenvernichtung der Lagerinsassen angewandt.«

In Majdanek hatten Frauen das Sagen und im Rahmen des Lagers die Macht zu bestimmen, ob dem Leid, das auf Männerboden gewachsen im System dieses Lagers lag, noch das Leid hinzugefügt werde, für das sie sich selbst entscheiden mussten. Oder ob sie das Leid mildern, den Gequälten mit Zuneigung, Verständnis und Sorge begegnen sollten. Sie haben sich für Brutalität und Menschenverachtung entschieden. Sie waren so grausam gegenüber den ihnen anvertrauten Menschen, dass die Schilderungen der Männer-Perversionen dahinter zurückstehen mussten. Sie waren genauso, wie ich immer geglaubt hatte, dass Frauen nie sein könnten.

Die Zeugin Danuta Kawecka – »Hungrig, steif vor Kälte«

Am Abend des 7. Januar 1943 holt man uns Männer und Frauen, darunter meine Eltern und mich, aus dem Gefängnis von Radom ab. In Viehwaggons verladen, entsetzt, frierend und hungrig fahren wir ins Unbekannte.

Ich kuschele mich an meine Mutter und schlafe ein. Gegen Mittag des nächsten Tages kommen wir auf dem Lubliner Hauptbahnhof an, wo zuerst die Männer aussteigen müssen, dann die Frauen. Wir sind mehrere Hundert.

Ich bin hungrig, steif vor Kälte, kann kaum die Beine bewegen. So nach und nach komme ich wieder in Bewegung, laufe durch eine mir unbekannte Stadt. Die Leute auf den Straßen bleiben stehen, manche nehmen den Hut ab, weinen. Vor mir geht die lange Häftlingskolonne, in der ich vergeblich nach meinem Vater Ausschau halte. Ganz vorne kann ich Männer erkennen, die einen Genossen auf den Schultern tragen. Vermutlich hat man den Mann vor der Abfahrt so zusammengeschlagen, dass er nicht laufen kann.

Kurze Zeit später halten Leute aus der Begleitmannschaft einen Pferdewagen an und legen den Mann darauf. Mittlerweile gehen wir immer langsamer. Meine Füße sind inzwischen wärmer geworden, schmerzen aber immer noch sehr. Mutter versucht mich zu trösten, flüstert mir zu, wir werden bald ankommen, uns ausruhen, etwas Warmes essen und meint, dass es dort, wo sie uns hinbringen, sicherlich viel besser sein werde als im Gefängnis.

Dann endet die Stadt. Doch noch immer gehen wir weiter. Bis sich am Horizont etwas Dunkles abzeichnet. Graue Baracken sind zu erkennen. Ein Zaun. Türme.

Die Spitze der Kolonne biegt nach rechts ab und erreicht bald das Lagergelände. Jetzt sehen wir ausgemergelte Menschen, die dort in eigenartig grau-blau gestreifter Kleidung umhergehen. Einige der so Gekleideten stehen sehr merkwürdig am Zaun herum. Einer zum Beispiel hält die Hände nach oben, im Mund hat er eine Steckrübe. Andere recken die Arme hoch, in den Händen übergroße Rüben.

»Was soll das«, denke ich. »Warum stehen sie bei diesem Frost so unbeweglich da, können ihre Hände nicht herunternehmen? « Erst später erfahre ich, dass man so den Diebstahl von Steckrüben ahndete.

Ängstlich, aber dennoch voll jugendlicher Neugier, schaue ich mich um. Alles ist neu für mich, unverständlich, entsetzlich.

Und plötzlich sehe ich erneut den Mann auf dem Pferdewagen. Während die Männer ein Feld betreten, hält man uns Frauen zurück. Ich komme so nah an dem Wagen zu stehen, dass ich ihn mit der Hand hätte berühren können. Der Mann liegt auf der linken Seite, mir zugewandt, mit unbedecktem Kopf. Der Pelzkragen seines Wintermantels ist hochgeklappt, seine Hosenbeine bis zu den Knien hochgezogen. Es sieht so aus, als erlaubten die Begleiter es nicht, dass man sie herunterzieht. Oberhalb der Socken gucken nackte, unnatürlich verdrehte Beine heraus. Seine Hände sind eigenartig zusammengekrümmt und ans Gesicht gedrückt. Steife, geschwollene Finger mit abgerissenen Nägeln. Offene Augen, klar und himmelblau. Reif auf Wimpern und Brauen. Und das Gesicht, der Kopf, die entblößten Hände und Beine sind violett, gelb, grün.

Dieser Mensch ist so gefoltert, so geschlagen worden, dass er nicht einen Quadratzentimeter seiner Haut mehr unberührt hat. An Händen und Beinen keinen heilen Knochen mehr. Zum ersten Mal in meinem Leben sehe ich einen derart malträtierten Menschen. Ich bin wie versteinert, schaue ihn immerzu an, derweil mir die Tränen über das Gesicht rinnen.

Während ich noch so dastehe, kommt ein untersetzter Mann in roten Hosen und schwarzen Stiefeln. In der Hand hält er einen dicken Ochsenziemer. Hinter ihm läuft ein ähnlich gekleideter junger Bursche. Der Mann rennt auf den Wagen zu, schaut sich neugierig den Liegenden an, packt ihn am Haarschopf, reißt seinen Kopf empor und läßt ihn wieder fallen. Bis heute noch höre ich das leise Stöhnen und den dumpfen Aufprall des Kopfes auf den Wagenbrettern. Später erfahre ich, dass der Mann mit dem Ochsenziemer der Lagerälteste von Feld III war, »Teufel« genannt. Und der junge Mann sein Günstling, Bubi, ein etwa zwölfjähriger jüdischer Junge, der in Majdanek seinem Vater mit einem Hammer den Kopf zertrümmert haben soll.

Ich bin so erschüttert, dass ich nicht mehr weiß, wie ich auf Feld V gekommen bin. Erst als ich auf die obere Pritsche klettere, die meine Mutter für mich mitbelegt hat, kann ich wieder klar denken. Erschöpft lege ich mich auf die nackten Bretter, kuschele mich an Mutter und lasse mich von ihr mit einem als Matratze dienenden, zerissenen Papiersack zudecken. Es ist dunkle Nacht.

Exkurs: Die Vorgeschichte des Prozesses

Ein Großteil der Menschen, die in Majdanek Macht und Gewalt über andere ausgeübt und ausgenützt hatten, blieben nach dem Krieg bis auf wenige Ausnahmen ungestraft. Sie hatten Glück, denn als man in der neuen bundesdeutschen Republik ab den späten 1950er Jahren halbherzig und mehr in Erledigung einer lästigen Pflicht begann, die Verantwortlichen für die Gräuel in den KZs dingfest zu machen, da wusste man von Majdanek noch so gut wie gar nichts.

Und vieles sprach damals dafür, dass nur wenig über den Alltag dieses Lagers jemals an die Öffentlichkeit dringen würde. Es fehlten Daten über Zahl und Namen der dort umgebrachten Menschen, da viele dieser Opfer direkt von der Verladerampe des Bahnhofes über eine kurze Wartestation im sogenannten Rosengarten des Lagers in die Gaskammer getrieben worden waren – ohne dass je ihr Name registriert oder ihnen überhaupt erst eine Häftlingsnummer gegeben worden war.

Und obwohl die Nationalsozialisten Majdanek knapp ein Jahr vor Kriegsende vor den näher rückenden Truppen der Roten Armee räumen mussten und eigentlich Zeit genug gehabt hätten, alle belastenden Unterlagen verschwinden zu lassen, wurden später dennoch Verzeichnisse gefunden, auf denen mit buchhalterischer Akribie die Bilanz des Lagers erstellt war: Danach wurden in der Zeit von Herbst 1942 bis April 1943 von Majdanek an das Hauptmagazin Lublin, und von dort aus (ordnungsgemäß gegen Quittung) an die Deutsche Reichsbank der Blutzoll von vierzehn Kisten voller Devisen, Gold, Juwelen und sonstigen Wertsachen geliefert, die man den aus allen Teilen Europas in dieses Lager verschleppten Menschen abgenommen hatte. Etwa 12.000 Mitarbeiter waren in Majdanek tätig, halfen bei der Ermordung von 200.000 bis etwa über einer Million Menschen. Genaue Zahlen fehlen.

Polen gelang es noch vor Kriegsende, einige der auf Raubzüge eingestellten Verbrecher dingfest zu machen, die sich nach der Auflösung Majdaneks in Lublin versteckt hatten. Noch im Juli 1944 wurden sie enttarnt, vor Gericht gestellt und sechs von ihnen zum Tode verurteilt. 1948 fand dann vor einem polnischen Kriegsgericht der Prozess gegen die ehemalige Lagerkommandantin des Frauenteils, Elsa Ehrich, statt: sie wurde zum Tode verurteilt. Insgesamt 108 ehemalige Majdanek-Bewacher stellte die polnische Strafverfolgung im Laufe der Zeit vor ihre irdischen Richter, in Österreich wurden weitere sieben verurteilt. Und nur die Deutschen taten sich schwer damit, ihren Landsleuten den Prozess zu machen: Westdeutsche Strafverfolgungsbehörden ermittelten mehr schlecht als recht gegen rund 387 Personen aus dem Kommandanturstab Majdaneks – doch keiner dieser Ermittlungen folgte ein Prozess. Dabei war der Name Majdanek in der Bundesrepublik immerhin schon 1949 zum ersten Mal aufgetaucht, und zwar im Prozess gegen Arnold Strippel – damals wegen seiner Zeit in Buchenwald vor Gericht. Doch es sollte noch bis in die sechziger Jahre andauern, bevor die Ermittler mit Einverständnis Bonner Politiker in polnischen Archiven nach Dokumenten und Beweismaterial suchen durften. Zu der Zeit waren noch rund 350 Aufseher des Lagers als lebend bekannt.

Grund dafür, dass die Ermittlungen sich so endlos lange hinzogen, nur ein Bruchteil der bekannten Täter angeklagt wurde, und der Prozess letztendlich über fünf Jahre andauerte, ist nach Ansicht des mittlerweile verstorbenen Ostberliner Strafverteidigers, Professor Friedrich-Karl Kaul, das Vorgehen der ermittelnden Staatsanwaltschaft. Kaul fragte sich, »ob es nicht eine unverantwortliche Unterlassung darstellt, die in den Vernichtungslagern stationiert gewesene SS nicht schlechthin als kriminelle Vereinigung nach nationalem Strafrecht der Bundesrepublik im Sinne des §129 StGB anzusehen.«

Auch Heinz Galinski, bis zu seinem Tod 1992 Vorsitzender der Jüdischen Gemeinde zu Berlin und erster Vorsitzender des Zentralrats der Juden, stellte die Frage, warum denn nicht alleine die Zugehörigkeit zur Bewachungsmannschaft eines Vernichtungslagers ausreiche, um wenigstens den Tatbestand der Beihilfe zum Mord als gegeben anzusehen. Doch so wurde in der Bundesrepublik zu der Zeit nicht mit NS-Verbrechern umgegangen. Wenn es in einem bundesdeutschen Haftbefehl etwa hieß: »Auf Grund seiner Stellung und seiner Aktivität innerhalb der Bande und im Hinblick darauf, dass er in alle wesentlichen Aktivitäten eingeweiht wurde und diese mitgetragen hat, ist der angeschuldigte Mittäter aller von der Bande verübten Straftaten, und zwar unabhängig davon, ob er sich im Einzelfall an einer unmittelbaren Tatausführung selbst beteiligt oder dies anderen Bandenmitgliedern bzw. willfährigen Helfershelfern überlassen hat.« Wenn so etwas also in einem damaligen Haftbefehl der Bundesanwaltschaft stand, dann konnte man sicher sein, dass der Beschuldigte – in diesem Falle Holger Meins – ein linker Terrorist war und nicht Altnazi, verantwortlich für den Tod einer fünfstelligen Anzahl Menschen. Bei letzterem wurde jahrzehntelang nicht einfache Mittäterschaft dadurch vorausgesetzt, dass er in Majdanek Mitglied einer kriminellen Vereinigung, der SS, war. Ihm musste jeder Handschlag, jedes Delikt einzeln nachgewiesen werden. So verlangte es der Bundesgerichtshof – und das galt jahrzehntelang als unumstößlich. Bis ins Jahr 2009, als der in München angeklagte

Sobibor-Mitarbeiter Demjanjuk plötzlich ganz anders angeklagt und verurteilt wurde.

Als daher in den siebziger Jahren die Anklageschrift gegen die Aufseher und Aufseherinnen von Majdanek endlich fertig war, reichte es nur in sechzehn Fällen zu dem für eine Mordanklage notwendigen Tatverdacht. Quälereien, Folter, Schläge und Fußtritte waren da schon längst verjährt.

Überlebende des KZ Majdanek als Zeuginnen vor Gericht – »Hatte das Mädchen Schuhe an?«

Am 9. Mai 1978 verließ Hela Rosenbaum mit ihrem Mann für eine Woche Israel und reiste nach Düsseldorf. Die erste Nacht im Hotel wurde zum Albtraum: ihrer Angst, dass schwere Stiefelschritte über den Hotelflur dröhnen, barsche Rufe und Klopfen sie aus dem Bett schrecken könnten, hielt die einfache Hoteltür nicht stand. Erst als sie sich mit Bettzeug und Kopfkissen noch hinter die Badezimmertür verkrochen und in die Wanne gelegt hatte, fühlte sie ihre Schreckensvisionen durch zwei verriegelte Türen ausgesperrt.

Hela Rosenbaums Ängste hatten nichts mehr mit der westdeutschen Wirklichkeit der 1980er Jahre gemein. Aber viel mit einer Zeit, in der sie es zum ersten Mal mit Deutschen zu tun bekam: Deutsche vertrieben sie aus dem Warschauer Getto, töteten ihre Familie und quälten sie in Konzentrationslagern. Nach über 35 Jahren hatte es Frau Rosenbaum an diesem Mai zum ersten Mal wieder mit Deutschen zu tun. Sie war angereist als Zeugin im Majdanek-Prozess. Kein Wunder, dass alte Erinnerungen über Nacht wieder Gestalt annahmen.

Hätten es damals nicht Frauen wie Gerta Beckert vom Deutschen Roten Kreuz oder Elisabeth Adler-Cremers von der Gesellschaft für Christlich-Jüdische Zusammenarbeit gegeben, die Albträume der Hela Rosenbaum wären auch nach der ersten Nacht in Düsseldorf nicht gewichen. Doch so stand bei der Ankunft der Rosenbaums am Flughafen direkt am Glasschwing-Tor hinter der Zollabfertigung eine ältere Frau und sprach das Ehepaar mit Namen an.

Frau Adler-Cremers, die damals schon seit zwanzig Jahren bei allen NS-Prozessen in der nordrhein-westfälischen

Landeshauptstadt jüdische Zeugen betreute, hatte Hela Rosenbaum und ihren Mann gleich erkannt, obwohl sie die beiden noch nie gesehen hatte. »Wir erkennen sie immer schon von weitem«, erzählte sie mir. »In dem Moment, in dem sie auf die Glastür zugehen, wird ihr Schritt zögernder, sie werden unsicher, sie verhalten sich so anders als die anderen Fluggäste.«

Das Eis zwischen der Deutschen und den jüdischen Zeugen brach gleich am Flughafen meist ein Wort. »Shalom«, sagte Frau Adler-Cremers, und dieser Gruß, von der freundlichen älteren Frau in bittendem Tonfall gesprochen, wirkte häufig wie ein beruhigendes Streicheln über eine zitternde Hand.

Mehr als fünfzigmal hatte Elisabeth Adler-Cremers Zeugen aus den USA, Australien, Kanada, Israel und den skandinavischen Ländern mit dem Friedenswort am Flughafen empfangen. Ebenso oft stand auch Gerta Beckert in Düsseldorf-Lohausen und wartete auf polnische Männer und Frauen. Die Zeit mit den Zeugen schilderten beide Frauen sehr ähnlich: Ankunft Montagnachmittag am Düsseldorfer Flughafen. Ein erster anstrengender Tag zum Eingewöhnen. Die Zeugen sind unruhig, nervös, verkrampft. Dienstagmorgen der Gang in das alte, mächtige Gerichtsgebäude auf der Mühlenstraße. Und das schon auf den Vortreppen das erste Zögern, Schüttelfröste, Panik, Angst.

»Du musst überleben. Du sollst leben, um zu erzählen, was mit uns geschehen ist.« Diese Worte hatten Familienangehörige und Freunde vielen der nach Düsseldorf gereisten ehemaligen Majdanek-Häftlinge kurz vor dem Tod in der Gaskammer noch zurufen können. Und nur deshalb waren sie gekommen, hatten die Beschwernisse der Reise auf sich genommen, das Wühlen in längst Verdrängtem, die Erinnerung an Schrecknisse des Lagers.

»Ich bin das Testament meiner Familie«, hatte eine Polin dem Gericht erklärt, »und das habe ich jetzt mit meiner

Aussage eingelöst.« Mehr als 35 Jahre lang hatte niemand das Zeugnis dieser Menschen gewollt. Jetzt endlich wurden sie gefragt, wie es damals gewesen ist.

»Fast alle Zeugen«, so erinnerte sich Elisabeth Adler-Cremers, »haben mir gesagt, sie hätten es nicht für möglich gehalten, dass sie sich nach ihrer Aussage befreiter fühlen würden.« Eine Frau im Zeugenstand hatte es so beschrieben: »Das ist, als wäre das große dunkle Loch in meinem Kopf weg.« Und so mancher Zeuge vertraute Gerta Beckert am Tag nach der Aussage vor Gericht an: »Heute Nacht, da habe ich zum ersten Mal seit Monaten wieder durchgeschlafen.«

Die Angst vor der Erinnerung rief dabei längst Verdrängtes wieder hervor. Bei Hela Rosenbaum, als Richter Bogen eine Frage wiederholen musste, weil die Zeugin mit ihren Gedanken ganz woanders war: »Ich bin gar nicht hier, Herr Richter. Ich bin wieder im Lager.«
Bei dem polnischen Journalisten Andrzej Stanislawski, der auf die freundliche Frage seiner Betreuerinnen, ob er mit ihnen in der Gerichtskantine eine Tasse Kaffee trinken wolle, aufschreckte: »Ich habe bisher immer dort hinten Wasser getrunken. Ich fühle mich hier wieder wie im Lager, wie im Lager.«

Leo Miller aus Berlin war die Angst vor der Aussage und der Konfrontation mit den ehemaligen Peinigern auf den Magen geschlagen. »Ich kann nicht leben und nicht sterben ... Ich habe heute vier Kekse gegessen und eine Tasse Kaffee getrunken und zwei Päckchen Zigaretten geraucht.«

Als jedoch Richter Bogen die Aussage von Jadwiga Sternbrowicz unterbrechen wollte, weil die Zeugin blass und erschöpft wirkte, da winkte die Polin erschreckt ab: »Nein, ich will es möglichst hinter mich bringen.«

Dem nach Toronto angereistem Gericht sagte am 14. No vember 1978 die Zeugin Celia Goldglas: »Sie hatten alle dasselbe Gesicht. Sie trugen Pellerrinen, Reithose, Peitsche, Hund. Ich kann mich nicht erinnern. Ich habe soviel gesehen. Nicht nur in Majdanek …«.

Im Januar 1980 erlitt die Warschauerin Helena Kurcyusz im Zeugenstand einen Nervenzusammenbruch. Sie hatte sich bei der Identifizierung der Angeklagten Ryan durch eine Art Grinsen dieser Frau zutiefst getroffen gefühlt. Kurze Zeit später reiste aus Tel Aviv Chaja Barmann zum ersten Mal seit Kriegsende wieder nach Deutschland. SS-Leute hatten damals vor ihren Augen den sechsjährigen Bruder erschossen. Ihre Eltern, ihr Onkel, ihre Tante und zwei Cousinen waren in Majdanek umgekommen. Für sie war die Reise auch deshalb »ein schweres Gefühl«, weil sie noch immer in jedem über sechzigjährigen Deutschen einen SS-Mann zu sehen glaubt, sie jeder Kamin automatisch an das Krematorium des Lagers erinnert.

Zeugenbetreuerin Gerta Beckert

Als nach dreijähriger Prozessdauer Maria Kaufmann-Krasowski zur Identifizierung der Angeklagten durch die Sitzbänke der ersten Reihen gehen musste, merkte man ihr die Erregung vor allem an der bebenden Stimme an. Erst vor der Lächert angekommen fing die Zeugin dann am ganzen Körper an zu zittern, spreizte in der Erinnerung ihre Finger wie in einem plötzlichen Krampf und schloss sie wieder zu einer hilflos schmerzenden Faust.

Jadwiga Wegrzeckas Anspannung über das, was sie da vor Gericht schildern musste, löste sich am Ende ihrer Aussage in einem Weinkrampf. »Eine Frau«, so einer ihrer Albträume von damals, »kam mit einem kleinen Kind zu uns. Sie gab ihm eine große Dosis Schlafpulver, um ihm den Tod in der Gaskammer zu ersparen. Kurz darauf raufte sie sich die Haare, machte sich Vorwürfe und bat uns, ihr Kind zu retten. Das gelang. Einige Zeit danach fand die Kinderselektion statt. Und da kam auch das Kind zu Tode.«

Die Warschauer Chirurgin Hanna Narkiewicz-Jodko erlebte im Zeugenstand noch einmal die Szene, wie eine Mutter einen SS-Mann um das Leben ihres vierzehnjährigen Sohnes angefleht hatte. Erfolglos. Der Mann reagierte damals ganz in der von ihm erwarteten Härte. Stumm hatte er den nackten Jungen am Arm genommen und mit ihm die Badehaus-Baracke verlassen. Kurze Zeit später war er zurückgekommen, alleine, und sagte uns, das sei notwendig gewesen. Schließlich würden seine Brüder an der Front ja auch sterben.

Jehudit Gelbard aus dem israelischen Ramat-Gan war mit Mann, Sohn und Schwiegertochter nach Düsseldorf gereist, obwohl sie vorher wusste, dass es für alle eine Strapaze werden würde. Denn als nach mehrstündiger Verhandlung ihre Anspannung sich in Tränen auflöste, da weinte ihr Mann im Zuschauerraum gleich mit. Ihn hatte an diesem Tag die

Aussage seiner Frau mit seinem eigenen Leben konfrontiert: Dreizehn Jahre zuvor hatte er im gleichen Saal am Gleichen Ort in einem anderen NS-Verfahren über seine Erlebnisse als Häftling in Treblinka ausgesagt.

Es war an einem Prozesstag im Mai 1977, als während einer Verhandlungspause die polnische Zahnärztin Danuta Medryk die Glaspendeltür zum Gerichtsflur genau in dem Moment aufstoßen wollte, als aus entgegengesetzter Richtung Frau Ryan-Braunsteiner kam. Für Sekunden standen sich Angeklagte und Opfer gegenüber.

Dreimal war die Ärztin während des Prozessverlaufs nach Düsseldorf geflogen. Es war ihr nicht leichtgefallen. »Ich spürte sowohl beim Flug nach New York wie nach Düsseldorf einen starken inneren Widerstand«, schrieb sie ihre Erfahrungen auf. Nur mit Mühe konnte sie später darüber sprechen, was man ihr angetan hat. Schwer fiel es ihr zu erklären, wie unerträglich es war, wenn die Würde eines Menschen derart mit Füßen getreten wird: »Heute noch fällt es mir, einer Frau und Ärztin, schwer zuzugeben, dass ich den Fausthieb der Aufseherin Lächert kenne, den schmerzlichen Peitschenschlag Braunsteiners, die Fußtritte Orlowskis. Der junge SS-Mann Konietzny schoss auf mich, weil ich auf seinen Befehl nicht im Dreck kriechen wollte. Und dass ich einen Hunger kenne, der die Eingeweide bis zum Aufstöhnen eisern umklammert und den Zustand, in dem man nur noch auf den Tod wartet. Egal auf welchen.«

Danuta Medryk beobachtete sehr genau, wie sie sich selbst im Zeugenstand verhielt: »Ich beantworte die Fragen des Gerichtsvorsitzenden Bogen, der Staatsanwälte Ambach und Weber. Ich bejahe. Verneine. Sage aus. Und sehe mich mit den Augen der anderen: aus einiger Entfernung, so als ob ich unter dem spärlich versammelten Publikum Platz genommen hätte. Ich sehe also eine ruhige ältere Dame mit blassem Gesicht, die sorgfältig gekleidet ist, sich von Zeit zu Zeit mit einem Schal umhüllt und mit einer Tablette spielt, bereit sie sofort einzunehmen, falls die Rückgratschmerzen unerträglich werden sollten. Ich bin direkt aus einem Sanatorium angereist, wo meine Lagerleiden behandelt werden. Eine scheinbar ruhige Dame im fortgeschrittenen Alter also. Und doch bin das nicht ich.«

In Gedanken hatte auch Danuta Medryk sich längst wieder nach Majdanek zurückversetzt. »Als ich das Wort ›Krematorium‹ ausspreche, unterdrücke ich nur mit Mühe den unwillkürlichen Reflex, nach einem Taschentuch zu greifen und es an die Nase zu halten, denn der Gestank verbrannter Körper dringt selbst bis hierher.«

Erregt und schwer atmend stützte sich Frau Medryk während ihrer Aussage auf den Arm von Martel Schaschynek, »... so, als ob ich bei dieser hervorragenden Dolmetscherin Schutz suchen würde – vor dem Brecheisen, mit dem die Lächert Antonina Jasienska den Kopf zerschlagen hat und Zofa Kloudke zum Krüppel machte. Obwohl die ›blutige Brygida‹ schweigt, höre ich ihre rauhe, charakteristische Stimme, die sowohl Frauen wie auch Kinder lähmte.«

Ihr wird schwindelig. Irgendjemand bittet um eine Pause. War sie es selbst oder der Amtsarzt? Sie weiß es nicht mehr.

Und dann begann bei Danuta Medryk der Teil der Zeugenvernehmung, der für sie genau wie für Hela Rosenbaum und alle anderen Häftlinge so schwer einzusehen war: Nicht die Tatsache, dass Frau Medryk von Selektionen zu berichten wusste, reichte dem Gericht zu einer Verurteilung der Angeklagten aus. Man bohrte vielmehr nach Details, wollte wissen, um welche Selektion es sich dabei gehandelt hat, welche Haarfarbe die selektierende Aufseherin damals hatte, ob deren Pistolenhalfter offen oder geschlossen war und wer im entscheidenden Augenblick was getan hat. Das alles möglichst bei genauer Angabe der Tageszeit und der Lichtverhältnisse.

Krystyna Tarasiewicz antwortete auf die Frage der Verteidiger, warum sie nur so wenige Namen der SS-Leute im Gedächtnis behalten habe: »Wir registrierten keine Angaben. Wir hatten keine Hoffnung, dass es uns gelingt, sie aus dem Lager hinauszutragen. Sie einmal in Rechnung stellen zu können. Damals interessierten uns unsere Leidensgenossen mehr. Wir versuchten, uns in der Not gegenseitig zu helfen. Und eben darauf, und nicht auf die Henker, war unsere Aufmerksamkeit gerichtet. Wir dachten damals nicht in Kategorien der Prozesse und Gerichte. Wir versuchten bloß zu überleben.«

Wie verwirrend die Detailfragen auf die Zeugen wirkten, beschrieb die Journalistin Christine Schwarz in der antifaschistischen Wochenzeitung *Die Tat* vom 16. Juni 1978. In ihrer Reportage geht es darum, wie eine israelische Überlebende aus Majdanek dem Gericht die Erhängung eines jungen Mädchens durch die »blutige Brygida« schilderte:

> »Das Mädchen stand auf einem Schemel. Rund (Handbewegung). Dann wurde der Schemel weggestoßen ... durch ... Brygida. Die Verteidiger bleiben kühl, ebenso das Gericht, die Brygida rührt sich nicht. Offenbar schon öfter dagewesen, so ein Mordvorwurf. Auch müssen ja nun die wichtigen Begleitumstände nachgehakt werden: Was hatte das Mädchen an? Ein dunkles Kleid. Sie haben aber vorhin gesagt: ein schwarzes Kleid.
>
> Unklarheit. Dunkel oder schwarz? Die Zeugin erinnert sich nicht. Der Vorsitzende spürt weiter dem Geschehen nach: Eine andere Zeugin hat aber gesagt, es sei ein roter Rock und eine blaue Bluse oder ein blauer Pullover gewesen. Einwurf

von seiten des Gerichts: braun! Der Vorsitzende: Ach ja, braun. Roter Rock und brauner Pullover oder brauner Rock und roter Pullover. (Rot, braun, blau, dunkel, schwarz. Rock. Bluse. Kleid. Pullover. Wer sich einmal falsch erinnert, kann sich auch noch mal falsch erinnern. Also: Sicher ist sich die Zeugin nicht, man muss noch mal nachfragen, ob es denn auch wirklich Brygida war, die den Schemel umgestoßen hat. Sie war es.)

Die Zeugin soll noch weiter erzählen. Obwohl sie bereits sehr stockend spricht, immer öfter Wasser trinkt, nach dem Taschentuch sucht und die Nase wischt. Sie wird auch immer leiser. Tränen sind nicht mehr weit: Es ging so plötzlich. Wir haben solche Angst. Wir haben weggeschaut.

Das Gericht spitzt die Ohren. Weggeschaut? Wie kann sie dann Brygida überhaupt gesehen haben? Die Zeugin wird also noch einmal eindringlich befragt, ob sie Brygida gesehen hat. Die Antwort ist eindeutig: Brygida hat den Schemel weggestoßen.

Nächste Frage: Ob denn das Mädchen noch etwas gesprochen habe. Die Zeugin sinkt in sich zusammen, weint ungehemmt und stößt gepresst, von Schluchzen unterbrochen, hervor: Sie hat gesagt: Vergesst mich nicht. Und rächt mich.

Man kann es kaum verstehen. Und Frau L. wiederholt leise, erstickt: Ja. Sie hat gesagt, das sollt ihr nicht vergessen. Kämpft. Nehmt Rache

Frau L. ist am Ende, unter Tränen sucht sie nach einer Tablette, versucht sich zu fassen. Aber der Vorsitzende hat noch eine wichtige Frage: Hatte das Mädchen Schuhe an, oder war es barfuß?

Die Zeugin reagiert nicht mehr.«

Die Zeugin Danuta Medryk – »Hallo, hallo, hier Radio Majdanek«

Neben der Bank hockend, auf der Ewa und Mata sitzen, zittern wir ein wenig vor Kälte. »Mädchen«, sagte Ewa, »wir wollen euch vorschlagen, mit uns zusammenzuarbeiten. Wir wollen hier ein kulturelles Leben organisieren. Vielleicht irgendwelche Vorträge ...«

Etwas gelangweilt höre ich zu. Plötzlich fällt das Wort »Radio«, und reisst mich aus meinen Gedanken. »Radio«, frage ich überrascht. »Ja natürlich«, lacht Mata mit strahlendem Gesicht wegen des Einfalls. »Dann hätten wir Nachrichten und etwas Stimmung. Wir haben doch enorme Möglichkeiten, so viele Talente, so viele verschiedene Frauen.«

»Na gut, aber was wird das für ein Radio sein?« unterbricht die wegen ihrer Sachlichkeit bekannte Ala. »Das wird ein Radio sein, das wir uns einbilden werden. Und du, Danusia, wirst die Ansagerin sein.« Aus Verlegenheit und wohl auch wegen der Auszeichnung werde ich krebsrot im Gesicht. Ich widerspreche, weise auf meine fehlende Qualifikation hin, aber Mata gibt nicht nach. Sie setzt sich neben mich und schon beraten wir die heutige Sendung.

Später dann fällt mein erstes unsicheres: »Hallo, hallo!« Ich unterbreche, halte die Luft an. In der Baracke herrscht tiefe Stille. »Hier Radio Majdanek«, fahre ich fort und spreche mit trockenem Mund die vorbereitete Sendung. Dabei knie ich unbequem auf der Pritsche, den Kopf direkt unter der Barackendecke.

Plötzlich knarrende Geräusche der Pritschen, Fragen. Bitten um Ruhe und wieder Stille. Meine Stille, eine Stille, die mir gilt. Ich berichte über unser neu erstandenes »Radio«, über den Charakter des Lagers, über die SS-Organisation und über das Schicksal, das uns erwartet. Während ich spreche, denke ich intensiv darüber nach, wie ich diese trockenen Berichte abschließen, mich für die Aufnahme, das Zuhören bedanken kann.

»Gute Nacht, meine Damen. Morgen wird es besser«, sage ich. Stille. Und dann folgt das Ave Maria. Lange kann ich nicht einschlafen, versuche, mir in Erinnerung zu rufen, was ich gesprochen habe. Vergeblich. Endlich schmiege ich mich an die warme Dania und schlafe müde ein.

Die Sendung am nächsten Morgen beginnt mit einem fast echten Hahnenschrei. Den macht Hela Konca und danach folgt mein: »Guten Morgen, meine Damen.« Von diesem Tag an drängt es uns nach dem Abendappell nicht mehr wie sonst in die Betten, um uns so schnell wie möglich hinzulegen, die Augen zu schließen und vor dem Einschlafen mit den Gedanken in die Vergangenheit zu schweifen. Wir setzen uns unter die Funzel, die von der Decke herunterhängt. Ich schreibe auf organisierten Papierfetzen mit großem Eifer, frage und schreibe wieder.

So entstehen unsere Sendungen. Dabei muss ich sehr sparsam schreiben, denn der erste Entwurf ist das einzig bleibende Manuskript, für eine Reinschrift fehlt das Papier. Am nächsten Sonntag, dem 16. Februar 1943, beginne ich am Nachmittag mit Hilfe eines angeblichen Mikrofons mit der ersten Vespersendung:[2]

»Hallo, hallo! Hier ist die neu eröffnete Rundfunkstation Majdanek. Guten Tag, mein Damen. Um das Leben in unserer Stadt zu verbessern und es angenehmer zu gestalten, wurde heute ein Hörerbriefkasten eingerichtet. Der Hauptsender

2 Diese Sendung wurde von aus dem Lager herausgeschmuggelten Kassibern abgeschrieben.

befindet sich auf dem Kittchen-Platz, andere Sender befinden sich im Bau. Wir bitten Sie, den Radioempfänger während der Sendung nicht auszuschalten. Störungen und Unzulänglichkeiten während der Sendung sind auf die ungünstige Atmosphäre zurückzuführen. Das vorläufige Programm beginnen wir um fünf Uhr früh mit dem Wecken und einem Gebet. Es wird mit den Abendnachrichten beendet.

Wir haben einen Frage- und Beschwerdekasten eingerichtet und bitten um Ihre Beteiligung. Wo sich der Kasten befindet, werden Sie alsbald erfahren. Liebe Radiohörerinnen, wir bitten Sie um Mitwirkung bei der Programmgestaltung. Bitte holen Sie die schönen Telefunken-, Philips- und Capelle-Radiogeräte aus den Kellern, Erd- und anderen Verstecken. Wir befinden uns jetzt auf einem anderen Planeten, Majdanek genannt, und nichts mehr kann uns hier drohen. Das Radio war, ist und wird im zwanzigsten Jahrhundert die kulturell wichtigste Einrichtung im Bereich der Unterhaltung sein.

Beginnen wir also!

Wir bringen den Wochenbericht Nummer eins.

Montag. Zum sechstenmal wurden wir mit dem Rest unserer königlichen Habe in einen anderen Block verlegt. Wir wohnen jetzt in der Baracke drei.

Dienstag. Ohne Veränderungen.

Mittwoch. Da zu erwarten ist, dass unsere Gestalten durch die Majdanek-Verpflegung Rundungen bekommen, ordneten die höheren Stellen am Mittwoch das Tragen der schlankmachenden graublauen Kleider und ebenso das Tragen von handgewebten Flanelljacken an. Unsere Damen fühlen sich in der Streifenkleidung ausgezeichnet. Sie tragen sie mit angeborenem Charme und mit Eleganz. Die Köpfe der Damen schmücken jetzt französische Kappen, Schleierhüte mit großen Narbenmustern sowie Tücher, ja sogar Brautschleier. Die vornehmen Holzschuhe verleihen den entzückenden Beinen unserer Damen eine besondere Eleganz. Der letzte Modeschrei sind die Majdanek-Strümpfe »Kaiser«, dabei wirkt es besonders elegant, wenn links ein roter, rechts aber ein gelber Strumpf getragen wird.

Damit schließen wir die Modeberatung.

Donnerstag. Die Losung des Tages: Arbeit macht die Völker reich. Zwei Abteilungen wurden ins Leben gerufen, die Reinigungsanstalt Majdanek, offiziell Hofkolonne genannt, sowie der Innere Ordnungsdienst, amtlich als Stubendienst bezeichnet.

Oh Wunder, eine Belohnung in Gestalt einer großen Scheibe Brot bekamen wir für die mühevolle Arbeit in diesen Diensten. Die Belohnten nahmen sie mit großer Begeisterung, die Übergangenen mit weniger Freude entgegen.

Freitag. Der Tag steht unter dem Zeichen von Sauberkeit. Angeworben wurden auf dieser Grundlage noch vierzig Zwangs-Anhängerinnen, die zur sofortigen Arbeit in der Wäscherei verpflichtet worden sind.

Samstag. Der Tag verging unter dem Zeichen »normaler« Arbeit und einem neuen Kommando. Mit Freude wurde die Nachricht über die Ablösung des Kochs und die Zuteilung von Schuhkarten aufgenommen. Aus diesem Grunde sind in den Straßen der Stadt Majdanek Damen anzutreffen, die mit Hilfe eines Keilabsatzes und eines Wiener Absatzes Pflaster treten oder die angewehte Lubliner Tonerde festtrampeln.

Achtung! Auf dem Kittchen-Platz wurde zu Ehren des neuen Feuergottes in Gestalt des Ofens Nummer zwei ein neuer Obelisk errichtet.

Sonntag. Durch den Gang zur Arbeit wurde die sonntägli che Langeweile unterbrochen.

Wie uns mitgeteilt wird, sind die Bedingungen im Frauenlager viel erträglicher als im Männerlager, obwohl das Schlagen mit der Peitsche, das Treten und das Schießen auf Häftlinge ein alltäglicher Anblick ist.

Damit beenden wir den Wochenbericht Nummer eins. Lassen Sie uns jedoch die unangenehmen Gedanken vertreiben und uns sagen: »Morgen wird es besser sein.«

Die Zeugin Danuta Medryk – »Eine Kruste, von der wir immer umgeben sein werden«

Neben Rindfleisch ist vorübergehend eine Wohnung frei, die für Dr. Blancke bestimmt ist, bei dem ich aufräumen soll. Vorläufig benutzen wir diese Zimmer, um uns auf der Suche nach Alleinsein, das wir so sehr brauchen, zu verstecken. Aber sobald in der Baracke für Augenblicke Ruhe einkehrt und ich nicht die sich tummelnden Mädchen hören kann, überkommt mich doch Angst. Ich laufe dann heraus und rufe laut nach Regina, um mich in ihre fürsorglichen Arme zu stürzen.

Die Deutschen haben ihr Ziel erreicht, ich habe eine nicht enden wollende Angst vor ihnen. Aber sie haben es nicht geschafft, dass sich Häftlinge gegenseitig misstrauen. Im Gegenteil: Die uns verbindenden herzlichen Bande werden jeden Tag stärker. Wir sind stark, mutig, können lachen, aber das nur zusammen, in der Gemeinschaft.

*

Das Feld V füllt sich mit Zugängen aus den Gefängnissen und den Gettos. Unser Stubenmädchen-Kommando[3] hat sich verändert, denn anstelle der drei entlassenen Prostituierten kamen drei andere Häftlingsfrauen. Den Kontakt zu unseren früheren Kameradinnen können wir aufrechterhalten, weil wir die Möglichkeit haben, uns im Lager zu bewegen. Überall

3 Danuta Medryk war zeitweilig im sogenannten Stubenmädchenkommando tätig, dass tagsüber im Kommandanturbereich arbeitete und eine größere Bewegungsfreiheit als andere Häftlinge hatte.

begleiten uns zwar Posten, aber sie sind unterschiedlich und von ihrer Einstellung zu den deutschen Behörden hängt es ab, ob sie die Bewachung strenger oder großzügiger ausüben.

*

Hanka Fularska hat nach mir die Funktion der Sprecherin bei den Morgensendungen übernommen. Radiosendungen. Vorträge über polnische Literatur, Sprach- und Stenographiekurse – das alles findet in einer dem Schlaf entrissenen Stunde am Sonntagnachmittag statt, wenn nicht gearbeitet wird. Immer öfter hört man Diskussionen beim Arbeiten mit dem Spaten, dem Schubkarren, beim Scheuern der Fußböden oder beim Ausbessern und Waschen der deutschen Wäsche.

Unwillkürlich werden so fast alle Frauen mit hineingezogen, und auf diese Weise festigen sich oft unbemerkt die uns verbindenden Bande immer enger, wächst der organisierte Widerstand gegen die Macht der Deutschen immer stärker. Die Angst davor, in einer unserer sogenannten Rundfunksendungen bloßgestellt zu werden, führt dazu, dass immer seltener Diebstähle vorkommen. Der Wunsch, den eigenen Namen als Sprecherin genannt zu hören, vergrößert die Hilfsbereitschaft der Frauen.

*

Im Lager sind mehrere Aufseherinnen angekommen. Jede von ihnen bekommt von uns gleich einen Spitznamen, sofern sie nicht schon einen aus einem anderen Lager mitgebracht hat. Luise Danz macht anfangs den Eindruck, als wäre sie in die Bande der ordinären Deutschen nur zufällig hineingeraten. Steckte man sie in Häftlingskleider, sähe sie mehr so aus wie eine von uns. Sie ist schlank, hübsch, hat etwas kantige männliche Bewegungen und ziemlichen Humor. Aber nach einem Monat ist auch sie verändert. Zunächst nur in ihrem Verhalten, in ihrem Witz und Lächeln. Später hält sie Häftlinge an, stellt ihnen ein Bein und tritt sie. Das alles betrachtet sie als Vergnügen. Luise Danz macht bald nicht mehr den Eindruck eines Fräuleins mit »Kinderstube«, sie ist ordinär, wie die anderen. Wie kommt das? Ist es das Gefühl der Macht über die Häftlinge oder die Bereitschaft, sich dem Niveau der anderen deutschen Frauen anzupassen?

*

Bei Selektionen überprüfen SS-Leute mit Hunden, ob alle jüdischen Frauen die Baracke verlassen haben. Sie durchsuchen die Pritschen, aber zum Glück achten sie mehr darauf, ob die Strohsäcke glatt sind. Wenn sie eine Ausbuchtung entdecken, bedeutet es, dass entweder die Pritsche schlecht gemacht ist oder dass sich dort eine Frau oder ein Kind versteckt. Aus diesem Grunde legen sich die versteckten Personen flach auf die dritte Etage der Pritschen, die sich in den Ecken der Baracken befinden und werden von Polinnen mit fast leeren Strohsäcken und mit Decken zugedeckt. Es ist leichter, Kinder zu verstecken, denn sie sind schmächtig und abgemagert und können, von tragischen Erfahrungen gelehrt, stundenlang ohne jede Bewegung liegen.

Ich habe jetzt eine andere Methode, Nachrichten von zu Hause, Fotos und Medikamente zu bekommen. Es ist der sogenannte »Bodensatz«. Diese Methode ist wohl in ganz Majdanek bekannt. Es handelt sich dabei ganz einfach um eine Schachtel mit einem doppelten Boden. Die Schachtel, in der sich ein Kassiber befindet, ist mit einem Kreuz, einem Punkt oder einem anderen Zeichen versehen, das den Augen der SS-Männer entgeht, das aber von einem Häftling bestimmt gesehen wird.

Zwar schütten die Deutschen die Lebensmittel aus den Päckchen auf ein hochgehobenes Häftlingskleid, sie schütten Zucker und Salz zusammen, Butter mit Zwiebeln, aber manchmal, wenn das Glück mitspielt, gelangt der Kassiber in die Hände des Empfängers.

*

Die kleinen Straßen zwischen den Baracken der Kommandantur sind mit Steinen und Resten von Baumaterialien vollgeschüttet. Hierher kommen Häftlingskommandos, sie arbeiten in Eile, werden gestoßen und geschlagen. Sie schauen uns mit müden Augen an und suchen Trost und Hilfe. Von morgens bis abends hört man die Schreie der SS-Männer, das Klappern der Holzschuhe und das Pfeifen des Kapos.

Wenn dann dieser Teil des Lagers Mittagspause hat, schlüpfen wir durch den Küchenausgang nach draußen und werfen uns in einen Busch von Wucherpflanzen und scharfem Gras, in dem gelbe Gänsedisteln blühen, die wie verlorene Schulfarbstifte aussehen. Wir liegen schweigend, ohne die Köpfe zu heben, damit wir nicht von den Deutschen gesehen werden, und atmen den scharfen Kräuterduft ein.

Ich erinnere mich an – doch irgendwo noch existierende – Wiesen mit vollem weichem Gras, Butterblumen und fransigen, berauschenden, wilden, lilafarbenen Nelken, zwischen denen Bienen und Hummeln summen.

Die erste Flucht hatten Ziuna Sternalska und Basia Wasiak geplant. Sie versuchten, in die Wand der Wäscherei der SS-Männer, an der Wäscheregale standen, ein Loch zu hauen.

Sie machten das bis zum Appell, das Klopfen wurde mit Singen und Lachen übertönt. Auch wir wurden in diese Tätigkeit miteinbezogen.

Von einem Reichsdeutschen aus Lodz, einem in der Kommandantur arbeitenden Unteroffizier, hatten wir erfahren, dass sich die große Postenkette schon bei Eintritt der Abenddämmerung entfernt. An ihre Stelle treten Soldaten mit Hunden, aber in einer geringeren Zahl, die vor allem alle Ausgänge des Lagers bewachen. Hinzu kommen die Scheinwerfer, die alle Augenblicke einen grellen Lichtschein in die verschiedenen Ecken der Häftlingsfelder werfen, die Schreckschüsse oder auch gezielte Schüsse, die Maschinengewehre und Alarmsignale, na und die Drahtzäune.

Aber wir unterlassen den angefangenen Durchbruch in der Wäscherei, weil wir schon einen anderen, leichteren Plan haben: Die Flucht durch die Toilette. Die Bretter sind lose, man kann sie zur Seite schieben, dann folgt nur noch die Reihe des nicht stromgeladenen Drahtzaunes, das Gelände des Bauhofes und die Landstraße.

Wir knüpfen Kontakte zu in Freiheit befindlichen Bekannten von Regina, die uns versprechen, zu einem verabredeten Zeitpunkt mit einem Dienstfahrzeug vorzufahren. Wir machen Proben und stellen dabei fest, dass die Flucht möglich und nicht schwer ist, man muss nur an »etwas Glück« glauben.

Aber eines Tages, als wir nach der endgültigen Generalprobe das Datum bestimmen sollen, ruft uns Zinna zum Fenster. Auf der Straße gehen Deutsche, die zwischen sich zwei alte Menschen führen. Die Frau, deren Haar zerzaust ist, mit Spuren von Schlägen, stolpert bei jedem Schritt. Die Fußtritte der Soldaten lassen sie wieder hochkommen, die zitternden Hände des Mannes schützen sie. Sie schauen in unsere

Richtung, so als erhofften sie Hilfe. Vielleicht halten sie uns für deutsche Frauen, die herauslaufen, um für sie einen Augenblick zum Verschnaufen zu erbitten? Wir stehen hilflos da und schauen mit Tränen in den Augen auf diese Geiseln. Wir vermuten, dass es sich hier um die Familie des gestern Geflüchteten handelt. Lohnt es, die Freiheit mit einem solchen Preis zu erkaufen?

Ein Blick zu den Mädchen genügt, damit sie verstehen, dass ich mich aus den Fluchtplänen zurückziehe.

*

Heute, am 4. August 1943, habe ich Geburtstag. Ich weiß schon, dass für mich ein Paket da ist. Wagner ist gut gelaunt, der rothaarige Gehilfe ist nicht da und die Aufseherinnen sind weit. Durchsuchung des Päckchens. Aber wie anders ist sie hier als auf dem Feld. Dort wird alles absichtlich zerstört oder weggenommen. Hier lächelt der Deutsche, holt alles langsam heraus, aber er nimmt auch weg, und zwar einen Spiegel, das Verbandszeug, das mir wegen meiner stets geschwollenen Beine geschickt wird, Puder und einen Lippenstift, auf den wir mit Überraschung schauen.

Ein Lippenstift. Der erste in meinem Leben, ein französischer, rosafarbener, der bestimmt duftet. Wir lachen ergriffen.

Ich habe in einem Kassiber um eine Creme für meine immer blutenden und aufgesprungenen Lippen gebeten, die in dem übermäßigen Wind, in der Sonne und infolge Vitamin- und Fettmangels rissig geworden sind. Und daraufhin schickt meine wunderbare, unpraktische Mutter eine Creme und einen Lippenstift! Meine Augen sind voller Tränen, als Wagner mir den Lippenstift fortnimmt und ihn in die Tischschublade wirft.

In den Baracken, die für zweihundertfünfzig Frauen vorgesehen sind, leben jetzt über sechshundert. Die Appelle sind für die Blockältesten und die Polizistinnen Schwerstarbeit geworden. Das ist nicht mehr so, wie bei den ersten Häftlingsfrauen, die sich das Leben gegenseitig erleichterten und hilfsbereit waren. Tausende von Frauen, abgehetzt und verloren. Weinende Kinder aus dem Zamość-Gebiet, kranke griechische Jüdinnen mit einer geradezu beneidenswerten Fähigkeit, vom Appell während des Zählens zu verschwinden. Grobe, spöttische Prostituierte und dazu die Schreie der neuen Aufseherinnen. Und es gibt viele von ihnen auf dem Feld.

*

August. Weitere Transporte mit »kriegsgefangenen« Mädchen, griechischen und polnischen Jüdinnen, daneben Abgänge ins Unbekannte. Auf dem Feld sind dauernd Razzien für die Arbeit und für die Gaskammern. Jetzt gehen die Jüdinnen nicht mehr folgsam zum letzten Appell. Sie laufen auf dem Feld auseinander, verstecken sich, um den Selektionen zu entgehen, in den Infektionsbaracken des Reviers, unter den Baracken, überall dort, wo man sich hineinzwängen kann.

*

Der Chef hat mir erlaubt, in die Effektenkammer zu gehen. Entsetzt war ich beim Anblick der riesigen Lagerbestände von verschiedensten Gegenständen – Schuhbürsten, Zahnbürsten, Kämme, Puderdosen, Brillen, Koffer mit Silber und tausend anderen geraubten Gegenständen. Bedrückt kehre ich zurück, hocke auf einem bis an die Decke reichenden Stoß von Mänteln und trenne die Nähte und die Säume auf, entferne Knöpfe. Neben mir lauschen die Mädchen auf den leisen Gesang von Romanka.

Wir hören zu und kehren in die Vergangenheit zurück, denn von der Zukunft können wir nicht mehr träumen. Die Tage, wo wir Pläne für die Zeit »nach dem Kriege« schmiedeten, sind vorbei, wir leben mit der Gegenwart, denn es wird für uns immer schwerer, sich die Rückkehr ins Leben »dort« vorzustellen.

Wir sind uns darüber im klaren, dass wir schon anders sind als die Menschen in der Freiheit, dass viele von uns nicht in der Lage sein werden, sich wieder in die frühere eigene Gestalt zu versetzen, dass Läuse, Krankheiten, Zyklon und der Gestank der verbrennenden Leichen eine Kruste bilden, von der wir immer umgeben sein werden.

*

Dritter Tag im November. Mittwoch. Nebel hat das Feld umhüllt, nicht einmal der Drahtzaun ist zu sehen. Wir stellen uns in diesem dichten Weiß schwerfällig, müde und schläfrig auf. Sogar die Blockältesten schreien nicht, denn sie können die Zehnerreihen nicht sehen.

Dann wird es still. Wir warten auf die Aufseherinnen.

Langsam verfliegt der Nebel in den grauen Morgen. Baracken, die Wache, Drahtzäune kommen zum Vorschein. Und plötzlich wird durch die Reihen geflüstert:

»Schaut! « Vor dem Drahtzaun Maschinenkarabiner und Soldaten. Einer neben dem anderen. Wir haben keine Zeit zum Umschauen, schon treiben sie uns in die Baracken. Wir drücken unsere Nasen an die Scheiben, aber erschrocken über das plötzliche Ertönen von Musik aus den Lautsprechern springen wir zurück. Die Deutschen wollen die Schüsse übertönen.

Ich gehe zum Fenster. Nein, nein, sie bewachen uns nicht, man kann vor die Baracke gehen. Menschen gehen. Ich wundere mich gar nicht, dass es nicht Soldaten sind, denn ich habe doch längst begriffen. Frauen, Männer und Kinder. Zivilisten. Sie tragen elegante Wintermäntel oder schon abgetragene schmutzige Lumpen. Sie tragen Koffer, Bündel und Taschen.

Ein neuer Zugang? Noch nie war er so zahlreich. Woher haben sie eine solche Menge Menschen genommen und wohin führen sie sie? Die ganze Straße bis zur Landstraße voll gedrängt und auf der Landstraße nach Lublin gehen sie auch noch.

Direkt am Drahtzaun kommen von Mal zu Mal mit lautem Geräusch Motorräder vorbei und auf der anderen Seite der dort Gehenden Kraftfahrzeuge. Die Deutschen, die mit dem Transport beschäftigt sind, achten nicht auf die Baracken, so dass immer mehr von uns herausstürzen. Aus dem Revier kommen weiße Kittel zum Vorschein. Wir schauen wachsam, um jeden Augenblick spurlos verschwinden zu können.

Eine neue Melodie, dieses Mal ein Wiener Walzer!

Jetzt merken wir es, das sind Juden. Wir erkennen sie an der Kleidung und ihren Gesichtern. Schüsse! ›An der schönen blauen Donau‹. Musik, und weit entfernt Geknatter von Maschinenkarabinern. Müde von der Anspannung, noch voller Erwartung belegen wir Bänke, Tische und Pritschen. Wir warten, horchen auf die schon lange nicht mehr gehörten Melodien und den Widerhall der Schüsse.

Wo wollen sie die Menschen unterbringen? Sie werden sie doch wohl nicht alle umbringen. Wieder Schüsse. Feuergarben und Musik aus Lautsprechern. Die Lautsprecher brüllen. Die Maschinenkarabiner rattern.

Wir beten für die, die wortlos in den Tod gehen, für jene, die sich in letzter Auflehnung auf die Deutschen werfen, für die, die aus Furcht weinen, für jene mit erhobenem Kopf und für die, die auf Knien um Erbarmen flehen, für die ängstlich weinenden, sich in die Arme der Mütter schmiegenden Kinder, für die ratlosen Väter und die verliebten Brautleute. »Versteckt die Jüdinnen!« fällt die Stimme einer Polizistin in die Baracke. Plötzlich ist das Feld schwarz von Deutschen und Aufseherinnen. »Alle jüdischen Frauen zum Appell!«

Sollten wir uns jetzt an diejenigen wenden, von denen wir wissen, dass sie Jüdinnen sind? Oder sollen wir weiter mit unserem Schweigen Unwissen zum Ausdruck bringen, obwohl sie längst die nachwachsenden Haare, die durch das Elend entstandenen scharfen Gesichtszüge, ihre Sprache verraten. Wir warten. Zwei jüdische Frauen kommen heraus.

In der Tiefe der Baracke höre ich flüsternde Stimmen, Pritschenknarren, Streit, nach einer Weile ist alles still. Versteckt haben sich die, die noch um ihr Leben kämpfen wollen. Wir atmen auf, als keine mehr die Baracke verlässt.

Aus der Küchen-Baracke kommen hübsche junge Mädchen mit weißen Tüchern auf den Köpfen. Sie sind in Fünferreihen aufgestellt, gehen gerade, vielleicht warten sie auf Hilfe. Und auch noch andere gehen. Pola Braun, eine jüdische Schriftstellerin. Die hellblonde, immer lächelnde Lola. Die kranke Mutter von Mincia.

*

Zeugenaussage über diesen 3. November 1943, von den Nationalsozialisten »Erntefest« genannt: »Vor dem Erntefest wurde den Juden befohlen, Gräben zu graben in Zickzackform. Alle dachten, dass es Gräben gegen Luftangriffe sind. Erst später erwies sich, wozu sie wirklich dienen sollten. Dort wurden die Juden erschossen. Zuerst wurde ihnen befohlen, sich in einer speziellen Baracke vollkommen auszuziehen. Dann gingen sie nackt in Richtung Gräben, reihenweise. An jeder Kreuzung solcher Zickzacks stand ein SS-Mann mit einer Maschinenpistole und schoss. So fiel eine Gruppe nach der anderen aufeinander. Zum Schluss sollten Mütter mit kleinen Kindern erschossen werden. Da wurden mir dann die Szenen erzählt, dass die Mütter ihre kleinen Kinder vor dem Ertrinken im Blut, das ja bis zu den Knien reichte, bewahren wollten. Sie hielten sie mit den Händen hoch, damit die kleinen Kinder noch ein paar Minuten länger leben konnten.«

Der nächste Tag ist genauso wie immer. Vom Feld II ist ein Schrei zu hören. Weit entfernt ein vereinzelter Schuss. Wie jeden Tag, unverändert seit zehn Monaten, warten wir auf die die Deutschen, auf den Appell, den Arbeitsappell und das »ab!«. Wir sind nur weniger auf dem Feld.

*

»Angeblich wurden zwanzigtausend Juden erschossen«, flüstert im Vorbeigehen Zenia. Drei Tage sind vergangen. Man kann noch nicht an den riesigen Mord glauben, aber die Zahl Zwanzigtausend kreist ständig auf dem Feld.

*

Majdanek wird evakuiert, selbst die Deutschen machen kein Geheimnis mehr daraus. Das führt zu großen Erörterungen. Von nun an verlassen uns nicht einen Augenblick die quälenden Fragen: Wird es ihnen gelingen? Und wenn nicht, was dann? Werden sie uns vernichten? Den Tod von Tausenden

Juden haben wir gesehen, die an einem Tag ermordet worden sind. Wir wissen, dass alles geschehen kann ...

Die schweren, stickigen Rauchschwaden, die vom Krematorium kommen, beunruhigen uns. Bei Appellen dringen sie in die Häftlingskleider und die Haare, umgeben uns, dringen durch die Ritzen in die Baracken, sie sind fast greifbar. Wir beneiden die Außenkommandos, die sich dem abscheulichen Gestank entziehen können, den wir sogar beim Speichelschlucken im Mund spüren.

*

18. April, der letzte Abend in Majdanek. Morgen ist der Namenstag meines Bruders.

Wir beschließen, alle unsere Lager-»Habseligkeiten« zu vernichten, unsere und auch die uns von den nach Auschwitz abgereisten Häftlingsfrauen zurückgelassenen. Also Mäntel, Pullover, Röcke, Bücher ...

Neuerdings durchsuchen die Deutschen nach jedem Transport die Baracken, holen die zurückgelassenen Sachen heraus. Die Besseren sortieren sie aus, um sie ihren Familien zu schicken. Anscheinend geht es dort, in Deutschland, immer schlechter. Wir freuen uns über die offensichtliche Not der »Übermenschen« und wollen ihnen nichts von uns schenken.

In dieser Nacht schlafen wir fast gar nicht.

Exkurs: Alltag im Gerichtssaal – Die Verteidiger

Tagtäglich um 9:30 Uhr war für jeden Angeklagten mindestens ein Verteidiger anwesend. Es konnte losgehen in Saal 111 des Düsseldorfer Landgerichts. Fünfundzwanzig Minuten später begann das, was dem Zuschauer wie ein improvisiertes Ballett mit dennoch streng vorgegebenen Schritten anmutete: Als erster erhob sich Rechtsanwalt Rainer Maschmeier, trug sich in die Anwesenheitsliste ein und verließ den Saal. Kurze Zeit später folgte ihm sein Kölner Kollege Eberhard Eimer aus der ersten Reihe. Eine Minute darauf öffnete sich vorsichtig die doppelflügelige Saaltür und der Düsseldorfer Strafverteidiger Wolfgang Zick kam herein. Für genau elf Minuten war von da an der angeklagte ehemalige SS-Untersturmführer Arnold Strippel von beiden Pflichtverteidigern flankiert. Dann ging um 10:12 Uhr Herr Birkelbach von links.

Bis zur Pause um 10:45 Uhr hielt das Kommen und Gehen der Anwälte im bis dahin längsten Strafprozess der Bundesrepublik wie nach einem unsichtbaren Drehbuch an. Und nur wer wusste, dass schon eine noch so kurze Anwesenheit der Verteidiger an einem Verhandlungstag genügte, um Anrecht auf das Tageshonorar von knapp fünfhundert Mark plus Spesen zu haben, verstand plötzlich, woher das mangelnde Sitzfleisch und das unruhige Hin- und Hergerenne in dieser geheimnisvollen Inszenierung rührte.

In vier Reihen hintereinander, mit dem Rücken zu uns Zuschauern, saßen die Angeklagten mit ihren Verteidigern, vor jedem standen Karaffen mit Wasser und Gläsern, daneben das Mikrofon, über das man sich in diesem großen Saal verständigen musste. Ganz vorne in der Mitte die drei Berufsrichter, rechts und links die zwei Schöffen, daneben die

Protokollführerin, dahinter rechts an der Wand die Ersatzrichter und Ersatzschöffen.

Ganz vorne links hing die große Landkarte, auf der das Lager aufgezeichnet war. Darunter lag der Zeigestock, mit dem später die Zeugen die Stellen markieren sollten, auf denen sie sich während ihrer Zeit in Majdanek aufgehalten hatten. Vielen war diese Karte viel zu abstrakt, sie erkannten den Ort nicht wieder, an dem sie wochen-, monate-, ja manchmal jahrelang gehungert, gefroren, gelitten und sich geängstigt hatten. Sie waren damals Teil dessen, was diese Karte so nüchtern als schematischen Überblick wiedergab.

Gleich am ersten Tag der Verhandlung wurde das Interesse aller Prozessbeobachter auf einen Mann gelenkt, der von seiner eigentlichen Aufgabe her zuerst einmal im Hintergrund hätte bleiben sollen: Ludwig Bock, damals 34 Jahre alt, bekannter Verteidiger von Alt- und Neonazis, hatte seinen Auftritt. Und sorgte von Anfang an dafür, dass vor allem ausländische Journalisten mit Schrecken und Empörung auf ihn reagierten.

Mit seinem Antrag, den historischen Sachverständigen Wolfgang Scheffler deshalb wegen Befangenheit abzulehnen, weil der Gutachter mit jüdischen Gelehrten zusammengearbeitet hatte und daher nicht mehr objektiv urteilen könne, läutete Bock eine Antragsserie ein, die dem Verfahren und einigen seiner Juristen zu zweifelhaftem Ruhm verhalfen. Sechs Verteidiger hatten sich Bock angeschlossen, als er seinen Einstand im Majdanek-Prozess mit der Erklärung gab, Schefflers Voreingenommenheit drücke sich schon darin aus, dass er »die unwissenschaftliche alliierte Sieger-Propaganda« übernommen habe, wonach Vorkommnisse aus der NS-Zeit häufig mit Formulierungen wie »Brutalität und Mord« bezeichnet werden.

All diejenigen, die nach diesem Vorspiel gleich am ersten Verhandlungstag Schlimmes für den Prozessverlauf befürchteten, sollten recht behalten. Monatelang verwandelte sich der Saal 111 in ein Forum rechtsradikaler Propaganda, mussten sich Gericht und Vertreterkammer mit über fünfzig Ablehnungsanträgen der Verteidiger herumärgern. »Anstatt eindeutig und energisch bei der Ablehnung dieser provokatorischen Anträge ihre hintergründige ... Zielsetzung in einer Form offenkundig zu machen, die Wiederholungen derartiger Machenschaften von vornherein ausschloss, behandelte das Gericht formal und materiell diese Anträge mit respektvoller Sachlichkeit, als ob sie ausschließlich der Erforschung der Wahrheit zu dienen bestimmt waren«, beschwerte sich Professor Kaul in seinem Schlussvortrag.

Am vierten Prozesstag, dem 3. Dezember 1975, rechtfertigte sich der Berliner Historiker Scheffler damit, dass die Bezeichnungen »Massenmord, Mordzentren und Völkermord« in Zusammenhang mit der »Endlösung der Judenfrage« international üblich sei. Es handele sich hierbei nicht um »negative Wertungen«, sondern um »historische Tatsachen«.

Die kleine Verteidigergruppe, die dem Prozess durch schamlose Anträge zu immer schlimmeren Schlagzeilen verhalf, bekam kurz darauf Rückendeckung von der Straße. Der rechtsradikale Erwin Schönborn rief in einer Düsseldorfer Kneipe einen »Arbeitskreis zur Beendigung der NS-Prozesse« ins Leben, der »endgültig« dafür sorgen sollte, dass vor dem Landgericht in Düsseldorf »nicht wieder Unschuldige mit Hilfe von meineidigen Zeugen und gefälschten Dokumenten verurteilt werden«. Großspurig verkündete Schönborn: »Wir werden Einfluss nehmen auf die Verteidiger im Majdanek-Prozess.«

Ob Schönborn sein Wort gehalten hat, lässt sich nicht nachprüfen. Aber ganz in seinem Sinne blockierte eine Handvoll

Verteidiger das Verfahren nach bestem Wissen und Gewissen: Am 23. Verhandlungstag zum Beispiel, konnte die Hauptverhandlung erst nachmittags richtig losgehen, weil über die Ablehnung eines Ergänzungsrichters befunden werden musste, der – so die Begründung – sich auf dem Gerichtsflur mit einem der beiden Staatsanwälte unterhalten hatte.

Schon im September 1976, knapp ein Jahr nach Verfahrensbeginn, hinkte der Prozess etwa ein halbes Jahr hinter dem Verhandlungsplan her. Kurze Zeit später stellte Ludwig Bock, nach der vermutlichen Dauer dieses Prozesses befragt, eine von der Wirklichkeit später noch übertroffene Prognose: »Vor 1980 ist da nichts drin.« Und das etwa zur gleichen Zeit, als Bock mit zwei anderen Verteidigern beantragte, man möge doch einen Gutachter hinzuziehen, der den unterschiedlichen Geruch von verbranntem Menschen- und Tierfleisch einmal definiere. Damit endlich klar würde, ob im Krematorium Majdaneks nun Menschenleichen oder Tierkadaver verbrannt wurden.

Am 154. Verhandlungstag machte Bock erneut von sich reden. Als nämlich die ehemalige Lagerinsassin Henrica Ostrowska zaudernd dem Gericht schilderte: »Ich musste Blechdosen voll des tödlichen Zyklon B vom Magazin in die Gaskammer tragen.« Woraufhin Bock aufsprang und verlangte, dass die Zeugin noch im Gerichtssaal festgenommen werde, da ihre Häftlingsarbeit Beihilfe zum Mord gewesen sei. Dieser Vorfall wurde in der in- und ausländischen Presse ausführlich geschildert, so dass die KZ-Überlebende bei ihrer Rückkehr in Polen mit schweren Vorwürfen von Verwandten und Bekannten überhäuft wurde, die bis dahin nichts von ihrer Aufgabe als Häftling in Majdanek gewusst hatten.

Anfang 1978 ging die Zeit des Herrn Bock langsam zu Ende, disqualifizierte er sich mehr und mehr. Eine israelische

Zeugin berichtete, wie dieser Mann sie in ihrem Heimatort aufgesucht und sich, unter dem Vorwand, er schreibe eine Doktorarbeit über Majdanek, bei ihr eingeschlichen habe. Endlich schied Bock aus, die Vorwürfe gegen ihn hatten sich zu sehr gehäuft.

Von da an wurde es ruhiger. Das Verfahren ging seinen alltäglichen Lauf. So nach und nach gewöhnte man sich an die Schilderungen des Leides, wie es im Gerichtssaal ständig zur Sprache kam. Mir selbst gelang es manchmal sogar, das Landgericht zu verlassen, ohne noch weiter über das nachzudenken, was da zur Verhandlung anstand. Das waren meist die Tage, an denen es um Verfahrensfragen gegangen war, die erst gar keine Trauer und Betroffenheit aufkommen ließen. Dann war ich ungeduldig und frustriert darüber, dass es nicht voran ging.

An manchen Tagen aber war es ganz anders. Dann saß ich da, schweifte ab mit meinen Gedanken und plötzlich war Majdanek mir ganz nah, ganz präsent. Dann hatte irgendjemand die Zeit von damals so plastisch wieder auferstehen lassen, dass alle gebannt lauschten und man im Gerichtssaal eine Stecknadel hätte fallen hören.

Die Prozesspausen durchbrachen diese Stimmung gleich wieder. Da wurde auf den Fluren gescherzt und gelacht, geplaudert und geraucht, die Verteidiger und Staatsanwälte, die Journalisten, Angeklagten und Zeugen vermischten sich zu einer dunklen Menschenmasse, deren einzelne erst beim Eintritt des Gerichtes ihre vorgeschriebenen Rollen wieder einnahmen. Spannungen entstanden auf diesen Fluren meist nur, wenn da noch Zeugen saßen, die das entspannte Hin und Her gar nicht fassen konnten, die verkrampft, ängstlich und erschrocken auf den Bänken hockten und mitansehen mussten, wie ihre ehemaligen Peiniger rauchend und plaudernd vor ihren Augen auf- und abgingen. Frei und ungebunden.

Es war der 467. Verhandlungstag. Die Plädoyers hatten begonnen und sorgten für heftige Schelte aus dem In- und Ausland: Von den Verteidigern wurden die Vergasungen kleiner Kinder in Majdanek mit Schwangerschaftsabbrüchen verglichen. Ein Anwalt konnte sich gut vorstellen, dass er genauso wie sein Mandant mehr als eintausend hilflose Juden zur sofortigen Erschießung selektiert hätte, denn – so der Rechtsanwalt – eine Weigerung hätte sowieso keinen Sinn gehabt, »die Juden wären trotzdem umgebracht worden«. Und ein Anwalt hob für seine Mandantin entlastend hervor, er glaube nicht, »dass bei den hier erörterten Vorgängen über die durch den Akt der Tötung selbst unvermeidbar ausgelösten Härten hinaus den Opfern Qualen durch die Angeklagte Ryan zugefügt worden« seien.

Exkurs: Alltag im Gerichtssaal – Vier Freisprüche

Am 19. April 1979 war die erste Etappe des Verfahrens zu Ende: Nach mehr als dreijähriger Hauptverhandlung und der Vernehmung von rund 250 in- und ausländischen Zeugen, wurden der ehemalige SS-Arzt Heinrich Schmidt und die drei Majdanek-Aufseherinnen Hermine Böttcher, Charlotte Mayer und Rosa Süss freigesprochen. Nach Ansicht des Gerichts und der Staatsanwaltschaft hatte das Ergebnis der Beweisaufnahme bis dahin die Anklagevorwürfe gegen diese vier »nicht mit der zu einer Verurteilung ausreichenden Sicherheit bestätigt«. Und da sie allein wegen ihrer SS-Zugehörigkeit nicht bestraft werden konnten, da die ihnen nachgewiesenen Prügeleien und Quälereien der Häftlinge längst verjährt, Hauptbelastungszeugen verstorben waren, konnten die Anklagen gegen sie wegen Mordes oder Beihilfe zum Mord nicht belegt werden. SS-Hauptsturmführer Heinrich Schmidt sorgte zu guter Letzt noch für betretenes Schweigen durch einen nach seinem Geschmack wohl stilvollen Abgang. Als einziger dieser vier Majdanek-Bediensteten hatte Schmidt an das »Hohe Gericht« ein pathetisches Schlusswort gerichtet und beteuert, er habe seitdem »vierzig Jahre ... mit ganzem Wissen und mit vollem Herzen nur meinem Nächsten gedient«. Rasse und Religion – so betonte er ausdrücklich – der ihm Anvertrauten hätten dabei für ihn keine Rolle gespielt.

Alle vier Angeklagten konnten als freie Menschen den Gerichtssaal verlassen. Und hätte es nicht Tumulte und protestierende Demonstranten gegen diese Freisprüche gegeben, die drei Frauen und der ehemalige SS-Arzt wären überhaupt nicht in die Lage gekommen, auch nur für eine kurze Weile die trockene Luft bundesdeutscher Zellen einatmen zu müssen.

So aber flüchteten sie erschreckt in den Zellenraum, aus dem normalerweise Häftlinge zur Verhandlung in den Sitzungssaal geführt werden – und wurden dort vom Wachtmeister vergessen. Erst als sie nach rund vierzig Minuten energisch gegen die verschlossene Tür polterten, wurde ihnen der Weg in die Freiheit endgültig aufgeschlossen.

Trockener Kommentar von Hans Schueler zu der Zeit, der die vier Freisprüche als »das erste greifbare Ergebnis in einem Prozess nach 328 Verhandlungstagen« bezeichnete: »Nach Vorermittlungen, die schon 1960 begonnen hatten, auf Grund einer Anklage, an der die Staatsanwälte über ein Jahrzehnt lang gearbeitet hatten, um sie hieb- und stichfest zu machen.« Und im Rundfunk grübelte der Journalist und ständige Dokumentator dieses Prozesses, Heiner Lichtenstein, darüber nach, »ob die drei Frauen und der Angeklagte Schmidt auch freigesprochen worden wären, wenn der Majdanek-Prozess nicht im November 1975, sondern fünf oder zehn Jahre früher begonnen hätte.« Ein nutzloses Grübeln.

Proteste während der Urteilsverkündigung

Die freigesprochene Angeklagte Hermine Böttcher, »das Perlchen«

Die Unauffälligste unter all den Angeklagten war für mich Hermine Böttcher, Ende Januar 1943 im Alter von 24 Jahren wie so viele ihrer ehemaligen Kolleginnen von Ravensbrück nach Majdanek versetzt. Über die Tochter eines NSDAP-Mitglieds waren sich die meisten Zeuginnen einig, dass sie »besser« als die anderen Aufseherinnen gewesen sei. Das Gericht rückte diese Beurteilung in seiner Freispruch-Begründung am 19. April 1979 wieder ins rechte Licht:

Diese »ungewöhnlich positive Bewertung der Angeklagten« habe »nur eine sehr relative Bedeutung. Denn es handelt sich bei ihr ... nicht etwa um eine wahrhaft menschliche Aufseherin, sondern lediglich um eine solche, die ›nicht so schlimm‹ ... war. Sie ließ gelegentlich menschliche Züge erkennen, ermöglichte es dem einen oder anderen Häftling, mit Angehörigen Kontakt aufzunehmen, sie war nicht ganz so furchtbar, grausam, brutal und schlagfertig wie einige andere SS-Aufseherinnen, sie hielt sich auch mit der Benutzung der Peitsche, die sie ständig bei sich trug, normalerweise zurück und verrichtete ihren Dienst ersichtlich ohne sonderlichen Eifer, verhielt sich aber andererseits gegenüber dem Sadismus so mancher ihrer SS-Kolleginnen ausgesprochen passiv. Dass ein solches Auftreten schon ausreichte, um von den Häftlingen in Majdanek so positiv beurteilt zu werden ... wirft ein bezeichnendes Schlaglicht auf die düsteren Verhältnisse in diesem Lager.«

Hermine Böttcher half nach dem Besuch der Volksschule fünf Jahre lang im Haushalt eines Bäckers und in der Landwirtschaft. Als 1938 Hitler ihre Heimat, das Sudetenland,

»heim ins Reich« holte, wurde sie zur Fabrikarbeit dienstverpflichtet. Ab April 1942 arbeitete sie dann bei den Heinkel-Werken in Berlin-Oranienburg. Dem Gericht erklärte sie ihren Weg von einer Fabrikarbeiterin zur SS-Aufseherin damit, dass die Leitung eben dieses Berliner Industriebetriebes mit dem KZ Ravensbrück vereinbart hatte, Ravensbrücker Häftlinge zu den Heinkel-Werken nach Berlin zu holen, dafür deutsche Arbeiterinnen im Austausch als Aufseherinnen nach Ravensbrück. So will Hermine Böttcher an ihren Aufseherinnenposten in einem KZ gekommen sein. Ohne dass man sie vorher gefragt hatte noch sie sich ausdrücklich hierzu bereit erklären konnte.

Nach ihrer späteren Versetzung ins Lager Majdanek beaufsichtigte sie vor allem die Außenkommandos. Dabei soll sie »einmal ihrem bei klirrender Kälte zu Beginn des Jahres 1943 ohne Winterkleidung im Freien arbeitenden Kommando ausgehungerter Häftlinge gestattet haben, vorübergehend die Arbeit zu unterbrechen und stehend eng zusammenzurücken, sich gegenseitig etwas zu wärmen, obwohl das ... von der Lagerordnung her nicht erlaubt war« hob das Gericht lobend hervor.

»Gewisse menschliche Züge« attestierten ihr Überlebende des Lagers, denen sie bei der Arbeit auf dem Lagergut Fellin eine Kontaktaufnahme mit Angehörigen gestattet hatte. Machte sie Innendienst am Tor des Frauenfeldes, wo sie die unterernährten Häftlingsfrauen daraufhin kontrollieren musste, ob Feldfrüchte aus der Gärtnerei oder Kartoffeln, Rüben, Möhren aus dem Lagergut eingeschmuggelt wurden, soll sie dabei verhältnismäßig großzügig gewesen sein. Ein Verhalten, das ihr bei den Häftlingsfrauen den liebevoll anmutenden Spitznamen »Perelka«, kleines Perlchen, einbrachte. Manche nannten sie auch »Myszka«, Mäuschen, wohl wegen ihrer kleinen, gedrungenen, aber flinken Gestalt. Eine Zeugin räumte gar ein, sie hätte eigentlich den Spitznamen »Diamant« verdient, weil sie die »ehrenwerteste von allen Aufseherinnen« gewesen sei. Eine andere Überlebende schwächte die Lobeshymnen auf Hermine Böttcher freilich dahingehend ab, dass sie die ehemalige Angeklagte zwar als »gut« im Vergleich zu bestimmten anderen SS-Aufseherinnen bezeichnete, die für sich alleine betrachtet jedoch »auch nichts wert« gewesen sei.

Wie relativ ihre Güte im Umfeld von Majdanek zu bewerten ist, zeigt zum Beispiel die Aussage einer Zeugin, die von ihr einmal mehrere Schläge mit der bloßen Hand bekommen habe, nur weil sie sich beim Appell zu spät aufgestellt hatte. Eine andere Lager-Überlebende erzählte dem Gericht, wie sie von dieser Frau ausgepeitscht wurde. Doch diese Aussagen werfen höchstens ein Licht darauf, was in Majdanek als Güte gewertet wurde. Die ihr von der Staatsanwaltschaft vorgeworfenen Tötungsdelikte ließen sich nicht mehr beweisen: Nicht, dass sie an zwei Kinderselektionen beteiligt gewesen sei, nicht, dass sie die Kinder auf die Ladeflächen vom LKW geworfen haben soll, die zur Gaskammer transportiert worden sind.

Es war lediglich eine jüdische Zeugin, die die Angeklagte Böttcher konkret mit diesen Vorgängen in Verbindung bringen konnte. Doch diese Frau war bis zur Eröffnung des Hauptverfahrens schwer erkrankt, konnte nicht mehr vernommen werden. Die Verlesung ihrer Vorvernehmungen reichten weder dem Gericht noch der Staatsanwaltschaft als Schuldnachweis aus. Und das, obwohl die Zeugin insgesamt viermal ausgesagt hatte: 1962 zum ersten Mal, dann 1969, 1972 und 1975. Bei diesen, dreizehn Jahre auseinanderliegenden, Vernehmungen, hatte sich die KZ-Überlebende zuerst nur mühsam erinnert, später sich in kleinen Nebensächlichkeiten ab und an widersprochen. Das gab dann den Ausschlag und machte all ihre anderen Aussagen zunichte. Da niemand sonst Hermine Böttcher belastete, wurde sie nach dreieinhalb Jahren Prozessdauer freigesprochen.

Hermine Böttcher im Düsseldorfer Gerichtssaal, 1975

Am 19. April 1979 konnte sie den Gerichtssaal verlassen und zurück zu ihrem Ehemann nach Hannover reisen. Ganz ungestraft war »Perelka« in ihrem Leben jedoch nicht davongekommen: 1945 hatten sie die tschechischen Behörden in ihrem Heimatort festgenommen und 1947 war sie wegen ihrer Zugehörigkeit zur SS und wegen Häftlingsmisshandlungen in verschiedenen Lagern vom Volksgericht Prag zu zwanzig Jahren Haft verurteilt worden. 1955 wurde sie vorzeitig entlassen und einen Tag später in die Bundesrepublik abgeschoben.

In meinen Augen sprach allerdings eines ganz entschieden gegen die Verharmlosung dieser Majdanek-Aufseherin in Saal 111 des Düsseldorfer Landgerichts: und zwar war es die Wahl ihres Verteidigers. Ausgerechnet einen ehemaligen Staatsanwalt vom Sondergericht im polnischen Bromberg hatte sie sich zum Vertrauten ausgesucht. Einen Mann, der vielen Polen damals noch aus Hitlers »Volkstumskampf« in böser Erinnerung gewesen sein dürfte und der durch seine abschreckenden Strafanträge damals seine absolute Treue zum nationalsozialistischen Staat demonstrierte: bei Schwarzschlachtung von Schweinen plädierte er schonmal auf Todesstrafe, bei Diebstahl auf zehn Jahre Zuchthaus. Aus seinen Verdiensten am Bromberger Sondergericht machte Dr. Hermann Stolting II aus Frankfurt nie einen Hehl. In einem ZDF-Interview rückte er sich ins rechte Licht und sagte vor der Kamera, er stehe immer noch zu den damals geforderten Todesurteilen und würde sie unter gleichen Umständen noch einmal beantragen.

Nach dem Krieg spezialisierte sich Stolting auf die Verteidigung ehemaliger Gesinnungsgenossen und machte aus seiner politischen Anschauung kein Geheimnis: 1971 kandidierte er für die NPD im hessischen Landtagswahlkampf. Etwa zur gleichen Zeit, als er sein Herz für die Tiere entdeckte und im blühenden Nachkriegs-Deutschland trotz seiner Vergangenheit bis zum Präsidenten des Deutschen Tierschutzbundes avancierte. Nur die ausländischen Tierschutzvereine, die nahmen den Deutschen diese Taktlosigkeit übel und distanzierten sich für die Dauer von Stoltings Regentzeit von der bundesdeutschen Tierschutzzentrale.

Die freigesprochene Angeklagte Charlotte Mayer, »die Lotti«

Charlotte Mayer war die einzige der Majdanek-Aufseherinnen, aus deren Lebenslauf hervorging, dass sie sich zu wehren wusste. Nicht brutal ausschließlich gegen hilflose Menschen, sondern auch schon mal gegen Vorgesetzte. Sie beschwerte sich, wenn ihr etwas stank, motzte, wenn ihr jemand nicht passte. Und ist dennoch in Majdanek geblieben.

Vor ihrer KZ-Karriere beendete dieser Wesenszug ihre Tätigkeit als Pflegerin in einer Heilanstalt, aus Ravensbrück will sie als »Bestrafung« für ihren unpopulären Wunsch, entlassen zu werden, nach Majdanek versetzt worden sein. Und dort gab sie ihren Vorgesetzten mehrfach Anlass, ihr Verhalten zu rügen. Ein Major beschwerte sich einmal darüber, dass sie sich während ihres Dienstes in der Küche des Bekleidungswerkes der SS »um den Küchenbetrieb nicht genügend kümmerte«. Bei einem Disput mit mehreren ihrer Kollegen am Eingang zur Häftlingsbadeanstalt scheute sie sich nicht, über die schlechte Organisation und die unzureichenden Essensportionen der Häftlingsfrauen zu schimpfen. Und nach sechs Monaten Majdanek handelte sie sich wegen Nichtbefolgung eines Befehls einen schriftlich überlieferten strengen Verweis ein.

Charlotte Mayer wollte nicht mit mir sprechen. »Sind Sie nicht bös. Ich möchte da nichts mehr mit zu tun haben. Für mich war das furchtbar genug«, erklärte sie mir, als ich sie Anfang Dezember 1981 in Köln anrief. Einer Journalistin der Schweizer Weltwoche hatte sie 1978 bei einer gemeinsamen Zugfahrt nach einem Prozesstag gestanden: »Wir haben alle Angst vor der Presse. Da wird so viel Verkehrtes geschrieben.« Dass sie es selbst mit der Wahrheit nicht so genau nahm, zeigte ihre Aussage, als sie Mitte 1979 – wenige Monate, nachdem sie freigesprochen worden war – in den Zeugenstand trat. Da wollte sie plötzlich nur eine einzige Kammer in Majdanek gekannt haben, »jene kleine Kammer, wo die verlauste Wäsche der Häftlinge hineinkam. Von anderen Kammern habe ich damals nie etwas gehört, schon gar nicht von Gaskammern.« Eine Aussage, auf die hin selbst dem geduldigen Vorsitzenden Bogen der Kragen platzte und er herauspolterte: »Was glauben Sie eigentlich, dem Gericht noch alles weismachen zu können? Ich verzichte auf Ihre weitere Aussage.«

In vielem ähnelte Charlotte Mayer der mit ihr freigesprochenen Hermine Böttcher. Über beide gab es auch Gutes von den aus aller Welt angereisten Zeuginnen zu hören. Und bei der Freispruch-Begründung musste das Gericht einräumen, dass ihr die von den Nationalsozialisten eigentlich geforderten Hassgefühle und die menschenverachtende Gesinnung gegenüber den Häftlingen gefehlt habe. 1918 in Friedland/Pommern geboren, wollte Charlotte, die älteste von drei Schwestern, Kindergärtnerin werden. Wurde jedoch – wie sie vor Gericht aussagte – durch die Leiterin des örtlichen Kindergartens deshalb abgelehnt, weil es ihrem Elternhaus angeblich an nationalsozialistischer Gesinnung mangelte. Nach einer kurzen Zwischenstation als Waldarbeiterin und Hausgehilfin in einem Arzthaushalt bekam sie als etwa Sechzehnjährige Arbeit in einer Heil- und Pflegeanstalt. Nach Differenzen mit ihrem dortigen Vorgesetzten kündigte sie später ihren Pflegerinnen-Job und wurde daraufhin nach ihren Angaben vom Arbeitsamt ins KZ Ravensbrück dienstverpflichtet.[4] Weil ihr dort die Behandlung der Gefangenen nicht gepasst habe,

4 Eine 1939 von Hermann Göring erlassene Verordnung sah die »Dienstverpflichtung für Aufgaben von besonderer staatspolitischer Bedeutung» vor.

will sie im Frühjahr 1942 um ihre Entlassung aus dem Lagerdienst gebeten haben. Die wenige Monate später erfolgte Versetzung nach Majdanek schilderte sie als »Bestrafung« für dieses Entlassungsgesuch. Achtzehn Monate lang arbeitete Charlotte Mayer daraufhin in Majdanek, lernte dort ihren Mann kennen, einen SS-Angehörigen, der nach einer Verwundung vorübergehend dorthin abkommandiert worden war, und heiratete im Mai 1943. Als im April 1944 die weiblichen Häftlinge Majdaneks evakuiert wurden, kam sie als letzte Station ihrer KZ-Dienste nach Auschwitz.

Zu der Zeit, als Charlotte Mayer – damals noch mit Mädchennamen Wöllert – Mitte Oktober 1942 nach Majdanek versetzt wurde, gab es im Lubliner Lager noch keine weiblichen Häftlinge. So setzte man sie zuerst einmal im sogenannten »Flughafenlager« ein, dem außerhalb des eigentlichen Lagergeländes gelegenen SS-Bekleidungswerk. Dieses Werk hatte seinen Namen nach den auf einem ehemaligen Flugplatzgelände gelegenen Flugzeughallen erhalten, die von den Nationalsozialisten zu Arbeitsräumen umfunktioniert worden waren. Hier mussten polnische Männer und Frauen für die SS arbeiten, auf Waggons ankommende Kleidungsstücke sortieren und sie für den Weitertransport bündeln. Wie das Gericht vermutete, handelte es sich bei diesen Textilien mit großer Wahrscheinlichkeit um die ehemalige Kleidung und das Eigentum der im »Generalgouvernement« Polen zur Tötung bestimmten oder schon längst getöteten Juden.

In diesen Hallen nun versuchte das von Charlotte Mayer beaufsichtigte Häftlingskommando, der Berge an Kleidungsstücken Herr zu werden. Und stieß dabei immer wieder auf versteckte Wertgegenstände, die man in eine große, mit einem Schlitz versehene, verschlossene Holzkiste werfen musste. Weder die Unmenge der herangeschafften Kleidung noch die darin gefundenen Wertgegenstände haben Charlotte Mayer angeblich jemals auf den Gedanken gebracht, dass die ehemaligen Besitzer dieser Textilien womöglich getötet worden sein könnten. Sie will sich auch nie nach deren Verbleib erkundigt haben, habe sich – so sagte sie wörtlich – einfach »nicht dafür interessiert«. Als fast alle Kleidungsstücke sortiert, gebündelt und abtransportiert waren, wurde sie ins eigentliche Lager Majdanek geholt, zur Beaufsichtigung der mittlerweile eingetroffenen Frauen, speziell des sogenannten Schneiderei-Kommandos. Wie alle anderen Aufseherinnen hätte sie von da an – so Charlotte Mayer in ihrer Einlassung zur Sache – eine graue Uniform getragen, die aus einem glatten Rock und einem einreihigen grauen Jackett mit Seitentaschen bestand. Dazu gehörte eine Bluse in grau-blauer oder grau-grüner Farbe und als Kopfbedeckung ein sogenanntes Schiffchen. Als Schuhwerk habe ihnen ein Paar Schaftstiefel – andere bezeichneten sie als »Knobelbecher« – zur Verfügung gestanden, daneben ein Paar brauner Halbschuhe.

In dem Schneiderei-Kommando, dessen Aufseherin die Angeklagte Mayer fortan war, arbeiteten neben »arischen« Häftlingsfrauen auch solche, die – wie die Jüdin Shoshana Kliger – sich als »arisch« ausgegeben hatten. Vor Gericht wurde der Angeklagten Mayer später angerechnet, dass sie sich gegenüber Frau Kliger auch dann noch menschlich verhalten hatte, als sie von der jüdischen Herkunft dieser Frau erfuhr. Es war Shoshana Kliger, die – vom Gericht in Tel Aviv vernommen – unter Eid 35 Jahre nach ihrer Lagerzeit aussagte, dass auch die ihr als »Lotti« bekannte SS-Aufseherin Mayer an Selektionen teilgenommen habe, weil – und das könne sie nur schlussfolgern – eben ihrer Erinnerung nach immer sämtliche SS-Angehörigen an derartigen Aktionen beteiligt gewesen waren. Auch die ähnlich belastende Aussage einer weiteren Majdanek-Überlebenden stellte sich später weniger als Augenzeugenbericht denn als Schlussfolgerung heraus, so dass Charlotte Mayer vom Vorwurf der Beteiligung an zwei Selektionen jüdischer weiblicher Häftlinge im April 1979 freigesprochen wurde. Ein absurdes Urteil, angesichts dessen, was seit dem Münchner Demjanjuk-Prozess vor Gericht möglich ist. Nach heutigen Kriterien wäre die Angeklagte Mayer auch ohne Zeuginnen- und Zeugenaussagen verurteilt worden. Und das zu Recht.

Im Verlauf des Verfahrens jedenfalls war einiges über ihr Verhalten in Majdanek zur Sprache gekommen. Zum Beispiel, dass sie Häftlingsfrauen ihres Kommandos ab und zu erlaubte, sich während der Arbeit eine Suppe zu wärmen oder ins Lager geschmuggelte Kartoffelstücke zu essen. Sie ließ es geschehen, dass Männer und Frauen zu heimlichen Gesprächen zusammentrafen. Trug keine Peitsche bei sich und lehnte Prügelstrafen älteren Häftlingsfrauen gegenüber rundweg ab. Die Zeugin Fugiel schilderte, wie sie sich auf Befehl des Lagerkommandanten zur Strafe einen ganzen Tag auf Schienen habe legen müssen. Wie die Aufseherin Mayer sie nach kurzer Zeit habe aufstehen lassen und sie sogar im Krankenrevier vor dem Kommandanten versteckte. Andere bezeichneten sie als jemanden, der schon mal für Trinkwasser sorgte, der Kontakte zu anderen durchgehen ließ und die Oberaufseherin Ehrich einmal sogar als Schwein bezeichnete, weil diese alte Frauen geschlagen hatte. Sie selbst will mehrfach versucht haben, aus Majdanek entlassen zu werden, doch stets ohne Erfolg.

All dies freilich werteten die Richter nicht als Beweis dafür, dass Charlotte Mayer im Grauen von Majdanek so etwas wie ein Lichtblick gewesen sei. Sie war vielmehr keine »schlechthin humane SS-Aufseherin«, sondern lediglich eine, die »besser und menschlicher« als die anderen war. Die »Menschlichkeit« der Angeklagten sei »eben nur eine ausgesprochen relative gewesen«, meinten die Richter. Zwei Zeuginnen bestätigten das: die eine, die Frau Mayer als »nicht die Schlimmste« beschrieb, die andere, die sie als »fast unschädlich« bezeichnete.

Die von ihr selbst so positiv abgegebene Schilderung ihres Verhaltens im Lager wurde jedoch durch mehrere Zeugenaussagen widerlegt oder zumindest abgeschwächt. So hatte sie zwar immer betont, sie habe versucht, Häftlingen ihres Kommandos zusätzliche Verpflegung zu besorgen. Doch keine der aus diesem Kommando vor Gericht gehörten Häftlingsfrauen konnte bestätigen, jemals von dieser zusätzlichen Nahrung erhalten zu haben. Es gab aber auch Zeugenaussagen, die all diese Verhaltensweisen lediglich als Desinteresse und Gleichgültigkeit erscheinen ließen, die – im richtigen Moment aus nichtigem Anlass – schon mal ins Gegenteil umschlagen konnte. So soll sie eine Frau mit einem dünnen Stock kräftig geschlagen haben, nur weil diese halb verhungerten Männern ein Stückchen Brot zugeworfen hatte. Sie soll Häftlinge bei der Rückkehr von der Arbeit häufig auf geschmuggelte Nahrungsmittel und Kassiber gefilzt haben und soll dann, wenn sie beim Filzen etwas fand, zugeschlagen haben. Nicht so stark wie die anderen Aufseherinnen und nicht ins Gesicht. Aber immerhin. Vorkommnisse, die dem Gericht zwar geschildert wurden, für die Strafzumessung oder die Verurteilung jedoch keine Bedeutung hatten.

Gegen Kriegsende geriet Charlotte Mayer kurz in amerikanische Gefangenschaft, traf jedoch schon Ende Mai 1945 bei ihrer Schwiegermutter in Bayern ein. Drei Tage später wurde sie dort von einem amerikanischen Offizier wegen ihrer NS-Tätigkeit vernommen. Am nächsten Tag nahm man sie fest und verhörte sie in größeren Abständen immer wieder zu ihrer Vergangenheit. Im Sommer 1946 entließen die Amerikaner sie, die deutschen Behörden behielten sie jedoch weiter in Haft. Eine Spruchkammer verurteilte sie dann 1948 zu zwei Jahren Gefängnis. 1950 kehrte ihr Mann aus russischer Kriegsgefangenschaft zurück. Das kinderlose Ehepaar zog nach Köln, wo Charlotte Mayer anschließend rund fünfzehn Jahre in einer Kaserne britischer Streitkräfte arbeitete. Über ihren weiteren Verbleib ist nichts bekannt.

Die Angeklagten Charlotte Mayer und Rosa Süss am ersten Tag der Hauptverhandlung, 26.11.1975

Die freigesprochene Angeklagte Rosa Süss, »die bayerische Wäscherin«

Sie war mollig und meist mit Sportkostüm und Jägerhütchen bekleidet. Nach außen hin schien es, als mache ihr von allen Angeklagten der Prozess am meisten zu schaffen. Kam ein Fotograf in Sicht, duckte sie sich hinter einer Zeitung oder schützte ihr Gesicht durch einen aufgespannten Regenschirm. Keinem ist es gelungen, ein Porträtfoto von Rosa Süss zu machen. Manchmal saß sie da mit verweinten Augen, eingekeilt zwischen ihren beiden Verteidigern. Und man konnte nicht umhin, sie sich gut als biedere Hausfrau, Mutter und Miternährerin ihrer fünfköpfigen Familie vorzustellen, die an einem Eigenheim im Bayerischen Wald bastelte.

Bis zu Beginn des Majdanek-Prozesses im November 1975 hatte sie als Kontrolleurin in einer Fabrik gearbeitet, in der Bundeswehruniformen hergestellt werden, als angesehene Frau des Tiefbauarbeiters Albert Süss in dem bayerischen Örtchen Neureichenau, Mutter von drei minderjährigen Kindern. Am meisten Angst machte ihr wohl der Gedanke, dass jemand aus ihrem Heimatort sie in einer Zeitung abgebildet wiedererkennen und die Verbindung zwischen den KZ-Gräueln und ihrem biederen Alltagsleben herstellen würde.

Immer wieder empörte sie sich im Prozessverlauf darüber, wie sie nach dem Krieg denunziert worden sei. Dem Dorfpfarrer gab sie die Schuld daran, dass man auf sie aufmerksam wurde. Dabei habe der doch zuerst von der Kanzel aus die Judenverfolgung geleitet und war nach Kriegsende einfach verschwunden. Vom Bürgermeister will sie kurz vor dessen Tod erfahren haben, dass dieser Pfarrer ihren Namen den Behörden mitgeteilt hatte. Was ihr freilich überhaupt nicht in den Kopf wollte. Dass der Mann beim örtlichen Arbeitsamt, der sie seinerzeit nach Ravensbrück dienstverpflichtete, nach dem Krieg noch immer den gleichen Posten innehatte. Sie hat dann, über soviel Ungerechtigkeit fassungslos, diesem Verursacher ihrer Misere den Krebs an den Hals gewünscht. Und siehe da – so triumphierte Rosa Süss später in ihrem bayerischen Dialekt vor Gericht – der sei dann wirklich an Krebs gestorben.

Ein erhebliches Minderwertigkeitsgefühl schien das Mädchen aus dem bayerischen Wald anfangs im Umgang mit den ihr meist geistig erheblich überlegenen Häftlingsfrauen empfunden zu haben. Woraus sie ein übersteigertes Bedürfnis entwickelte, als Autorität anerkannt zu werden, was sie mangels anderer Fähigkeiten mit brachialer Gewalt durchzusetzen versuchte. Später dann änderte sie sich radikal, nachdem sie anscheinend einen Sinneswandel durchlebte.

Die unverheiratete Rosa Reischl hatte als Beruf Säuglingsschwester gelernt. Und als solche hatte sie bis 1942 von zu Hause fort in der Oberpfalz gearbeitet, war dann in ihren Heimatort zurückgekehrt und sollte vom dortigen Arbeitsamt nun eine Stelle in einem Sägewerk vermittelt bekommen. »Da ich bis dahin nur Schwesterntracht getragen hatte, habe ich gesagt, dann müssten sie mir Privatkleidung beschaffen. Sie meinten, ich solle nicht so frech sein. Ich musste einige Tage später zum Gesundheitsamt und erhielt vom Arbeitsamt zum 1. oder 15. Oktober 1942 eine Einberufung nach Ravensbrück.«

Im Konzentrationslager Ravensbrück will sie nach eigenen Angaben drei Monate lang ausgebildet worden sein, musste Häftlingskommandos beim Ausladen von Schiffen voller Koks und beim Sortieren von Kartoffeln beaufsichtigen. Musste Formulare ausfüllen, in denen stand, dass sie als

Aufseherin Abstand zu den Häftlingen zu halten habe, nicht schreien und nicht schlagen dürfe.

Nach Lublin-Majdanek will sie wenige Monate später deshalb versetzt worden sein, weil sie einer Häftlingsfrau geholfen habe, mit ihrem Mann zu korrespondieren. Am 3. Januar 1943 erreichte die 22 Jahre alte Rosa Reischl mit vier weiteren Kolleginnen Lublin. »Wir fünf Aufseherinnen kamen in der Nacht im Lager an. SS-Leute wiesen uns in die Baracke. Wir mussten unsere Sachen ablegen und wurden dann in die SS-Kantine geführt. Wir bekamen zu essen. Die SS-Leute boten uns Alkohol an.«

Die männlichen Kollegen rückten den Neuankömmlingen an diesem Abend sehr nahe, machten es sich gemütlich. Rosa Reischl wurde das zuviel. Als drei ihrer Kolleginnen schon reichlich angetrunken in der Kantine scherzten, verließ sie mit der Aufseherin Ehlert den Raum und suchte ihre Wohnbaracke. Auf dem Weg dorthin verirrten sich die beiden, stolperten in ein Zimmer, in dem sie erneut johlend von SS-Männern begrüßt wurden, stürzten wieder hinaus, erwischten dabei die falsche Tür und landeten auf einem Haufen Leichen in einem stockdunklen Raum. »Ich hatte vorher geschrien, muss dann aber wohl ohnmächtig geworden sein. Als ich wieder zu mir kam, bin ich zurückgelaufen ...«

Von diesem ersten Schrecken erholte sich Rosa Reischl offenbar sehr rasch. Denn wie sie dem Gericht später erklärte, schätzte sie schon bald die Lage der Häftlinge so ein: »Ich hatte keinen Zweifel an der Rechtmäßigkeit ihrer Inhaftierung. Nur das Kahlscheren hat mich gestört.« Weil sie anfangs dann eine Zeitlang als Aufseherin des Wäscherei-Kommandos arbeitete und einen stets unverkennbar bayerischen Dialekt sprach, gaben ihr die Häftlinge den Spitznamen »die bayerische Wäscherin.«

Bei ihrer Ankunft in Lublin soll sie die mitangeklagte damalige SS-Obersturmführer Arnold Strippel gewarnt haben: »Seien Sie vorsichtig. Es geschieht hier viel Unrecht. Dass Sie nicht in das System geraten.« Doch anfangs geriet die junge Frau vom Lande sehr wohl in das System des Lagers. Vom Gericht wird diese erste Phase ihres Verhaltens zeitlich genau begrenzt. Es war die Zeit ihrer Ankunft in Majdanek bis zum Herbst 1943, als sie an Paratyphus und Fleckfieber erkrankte und zeitweilig mit dem Tode rang. Bis dahin – so zeichneten die Zeuginnen ihr Bild – war sie eine Aufsichtsperson, die schon geringfügige Vorkommnisse zum Anlass nahm, um sich mit Peitschenhieben Respekt zu verschaffen. Dabei auch vor massiven Misshandlungen nicht zurückschreckte.

Irgendwann kehrte sie krank von einem Heimaturlaub nach Majdanek zurück und kam ins Lubliner Lazarett. Wochenlang lag sie da, war tagelang bewusstlos und zeitweise so schwer krank, dass die Lagerleitung ihren Eltern telegrafierte. Doch sie überlebte, erholte sich in einem SS-Sanatorium am Tegernsee und nahm im Dezember 1943 ihren Dienst im Lager wieder auf. Von diesem Zeitpunkt an hat sich ihr Verhalten den Häftlingen gegenüber derart gewandelt, dass das Gericht später zu ihren Gunsten annahm, sie habe während ihrer Krankheit Zeit und Ruhe zur Selbsterkenntnis gefunden. »Mangels konkreter Anhaltspunkte für das Gegenteil ist die Kammer zugunsten der Angeklagten auch ferner davon ausgegangen, dass ihre ›geläuterte‹ Einstellung nicht nur einer vorübergehenden Stimmung entsprach, sondern ihr weiteres Verhalten gegenüber den Häftlingen in Majdanek kennzeichnete und bestimmte.«

Dabei stützte sich das Gericht auf die Aussage vor allem einer Zeugin, die Rosa Süss als »Bestie« in Erinnerung hatte, mit wahrlich wenig Grund, Positives über diese Frau auszusagen.

Und doch schilderte die Überlebende, dass die Aufseherin Rosa sie einmal nur deshalb so brutal ausgepeitscht habe, weil sie als Blockälteste übersehen hatte, dass griechische Jüdinnen ihre Häftlingsnummer nicht ganz korrekt an ihre Kleidung angenäht hatten. Die Zeugin konnte nach diesen Schlägen damals sechs Wochen lang nicht laufen und erinnerte sich in diesem Zusammenhang, dass es im Lager allgemein hieß, vor der »Rosemarie Reischl« müsse man sich in Acht nehmen. Die sei ein Drachen.

Nach ihrer Erkrankung sei diese Rosa dann eines Tages, gestützt auf zwei SS-Aufseherinnen, in dem Häftlingsblock der Zeugin erschienen und habe sich für die Prügel entschuldigt. Ein Verhalten, zu dem nach Ansicht der Richter in Majdanek ein »nicht unerhebliches Maß an persönlichem Mut« gehörte, denn ein solcher Entschluss war sicher der Lagerleitung nicht verborgen geblieben.

Freigesprochen wurde Rosa Süss im April 1979, weil die eine Zeugin, die sie der Erschießung von Kleinkindern in einem Nebensatz beschuldigt hatte, inzwischen verstorben war. Und weil die zweite Zeugin, die sie der Tötung von jüdischen Kindern beschuldigte, mittlerweile erkrankt und dadurch auf unabsehbare Zeit vernehmungsunfähig geworden war.

Nach dem Krieg hatte sie sechs Jahre in polnischen Gefängnissen verbracht, verurteilt wegen Zugehörigkeit zur SS und Häftlingsmisshandlungen in Majdanek. Vor Gericht in Düsseldorf beteuerte sie, die Namen der anderen Aufseherinnen niemals gehört zu haben, Vergasungen nur vom Hörensagen zu kennen. Richter Bogen daraufhin zu ihr: »Es fällt schwer, Ihren Aussagen zu glauben. Aber Sie müssen vor ihrem Gewissen verantworten, was Sie sagen.«

Die im Prozessverlauf verstorbene Angeklagte Alice Orlowski, genannt »Krowa, die Kuh«

Alice Orlowski war eine verkrachte Existenz. Die mit 72 Jahren älteste der Angeklagten im Majdanek-Prozess hat in ihrem Leben so ziemlich alles gemacht, was der Tochter eines gehobenen Beamten untersagt war: mit neunzehn Jahren bekam sie unehelich ein Kind, das sie einer Freundin zur Adoption überließ. Daraufhin wurde sie mit Schimpf und Schande aus dem Elternhaus gejagt und musste sich als Stenotypistin bei einer Berliner Konfektionsfirma den Lebensunterhalt verdienen. Ob sie anschließend noch einen Versuch unternahm, Medizin zu studieren oder gleich eine Zeitlang freiberuflich als Mannequin arbeitete, kann in dem Prozess nicht mehr geklärt werden. Denn nach halbjähriger Prozessdauer starb sie in einem Kölner Krankenhaus an Kreislaufschwäche. Fest steht jedenfalls, dass sie 1934 einen staatenlosen Juwelier mit dem russischen Adelsnamen Orlowski heiratete, zwei Jahre lang mit ihm zusammenlebte, das vom Konkurs bedrohte Geschäft des kränkelnden Mannes führte und sich 1936 wieder scheiden ließ. Dann verschlug es sie nach Aachen, wo sie fünf Jahre lang als Bardame arbeitete. Als ihr Etablissement 1943 durch einen Bombenangriff zerstört wurde, ging sie zurück zu ihrer Mutter, die ihr offenbar ihre Jugendsünden vergeben hatte.

Zu dieser Zeit soll die Orlowski eine ausgesprochen schöne Frau gewesen sein, gut gewachsen, stattlich und so groß, dass ihr keine der Uniformen des KZ Ravenbrück passte, in das sie im Juli 1943 dienstverpflichtet worden war. Ihre Größe und Stämmigkeit brachte ihr den Spitznamen »Krowa, die Kuh«, ein. Eine Woche arbeitete sie dort in Zivilkleidung, dann wurde sie nach Majdanek versetzt. Angeblich – so behauptete sie – als Strafe, weil sie einen Vorgesetzten nicht gegrüßt hatte. Auf die Frage von Richter Bogen, was sie beim ersten Kontakt mit den Häftlingen dort empfunden habe, sagte sie: »Zuerst war ich erschlagen, habe mir selbst leid getan, dass ich da war.« Wie alle anderen will auch sie vor ihrer Dienstverpflichtung ins KZ nicht gewusst haben, was sie da erwarten würde.

1947 wurde sie in Krakau wegen ihrer Mitwirkung in der SS sowie der Mannschaft des KZ Auschwitz als einer »zusammenwirkenden verbrecherischen Gruppe« verurteilt. Wegen Misshandlungen von Häftlingen sowie der Wegnahme von Lebensmitteln und Bekleidung bekam sie damals fünfzehn Jahre und fünf Monate Haft, wurde jedoch schon 1956 wieder entlassen. Zurück in der Bundesrepublik arbeitete sie als Hausdame in einem Hotel.

Mehr als dreißig Jahre nach Kriegsende war aus ihr eine alte Frau geworden, schäbig gekleidet, um den Kopf stets ein Tuch gebunden. Bis zu ihrem Tod lebte sie als Sozialhilfeempfängerin in Köln und hatte anscheinend wenig aus der Vergangenheit gelernt. 1960 fiel sie am Tresen einer Kölner Kneipe auf, als sie einen in dem Lokal verkehrenden jüdischen Gast als »Judenschwein« bezeichnete und herumtönte, die Nationalsozialisten hätten bei der Judenvernichtung nur »die halbe Arbeit« geleistet. Acht Monate Gefängnis brachte ihr diese Unverbesserlichkeit ein, die sie jedoch nur zum Teil absitzen musste.

Auch in Majdanek hatte sich die Orlowski durch besonders ausgeprägten Antisemitismus hervorgetan. Wie die Staatsanwaltschaft in ihrer Anklage betonte, habe sie »durch ihr Verhalten den jüdischen Häftlingen gegenüber zu erkennen gegeben, dass sie die der ›Endlösung der Judenfrage‹

zugrundeliegende, jeder Menschlichkeit hohnsprechende Bewertung jüdischen Lebens als lebensunwert voll und ganz« billigte. Ihr wurde vorgeworfen, jüdische Kinder und Frauen für die Gaskammer selektiert zu haben.

Sie war eine jener NS-Täterinnen, die nur per Zufall entdeckt und vor Gericht gestellt werden konnte. 1946 war sie nach Köln gezogen. Eines Tages besuchte sie eine Freundin in Hildesheim. Dort auf der Straße begegnet ihr ein ehemaliger Häftling, der sie wiedererkannte, sie anzeigte und festnehmen ließ. Sie starb 1976, während des Majdanek-Prozesses.

Alice Orlowski vor Gericht in Düsseldorf, 1975

Susanne v. Paczensky

Die Zeuginnen Rosa und Brenda

Eine Woche im November, der Majdanek-Prozess lief schon eine geraume Zeit, habe ich mit Rosa und Brenda gelebt – zwei Frauen von Mitte fünfzig, wohlgenährt, nett angezogen, an der Grenze zum Altwerden. Die eine nimmt Pillen gegen Asthma, die andere klagt über Kopfschmerzen; beide zeigen gern die Farbfotos ihrer Enkelkinder – zwei Arbeiterfrauen aus Detroit, USA, zum ersten Mal seit dreißig Jahren im Ausland und ein wenig holprig beim Aufwärmen ihrer deutschen Sprachkenntnisse. Sie lassen sich dankbar und geduldig in den Kölner Dom führen, in die Düsseldorfer Altstadt oder durch eine moderne Gemäldegalerie.

Die meiste Zeit aber verkriechen sie sich in ihrem Hotelzimmer und warten auf ihre Stunde. Sie sind Zeugen im Majdanek-Prozess, diesem monströsen, unbegreiflichen Verfahren, das sich der Beschreibung entzieht und deshalb auch ungestört vor sich hinwuchern kann.

Rosa und Brenda sind gleichaltrig, Cousinen und Freundinnen, in der gleichen Straße geboren und aufgewachsen, Kinder des Warschauer Gettos, Töchter aus frommen, kinderreichen jüdischen Familien. Rosa wollte hoch hinaus, vielleicht sogar Abitur machen; Brenda war von vornherein mehr fürs Heiraten. Sie waren sechzehn und siebzehn Jahre alt, als die deutschen Truppen Warschau eroberten, eine Mauer ums Getto zogen und den Ausgang kontrollierten. Viele Männer wurden verhaftet und abtransportiert, auch Rosas Vater. Brendas Brüder waren dabei, aber noch gab es Vorräte im Getto, noch gab es ein paar Zloty für die Arbeit, noch war der Hunger nicht zu schlimm. Es gab natürlich keine Schulen mehr, an irgendeine Ausbildung war nicht zu denken.

Brendas Vater war Schneider, er nähte Kinderkleider, und seine Tochter schmuggelte sie am Körper durch die Polizeikontrollen und vertauschte sie im polnischen Teil der Stadt gegen Geld oder Lebensmittel. »Ich sah immer aus wie 'ne Schickse, wie ein richtiges Christenmädel, da kam ich gut durch die Sperre. Die Polin, der ich die Kleider zum Verkaufen brachte, war eine alte Bekannte meiner Eltern. Sie hatte eine Tochter in meinem Alter, die war bei Kriegsbeginn umgekommen. Eines Tages sagte sie zu mir: Ich hab doch noch die Geburtsurkunde von meiner Tochter; wenn du willst, kannst du bei mir wohnen und arische Papiere haben. Meine Eltern waren froh, dass ich eine Chance hatte zu leben und zu essen, also verließ ich heimlich das Getto und zog zu der Frau. Sechs Wochen lang lebte ich als polnisches Mädel. Zu Hause haben wir jiddisch gesprochen, aber ich konnte gut polnisch. Es klappte alles, bis ich einmal auf der Straße einen christlichen Jungen traf, der kannte mich von früher. »Was machst Du hier?«, sagte er. »Du bist doch Jüdin! Gib mir Geld oder ich melde dich bei den Deutschen!« Ich hatte aber kein Geld, um es ihm zu geben, also lief ich nach Hause und erzählte es der Frau, dss der Junge hinter mir her war und dass er mich bei ihr hereingehen gesehen hatte. Da sagte sie: »Du gehst besser ins Getto zurück.« Also ging ich zurück und blieb bis zum Ende bei meiner Familie.«

Das Ende des Warschauer Gettos war furchtbar. Nach grausamen Säuberungsaktionen, bei denen Brendas Vater erschossen, Brendas Mutter ins KZ Treblinka verschleppt und dort vergast wurde, brach der Gettoaufstand, die hoffnungslose Gegenwehr der verzweifelten Juden aus. Er dauerte nicht lang: Die Häuser wurden niedergebrannt, die letzten Überlebenden flüchteten in die Keller. Drei Wochen konnten sie sich dort verschanzen, dann wurden sie mit Brandbomben herausgeräuchert. Am 3. Mai 1943 trieb man die, die noch am Leben waren, auf dem Umschlagplatz in Warschau zusammen. Von zwei großen Familien waren nur Brenda und ihre kleine Schwester, Rosa und ihre Mutter übriggeblieben. Sie kamen nach Majdanek, in ein Barackenlager von unübersehbarem Ausmaß, sie wurden von den Männern getrennt und in einen Duschraum geschickt.

»Das war die Selektion«, sagte Rosa, »wir mussten uns ausziehen, ganz nackt, alle unsere Kleider und das bisschen Gepäck, was wir hatten, wurden weggenommen. Auch der kleine Silberring, den ich am Finger hatte, der sah aus wie ein kleiner Gürtel mit einer Schnalle, den nahmen sie ab. Es waren Aufseherinnen da und auch Männer. Ich habe mich geschämt. Sie haben uns genau betrachtet und dann wurde man nach rechts herausgeschickt, wenn man jung und kräftig war, oder nach links. Meine Mutter wurde nach links geschickt, und sie sagte auf jiddisch zu mir: Rette dein Leben. Du bist jung, du musst am Leben bleiben. Ich habe das gar nicht verstanden. Was soll das, dachte ich, ich sterbe noch nicht, was sagt sie mir da? Wir kamen aus der Dusche. Sie gab uns ein Bündel, irgendein Kleid von den Toten, und ein Stück Brot. Ich konnte es nicht essen, ich dachte, wann sehe ich meine Mutter wieder. Ich fragte herum, und man sagte mir: Sie ist auf dem ersten Feld, und dann fand ich heraus, was das bedeutete. Sie hatten sie vergast. Dann versuchte ich, mit meinem Leben weiterzumachen, wie ich es eben konnte.«

Von Majdanek wollen sie nicht sprechen. »Es war zu schrecklich«, sagt Brenda. »Es genügt, wenn wir vor Gericht davon sprechen müssen.« Nur ein kleines Beispiel vom ersten Tag fällt Rosa ein: »Sie gaben uns Nummern aus Stoff, die sollten wir an unseren Kleidern festnähen. Wer die Nummer nicht ganz gerade und ganz fest angenäht hatte, wurde beim Appell zusammengeschlagen und weggeschleppt. Das hatten wir schon gesehen. Aber sie gaben uns keine Nähnadel, und wir hatten ja kein Gepäck mehr. Irgendeine Polin, die schon länger da war, hatte eine einzige Nadel, die sie uns lieh. Und da saßen wir nachts, die ganze Baracke voll Neuankömmlinge, und nähten mit der einen kostbaren Nadel unsere Nummern fest. Wir hatten keine Betten, nur Stroh auf dem Boden. Und als ich drankam, war ich so aufgeregt, da fiel mir die Nadel runter ins Stroh. – Stell dir vor, wir haben sie schließlich wiedergefunden.«

Brenda erinnert sich, dass sie gleich in den ersten Tagen ihre Regel kriegte. »Wir hatten nichts, keine Binden, nicht mal Unterhosen. Das Blut lief einfach an meinen Beinen runter, und ich wollte vor Scham versinken.« Später blieb die Regel bei fast allen Lagerinsassinnen wegen der Unterernährung aus.

Drei Monate lang blieben Rosa und Brenda in Majdanek. Sie haben sich gegenseitig das Leben gerettet, sagen sie. In vielen Nächten wollte Brenda herauslaufen, sich in den elektrischen Zaun stürzen wie so manche andere, weil sie den Hunger und den Durchfall, die Angst und die Schläge nicht mehr ertragen konnte. Aber Rosa hat sie immer festgehalten und dran erinnert, dass sie bei der Ankunft im Lager einander versprochen hatten, in Leben und Tod zusammenzubleiben und auch dafür zu sorgen, dass Brendas kleine Schwester Celia, die mit knapp fünfzehn Jahren ins Lager gekommen war, mit ihnen durchkam. Eines Tages hieß es, gesunde Frauen könnten sich in ein Arbeitslager anderswo melden: »Wir beschlossen uns zu melden – erzählt Rosa – weil es nirgendwo schlimmer sein konnte. Wir wussten, dass es vielleicht ein Trick ist, aber wir haben es gewagt.«

Brenda nahm ein doppeltes Wagnis auf sich: sie ging zweimal durch die »Selektion«, einmal für sich und einmal für ihre Cousine. Denn Rosa hatte eine üble eiternde Wunde am

Bein und traute sich nicht, den nackten Gang durch die Dusche zu riskieren. Wer die geringste Wunde oder ein anderes Krankheitszeichen am Leibe hatte, wurde erbarmungslos aussortiert, weggeschleppt und nie wieder gesehen. Das hatten sie oft genug miterlebt.

»Also ging Brenda für mich. Wir hatten ja keine Namen, sie brauchte nur meine Nummer zu nennen, und wir verließen uns drauf, dass man unsere Gesichter nicht kannte. Wir hatten Glück. Wir konnten Majdanek lebend verlassen.«

Das Arbeitslager, in dem die drei Mädchen schließlich landeten, war »nicht so schlecht«, eine alte polnische Munitionsfabrik, die für den deutschen Endsieg eingespannt war. Rosa beschreibt die Arbeitsbedingungen als »recht gut«: »Wir lebten in Baracken, hatten jede ein eigenes Bett. Ich arbeitete in der Chromerei, jeweils zwölf Stunden, von acht bis acht. Eine Woche hatte ich Tagschicht, die andere Woche Nachtschicht. Wir kriegten regelmäßig unsere Suppe. Ich konnte auch manchmal was zuverdienen. Zum Beispiel kriegte ich Garn von der deutschen Wachmannschaft und strickte ihnen Strümpfe. Da gaben sie mir dann ein Stück Brot dafür oder mal eine Zwiebel. Ein netter Mann gab mir sogar ein Hemd. Wir waren ja so gut wie nackt, ohne Mantel, ohne Strümpfe aus Majdanek gekommen.«

Im Januar 1945 wurde das Lager aufgelöst, weil die Russen näherrückten. Im allgemeinen Wirrwarr konnte Brenda entkommen, aber Rosa wurde von den deutschen Truppen mitgeschleppt. In einem grausigen winterlichen Fußmarsch, auf dem viele starben, trieb man die hartnäckig Überlebenden bis nach Norddeutschland, ins KZ Bergen-Belsen. »Es war wie ein Albtraum, fast wie Majdanek. Ich blieb nur am Leben, weil mir ein anderes Mädel geholfen hat. Sie teilte ihr Essen mit mir, ich schreibe ihr heute noch.«

Im Mai 1945 wurde Bergen-Belsen von britischen Truppen befreit. Rosa machte sich sofort nach Polen auf, um Brenda wiederzufinden. »Ich lief zu Fuß, manchmal konnte ich auch auf dem Dach eines Zuges mitfahren. Ich kam nach Lodz und ging zur jüdischen Gemeinde, wo alle sich eintragen ließen. Und da sah ich Brendas Namen. Das war alles, was ich brauchte. Wir waren wieder zusammen.«

Brenda hatte inzwischen geheiratet, einen Jungen, den sie schon im Arbeitslager getroffen hatte, und auch Rosa fand sofort einen Ehemann. Die wenigen überlebenden KZler, die sich in der zerstörten polnischen Stadt zusammengefunden hatten, gründeten eilig neue Familien. »Wir hatten ja niemand mehr, wir mussten neu beginnen. Ich kannte meinen Mann genau acht Tage, als ich ihn heiratete. Brenda war entsetzt, aber es ist bis heute gutgegangen.«

Zunächst ging es nicht so gut. Rosas Mann, der eben aus dem KZ Auschwitz entkommen war, sollte in die polnische Armee eingezogen werden. Dem konnte man sich nur durch die Flucht entziehen. »Die Polen waren auch sonst nicht sehr nett zu uns: Was, noch immer so viele Juden am Leben? sagten sie. Wir dachten, es wäre besser, nach Israel zu gehen. Aber wir kamen nur bis Deutschland.«

Dort blieben sie in einem Flüchtlingslager hängen, in Regensburg, wo sie von amerikanischen Spenden ernährt wurden, auf ihre Ausreise, ihre Papiere, irgendeine Zukunft warteten. Rosa machte einen alten Traum wahr, ging auf die Regensburger Oberschule, wollte mit 24 Jahren noch mal den Kampf ums Abitur aufnehmen. Aber dann wurde sie schwanger und das war ihr wichtiger. Beide Frauen hatten große Angst, dass die KZ-Zeit sie dauerhaft geschädigt hätte, dass sie vielleicht niemals Kinder kriegen würden. Beide hatten es eilig, Mutter zu werden, obwohl sie noch immer kein Zuhause gefunden hatten, in provisorischen Unterkünften lebten. Der Weg nach Israel war inzwischen versperrt. Es gab keine legale Einreisemöglichkeit mehr. Schließlich entdeckte Brenda, dass sie eine gemeinsame Tante in Amerika hatten, eine Frau, die schon vor dem Krieg nach Detroit ausgewandert war. Es dauerte lange, bis sie eine Bürgschaft aufbrachte, bis die Papiere in Ordnung waren.

Endlich, im Sommer 1949, zehn Jahre nach Kriegsbeginn, kamen Brenda und Rosa in Detroit an, jede mit einem Ehemann, jede mit einem Baby auf dem Arm. Zehn Lebensjahre, zwischen 17 und 27, verbrachten sie auf der Wanderung durch Unfreiheit und Zwangsverhältnisse, einen großen Teil unter Lebensgefahr, einen kleinen Teil nur in Angst und Ungewissheit, aber niemals in Freiheit.

Sie klagen nicht über die verlorenen Jahre, sie trauern nur über die verlorenen Angehörigen, die Geschwister, die Eltern. Brenda hat auch ihren Mann verloren, er starb bald nach der Ankunft in Amerika an einem Magenleiden. Aber sie hat wieder geheiratet, wieder einen Juden aus Polen, einen Gefährten der Verfolgung.

Rosa und Brenda haben auch im Land der unbegrenzten Möglichkeiten keine großen Chancen gehabt. Ihre Männer sind, genau wie sie, ohne nennenswerte Schulbildung, ohne Beruf, ohne Sprachkenntnisse ins Land gekommen. Sie mussten zunächst von der Wohlfahrt leben, fanden Hilfsarbeiterstellen, schlugen sich tapfer durch. »Mein Mann ist beim Bau als Tischler. Sein Chef mag ihn leiden, er kriegt guten Lohn. Natürlich nur im Sommer. Wir haben gelernt, uns drauf einzurichten, wie es beim Bau so ist. Im Sommer wird gespart und im Winter davon gelebt. Aber wir kommen gut zurecht.«

In den drei Tagen in dem plüschigen Düsseldorfer Hotelzimmer, in dem ich diese Geschichte erfuhr, haben wir alle wenig geschlafen. Die Vergangenheit hat uns wachgehalten, und auch die Angst vor den Verhandlungstermin. Rosa nimmt mich beiseite und flüstert, ihre Cousine werde es kaum durchhalten. Brenda bittet mich, für Rosa Beruhigungspillen zu besorgen. Beide berichten, dass ihre Familien sich heftig gestritten haben, ob es richtig ist, in diesem deutschen Prozess auszusagen. »Sie werden dich zerstören. Du wirst noch einmal das Opfer sein!« hat Rosas Mann sie beschworen; doch ihre Tochter hat aus Israel telegrafiert: »Du tust das Richtige. Wir sind stolz!«

Die Zeuginnen Rosa (links) und Brenda (rechts)

In den sechs Wochen, seit sie wussten, dass sie tatsächlich zur Zeugenaussage geladen sind, ist ihre Spannung ständig gestiegen. Wie werden sie ihre Peiniger wiedersehen? Werden sie sie überhaupt erkennen? Werden die Anwälte, von denen man so viel Arges hört, sie in die Ecke treiben?

Endlich ist der Donnerstag gekommen. Wir betreten den Gerichtssaal, begleitet von den hilfreichen Frauen der Gesellschaft für christlich-jüdische Zusammenarbeit, die sich seit langem um die auswärtigen Zeugen kümmern. Der Saal ist voll. Es ist der 9. November, Gedenktag der Reichspogromnacht, eine Schulklasse und ein hoher protestantischer Würdenträger sind erschienen. Die Zuschauerbänke sind knapp.

Der größte Teil des hässlich-modernen Gerichtssaals ist mit Anwaltsroben angefüllt. Dazwischen ein paar unscheinbare Gestalten, die man nur von hinten sieht. Die mit dem grauen Zopf – ist das die »blutige Brygida«? Rosa weint still vor sich hin. Brenda ist ganz starr. Die Zeugen werden aufgerufen, aber sie müssen sich wieder setzen, denn nun beginnt erstmal ein geharnischter Anwaltsprotest: Wie konnte das Gericht es zulassen, dass eine Angeklagte auf der Straße überfallen wird? Was gedenkt das Gericht zu tun, um ähnliches zu verhindern? Warum kriegen die Angeklagten und ihre Verteidiger nicht Polizeischutz? Der Richter, ein stattlicher Graukopf mit rheinischem Tonfall, der ihm etwas Joviales verleiht, ruft endlich die Zeugin Brenda auf und weist sie auf die Gefahren des Meineids hin. Rosa wird herausgeschickt, soll erst am nächsten Tag vernommen werden.

Brenda steht im Zeugenstand, mit hocherhobenem Kopf und fester Stimme. Sie berichtet, wie sie nach Majdanek kam, im Viehwaggon. »Als die Wagen geöffnet wurden, war die Hälfte der Leute schon tot.« »Wir mussten etwa einen Kilometer laufen. Als wir im Lager angekommen waren, wurden wir aufgeteilt. Erst in Männer und Frauen, dann wurden die Jungen, die gut für die Arbeit waren, auf eine Seite geschickt, ältere Frauen und Kinder auf die andere. Schließlich wurden wir in einem Raum geführt und mussten uns ausziehen. Es waren Männer mit Karabinern da und Frauen. Sie sahen uns zu, wie wir uns wuschen. Wer ihnen nicht gefiel, wurde sofort abgeführt.«

Der Richter unterbricht, will ganz bestimmte Einzelheiten über die Arbeitsbedingungen, die Rolle der Aufseherinnen wissen, oder ob die Häftlinge sie beim Namen kannten. »Wir haben ihre Namen nicht gekannt. Wir mussten ihnen Spitznamen geben. Wir nannten die eine »Brygida« und die andere »Kobyla«, das heißt auf polnisch »die Stute«, weil sie furchtbar schlug und trat.« »Haben Sie später die richtigen Namen erfahren?« »Ich erinnere mich genau, wie ich Hermines Namen erfuhr. Wir standen beim Appell. Sie zog plötzlich eine Frau aus der Reihe, trat und schlug auf die ein. Das Mädchen stürzte zu Boden, ohnmächtig. Man goß kaltes Wasser auf sie, aber sie stand nicht auf. Da trug man sie fort, und ich habe sie nie mehr gesehen. Eine Polin sagte: »Guck mal, was Hermine gemacht hat.« Da wusste ich, dass Kobyla Hermine hieß.«

Der Richter wirkt etwas ungeduldig. »Darf ich Sie bitten«, sagte er im Routinetonfall, »die Angeklagten anzuschauen, ob Sie jemand erkennen?«

»Ich werde mich bemühen. Sie waren damals ganz jung.« Brenda geht zögernd durch die Reihen der Anwälte und Angeklagten, dann mit einem heftigen Schritt auf die Frau mit dem grauen Zopf zu: »Das ist Brygida! Die werde ich nie vergessen. Sie war die Schlimmste!« Sie wendet sich zurück, bittet eine andere Angeklagte, die Sonnenbrille abzunehmen: »Das ist Kobyla. Ich erinnere mich an ihre Augen. Sie hat das Mädchen getötet beim Appell.«

Brenda beginnt zu weinen, fängt sich wieder und geht suchend weiter. »Das ist die Perle. Sie war nicht so furchtbar. Sie trug eine Peitsche, aber sie war nicht so schlimm. Sie hat mich wohl einmal geschlagen. Aber es hat nicht geblutet. Im Vergleich war sie besser.« Das Gericht legt eine Pause ein. Die Angeklagten schlendern auf den Korridor, plaudern mit ihren Verteidigern. Man kann nichts in ihren Gesichtern lesen. (Was soll man auch lesen? Sie erleben diese Szene zum zweihundertstenmal.)

Brenda sitzt in der Kantine, wird von zwei Frauen der christlich-jüdischen Gesellschaft getröstet, ist jetzt schon ganz gefasst. Ich habe mir vorgenommen, sie sollen mich nicht zerstören«, sagt sie. »Ich habe ihnen gerade ins Gesicht gesehen und ihnen gesagt, dass ich sie kenne. Mich wundert nur, dass sie so alt aussehen.« Die Zeugenvernehmung geht weiter. Brenda soll auf einem großen Lageplan zeigen, wo der Appell stattfand, an welcher Stelle sie gestanden hat, ob es morgens oderabends war. Sie kann sich nicht an alles erinnern. Sie wird unruhig. Ob sie sich an eine Erhängung erinnern kann, fragt der Richter.

»O ja«, es klingt fast freudig, »das weiß ich genau. Wir hörten eines Tages, dass ein polnisches Mädchen geflohen war. Wir mussten Appell stehen, bis sie gefasst war. Es dauerte sehr lange, ohne essen und trinken. Dann wurde sie gehängt. Man brachte sie auf ein Podium mit einem Galgen. Unter ihren Füßen war ein Schemel. Ein Mann war dabei, und Brygida stand direkt daneben. Das Mädchen sagte auf polnisch: »Ich sterbe für die Freiheit« und spuckte dem Deutschen ins Gesicht. Brygida trat gegen den Schemel, und sie starb. Wir mussten zusehen.« Ihre Stimme bleibt weg. Der Richter bietet eine Pause an. »Es geht schon«, sagt Brenda, »ich habe schon mehr durchgemacht.«

»Wo haben Sie denn gestanden, dass Sie alles so genau sehen konnten?« fragen die Anwälte, »war es wirklich Brygida, die den Schemel wegstieß, und nicht ein SS-Mann? Können Sie sich wirklich genau erinnern? Haben Sie nicht vielleicht die Augen geschlossen?« – »Es war ein furchtbares Erlebnis«, sagt Brenda, »und ich habe auch zwischendurch die Augen zugemacht. Aber als das Mädchen gesprochen hat, habe ich genau hingesehen, und als der Schemel weggestoßen wurde und als sie starb. Ich wollte es vergessen, ich wollte mich nicht daran erinnern. Aber seit ich weiß, dass ich hierherkommen muss um auszusagen, begann ich mich zu erinnern. In den letzten Wochen sind viele Einzelheiten zurückgekehrt.«

Ein Verteidiger bittet um eine Pause. Die Angeklagte Lächert wirke erschöpft. Nach einigem Hin und Her geht es weiter. Brenda soll auf alten Amateurfotos ihre ehemaligen Peinigerinnen erkennen. »Sie lächeln«, sagt sie verwirrt, »das haben sie dort nie getan. Es fällt mir schwer, sie zu erkennen. Warum tragen sie keine Uniform?« (Einige dieser Bilder konnte ich später sehen. Es sind Party-Schnappschüsse aus der Kriegszeit. Sie zeigen eine Gruppe lachender junger Mädchen in Sommerkleidern) Der Richter bedankt sich. Brenda ist entlassen. Im Saal wird noch ein wenig über Verfahrensfragen diskutiert.

»Nichts Neues«, sagt einer der Verteidiger beim Herausgehen. »Keine wichtigen neuen Tatsachen«, meint auch der Staatsanwalt »Man muss eben alle Beweismittel ausschöpfen.«

Die Angeklagten ziehen ruhig ihre Mäntel an, machen sich auf den Nachhauseweg. Sie klagen über die lange Bahnfahrt, über die Hausarbeit, die liegengeblieben ist, über die Länge des Prozesses, der sie hindert, in Urlaub zu fahren.

Rosa hat den ganzen Tag im Cafe gesessen. Sie will genau wissen, wie es vor Gericht gegangen ist. »Werden sie mir nichts tun«, fragt sie, »werde ich es aushalten?« »Du wirst es schaffen«, sagt Brenda, »und hinterher wirst du froh sein, dass du ihnen alles ins Gesicht gesagt hast.«

Abends gehen wir in die schöne moderne Synagoge von Düsseldorf – eine Gedenkfeier zum 9. November 1938, dem ersten Tag der öffentlichen Judenverfolgung im Dritten Reich. Der Rabbiner gedenkt der vertriebenen Düsseldorfer Juden, der Präses der protestantischen Kirche bittet, an der Trauer teilhaben zu dürfen, der Düsseldorfer Bürgermeister versichert, dass alle Deutschen die Judenverfolgung missbilligt haben. Von Konzentrationslagern ist nicht die Rede, von Majdanek schon gar nicht, und so muss auch nicht erklärt werden, wie diese ganze Vernichtungsmaschine wohl funktioniert hat, wenn alle dagegen waren.

Rosa und Brenda stellen keine Fragen. Sie bewundern die neue Synagoge und den offensichtlichen Wohlstand der Düsseldorfer, ob Jude oder Christ. »Bei uns gibt es eine Menge arme Leute«, meinen sie. Wir sitzen zu dritt bis lange nach Mitternacht. Immer wieder will Rosa wissen, ob der Richter freundlich war, ob die Angeklagten zugehört haben, ob Brenda sich geschämt hat, weil sie weinen musste. »Ich werde die ganze Zeit weinen müssen«, sagt sie, »und dann können sie mich vielleicht nicht verstehen.«

Am Freitag beginnt die Verhandlung mit Verspätung. Die Zuschauerbänke sind leer, nur die vier getreuen Frauen von der christlich-jüdischen Zusammenarbeit haben sich eingefunden. Der Saal wird beherrscht von den glänzenden schwarzen Talaren der Verteidiger, die wie ein Rabenvolk durcheinanderflattern. »Heut' kommt nichts«, sagt einer der Gerichtsdiener mit kenntnisreicher Miene.

Zunächst kommt ein Wortwechsel zwischen Richter und Anwälten über eine geplante Vernehmungsreise, die am nächsten Tag beginnen soll und bei der sich die Verteidigung irgendwie benachteiligt fühlt.

Dann wird die Zeugin aufgerufen – Rosa lässt meine Hand los – aber nein, sie wird nicht nach vorn gerufen, denn es gibt einen Einspruch. Angeblich ist diese Vernehmung nicht rechtzeitig angekündigt worden, oder wenn sie doch angekündigt wurde, dann nicht in der korrekten Form, jedenfalls hatte die Verteidigung nicht genug Zeit, Erkundigungen über die Zeugin einzuziehen.

Der Staatsanwalt widerspricht: Die Zeugin ist seit 1975 bekannt, sie wird bereits in der Anklageschrift aufgeführt, es war genug Zeit für Nachprüfungen. Nun melden sich gleich mehrere Anwälte mit neuen Argumenten: sie haben die passenden Akten nicht dabei, sie sind sowieso überlastet, sie protestieren allesamt gegen die Zeugenvernehmung. Das Gericht zieht sich zur Beratung zurück. Rosa sitzt ganz blass im Flur. Die Verteidiger – ansehnliche Herren von jugendlicher Erscheinung, kaum einer kann die NS-Zeit selbst erlebt haben – wirken heiter und zuversichtlich. Offenbar haben sie bei einer Sportveranstaltung einen Punktsieg errungen.

Das Gericht kehrt auf die Richterbank zurück: Der Einspruch wird abgewiesen. Die Vernehmung der Zeugin kann beginnen. Aber nein – drei Anwälte beantragen, den Richter als befangen zu erklären. Er zeige sich nicht gewillt, die Rechte der Angeklagten ausreichend zu wahren. Der Staatsanwalt protestiert: ein eindeutiges Verzögerungsmanöver, aber das nützt nichts. Eine große Pause wird anberaumt, bis vierzehn Uhr kann über den Antrag entschieden werden. Drei freundliche Frauen begleiten Rosa zum Essen, wetteifern im Bemühen, sie abzulenken. Sie fragen nach Rosas Enkelchen, lassen sich Fotos zeigen, diskutieren eine bevorstehende Israelreise.

Ich kann es nicht aushalten, laufe in die Altstadt, renne einmal über die Rheinbrücke und zurück und rechne mir aus, wer von dieser Verzögerung profitiert: Jeder Anwalt kriegt 500 bis 800 DM am Tag, jeder Angeklagte hat einen zusätzlichen Tag in Freiheit gewonnen, jeder Einspruch kann irgendwann als Revisionsgrund verwandt werden. Was wiegt es schon dagegen, dass eine einzelne Frau umsonst aus Amerika anreist, umsonst die Angst und die Spannung erträgt, umsonst die Last der Erinnerung auf sich nimmt.

Endlich ist es vierzehn Uhr. Wir müssen weiter warten. »Ich hab's gleich gewusst«, sagt der Gerichtsdiener. Um halb drei wird die Verhandlung wieder eröffnet. Das Gesuch der Verteidiger, den Richter als befangen abzulehnen, wird als unzulässig verworfen. »Nun ist der Punkt erreicht«, sagt der Richter, »wo mit der Vernehmung der Zeugin begonnen werden kann. Aber es hat keinen Zweck. Kommen Sie bitte nach vorn.«

Rosa geht in den Zeugenstand. Der Staatsanwalt, rot vor Zorn, weist darauf hin, dass die Zeugin seit Tagen auf ihre Vernehmung wartet, und beantragt, die Verhandlung bis abends fortzusetzen. Der medizinische Gutachter möge entscheiden, ob den Angeklagten nicht ausnahmsweise eine längere Verhandlung zuzumuten sei. Aber der Gutachter ist nicht im Saal. Eine Verlängerung ist also nicht möglich. Morgen früh muss das Gericht nach Kanada aufbrechen.

Die Zeugin muss also unverrichteter Dinge wieder nach Hause fahren. »Es tut mir außerordentlich leid«, sagt der Herr Richter. »Wären Sie denn bereit, im nächsten Jahr vielleicht noch einmal zukommen?«

»Ich weiß nicht«, sagt Rosa, »ich bin nicht ganz gesund. Aber ich möchte gerne aussagen, im Interesse meines Vaters und meiner Mutter und meiner Geschwister.«

Der Richter hört schon nicht mehr zu, denn inzwischen hat sich wieder ein Verteidiger mit neuen Verzögerungsanträgen zu Wort gemeldet. Niemand wendet den Kopf, als Rosa und Brenda den Saal verlassen.

Wir gehen Kaffee trinken, wandern durch die Warenhäuser, um preiswerte Mitbringsel zu suchen. Brenda kauft eine Kuckucksuhr und einen marmornen Adler. Wir sprechen nicht mehr vom Gericht, sondern von unseren Familien, von Reiseplänen, vom Essen. Am anderen Morgen fahren sie zum Flugplatz. Brenda fragt beim Abschied, ob es wohl was genützt hat, dass sie hier waren. Sie erwartet wohl keine Antwort. »Ich hab es nicht richtig verstanden«, sagt Rosa, »warum sie mich nicht aussagen ließen. Ich weiß auch nicht, wie ich es denen in Detroit erklären soll.«

Rosa und Brenda werden kein Denkmal kriegen, weder in Polen noch in Deutschland, weder in USA noch in Israel.

Das Urteil

Wie groß war die Empörung, als am 30. Juni 1981 der Vorsitzende Richter Günter Bogen mit zitternder Stimme und bleichem Gesicht das Ergebnis von 474 Verhandlungstagen und einem prozessualen Aufwand verkündete, wie er in der Geschichte der Bundesrepublik bis dahin einmalig war. Hermine Ryan-Braunsteiner bekam lebenslang wegen gemeinschaftlichen Mordes in zwei Fällen, die Staatsanwaltschaft hatte dreimal lebenslang beantragt. Hildegard Lächert, die – wenn es nach den Anklagevertretern gegangen wäre, zur Höchststrafe von achtmal lebenslanger Haft verurteilt worden wäre – wurde wegen gemeinschaftlicher Beihilfe zum Mord in zwei Fällen zu zwölf Jahren Gefängnis verurteilt. Die fünf männlichen Angeklagten kamen alle mit zeitlich begrenzten Haftstrafen, der sechste gar mit einem Freispruch davon.

In der Luft verpufft waren die Anklagen, mit denen im November 1975 das Verfahren eröffnet worden war. Damals hoffte man noch, Hildegard Lächert Beihilfe am Mord von mindestens 1.196 Häftlingen und der Mittäterschaft an der Ermordung von über 203 weiteren Menschen beweisen zu können. Hermine Ryan-Braunsteiner legte die Staatsanwaltschaft zur Last, alleine oder zusammen mit anderen mindestens 1.181 KZ-Häftlinge umgebracht sowie an der Ermordung von mindestens 705 weiteren Menschen mitgewirkt zu haben. Darüber hinaus glaubten die Staatsanwälte beide wegen weiterer persönlicher Grausamkeiten verurteilen zu können. Fünfeinhalb Jahre später blieb nichts übrig als eine Verurteilung in jeweils lediglich zwei Fällen. Der Prozess – so schien es – hatte das Seine getan, die beiden Frauen und alle weiteren Angeklagten aufs Vortrefflichste zu entlasten.

Richter Bogen beklagte in seiner schriftlichen Urteilsbegründung, dass dieser Prozess »mit ungewöhnlichen Schwierigkeiten verbunden« war. Es stand kaum dokumentarisches Beweismaterial zur Verfügung. »Das Gericht war daher größtenteils allein auf Zeugenaussagen angewiesen und immer wieder veranlasst, die Beweisaufnahme auf weitere Zeugen zu erstrecken, deren Namen erst im Laufe der Hauptverhandlung bekannt geworden waren.« Viele Überlebende waren zu krank, um nach Düsseldorf zu reisen. Manchen Erinnerungen glaubte das Gericht nicht, sie wichen zu sehr von früheren Aussagen ab. Daher, so die Urteilsbegründung, erklärt sich das »offensichtliche Missverhältnis zwischen dem … tatsächlichen Geschehen im Konzentrationslager Majdanek und dem Wenigen, was dazu in der Beweisaufnahme noch eindeutig festgestellt werden konnte.«

Die Prozess-Dolmetscherin Martel Schaschynek – »Manche Zeugen hielten meine Hand fest«

Die NS-Geschichte fing für mich erst 1939 an. Ich komme aus dem polnischen Teil Oberschlesiens. Als der Krieg ausbrach, holte man uns »heim ins Reich«. Wir empfanden das damals als etwas sehr Positives. Gott sei Dank war die Erziehung im Elternhaus nicht so, dass wir zu den Polen irgendein feindliches Verhältnis hatten. Wir wohnten in einer Kleinstadt. Mein Vater war im Bergbau Fahrsteiger. Gott ja, man kannte jeden. Wir Kinder spielten auf der Straße mit polnischen Freunden.

Nach der Schulentlassung bin ich dann mit vierzehn zunächst einmal nach Berlin gegangen. Als ich zurückkam, war der Krieg ausgebrochen, und ich bemerkte eine veränderte Situation. Mit den Kindern oder Jugendlichen, mit denen man damals befreundet war, war irgendetwas anders geworden. Vielleicht trauten die sich nicht mehr an uns Deutsche ran. Man selbst war vielleicht ein bisschen zu gedankenlos.

Ich gebe das offen zu: den nationalsozialistischen Charakter oder das Verbrecherische habe ich im Alter von knapp fünfzehn Jahren nicht erkannt. Wie meine Eltern darauf reagierten, weiß ich nicht mehr. Meine Mutter ist während des Krieges gestorben und ich kann heute nicht mehr sagen, ob sie gegen das Regime war. Ich weiß nur, dass sie oft bekümmert über die Entwicklung war und auch, wenn sie hörte, aus dem kleinen Loslau musste doch jemand plötzlich ins Generalgouvernement übersiedeln. Das waren so die ersten Momente, in denen man etwas bemerkte. Als der polnische Notar Nowack wegzog, da stellte ich bei meinem Vater fest, dass er gelegentlich Bemerkungen machte. Nichts weiter. Ich habe mir nie Gedanken darüber gemacht.

Im Januar 1945, als der plötzliche Durchbruch der Russen erfolgte, wurde dann eilig das Konzentrationslager Auschwitz geräumt. Ein Teil der Häftlinge kam nun zu Fuß oder auf Pferdefuhrwerken durch unsere Stadt.

Das war ein schrecklicher Eindruck! Ich weiß noch, wie ich einmal auf der Straße stand und ein großer Kastenwagen voller Leichen vorbeifuhr. Die Leichen auf dem Wagen habe ich erst gar nicht gesehen, aber dann bemerkte ich, dass zwischen den Wagenlatten Hände herausragten, die sich im Rhythmus des fahrenden Wagens auf- und abbewegten. Als dann später eng aneinandergedrängt Frauen und Kinder zu Fuß folgten, haben wir schnell etwas zu trinken auf den Bürgersteig gestellt. Ein SS-Mann auf einem Schlitten schmiss alles um.

Das war Ende Januar 1945, als die Häftlinge, die in Auschwitz wohl nicht mehr vernichtet werden konnten, nach Buchenwald gebracht wurden. Von diesem Ereignis war ich so betroffen, dass ich am liebsten gleich meinen Heimatort verlassen hätte. Wie das zu diesem Zeitpunkt schon viele, nicht arbeitsverpflichtete Bewohner der Stadt getan hatten. Ich aber durfte zunächst einmal nicht fort, weil der offizielle Räumungsbefehl nicht kam. Ich arbeitete immerhin bei einer Behörde. Und wenn man damals unerlaubt seinen Arbeitsplatz verließ, drohte einem gleich eine Strafe. Gerade in diesen letzten Kriegswochen fackelte man nicht lange. Und auf unserem Fluchtweg später sahen wir an einen Baum gebundene Zivilisten, die erschossen worden waren und ein Schild mit der Aufschrift »Ich war ein Deserteur« auf der Brust hatten.

Also blieb ich und wartete auf den Räumungsbefehl. Doch der kam nicht. Statt seiner kamen die Russen. Zwölf Kilometer von unserer Stadt entfernt lagen sie. Plötzlich, eines Nachts, wurden wir geweckt und mussten in unserer Wohnung, soweit Platz vorhanden war, deutsche Soldaten unterbringen.

Es waren Soldaten einer versprengten Einheit. Die haben uns dann mitgenommen aus dem Kampfgebiet, denn unser Ort war ja nun Kampfgebiet geworden.

In Heidenau erlebte ich dann den russischen Einmarsch. Ich hatte furchtbar viel Angst davor, teils durch die Goebbelsche Propaganda geschürt, teils ist es dann wirklich schlimm geworden. Die Russen fielen regelrecht über die Menschen her. Aber sie hatten – wie uns einige russische Soldaten später erzählten – während des ganzen Krieges keinen Urlaub bekommen und waren angeblich dadurch angespornt worden, dass man ihnen gesagt hatte, wer bis nach Deutschland komme, könne jede deutsche Frau haben. Wir haben Glück gehabt, haben uns allerdings in der ersten Zeit auch versteckt.

Ich war damals verlobt mit einem Düsseldorfer, den ich in meiner Heimat kennengelernt hatte. Und so beschloss ich im August 1945, als ich Urlaub vom Amtsgericht in Pirna bekam, mit meinem Rucksack Richtung Westen auf Wanderschaft zu gehen. Mit vielen Schwierigkeiten ging es über die Grenze. Dann haben die Amerikaner den Flüchtlingsstrom aufgesammelt und ohne Rücksicht darauf, wohin der einzelne wollte, auf LKWs gepackt und ins Landesinnere gefahren. So dass wir zunächst einmal in Wetzlar landeten, später dann mit einem Güterzug nach Düsseldorf fuhren.

Nach 1945 wurde dann erstmals über die Gräueltaten in den KZ berichtet. Und obwohl ich doch dieses Elend des Häftlingszuges und den mit Leichen vollgeladenen Kastenwagen gesehen hatte, war das für mich noch immer so unvorstellbar, dass ich alles nicht glauben konnte und nicht glauben wollte. Ich hatte genug unter dem Zusammenbruch Deutschlands zu leiden, hatte eine Heimat verloren und dachte, da will uns jemand was einreden. Sagte mir einfach, das kann nicht sein, das waren wir nicht. Erst als es zu den Nürnberger Prozessen und zu KZ-Prozessen kam, bei denen auch Frauen angeklagt waren, wurde ich unsicher. Ich weiß nur, dass ich plötzlich begann, mich für diese Dinge zu interessieren.

Richtig beschäftigt habe ich mich dann erst Anfang der sechziger Jahre mit dem Thema. Ich sollte einige Dokumente übersetzen, die der Untersuchungsrichter von Yad Vashem[5] aus Jerusalem bekommen hatte. Was darin stand, war entsetzlich. Es ging um das Vernichtungslager Treblinka. Der erste Treblinka-Prozess begann Mitte der sechziger Jahre. Und diese Dokumente waren wohl die ersten Mosaiksteinchen.

Jedesmal, wenn ich mich nun daran machte, diese Unterlagen zu übersetzen, ging es einfach nicht. Ich habe dann den Untersuchungsrichter angerufen und ihm gesagt, ich kann es nicht. Und er antwortete mir, er hätte mit so etwas schon gerechnet, ihm sei es genauso ergangen. Ich solle doch die Unterlagen erst einmal beiseite legen, ein bisschen Abstand gewinnen. So habe ich das dann gemacht. Und von da an habe ich eigentlich alles gelesen, was mit unserer NS-Vergangenheit zu tun hat.

Die Erkenntnis, dass in der Zeit soviel Entsetzliches passiert ist, das war für mich eine große Enttäuschung. Ich war damals jung, nach dem Krieg erst 22 Jahre alt. Konnte nicht begreifen, dass das deutsche Volk, meine Landsleute, so etwas getan hatte. Vor allem, dass viele Menschen in meinem Alter in Konzentrationslagern Aufseher gewesen waren. Darunter habe ich echt gelitten. Und mich manchmal darin verrannt und gemerkt, dass manche Leute sich von mir zurückzogen, wenn ich wieder mit dem Thema ankam. Man ging mir aus dem Weg.

Ich habe das später noch einmal erfahren, da lief in Düsseldorf nach dem Treblinka-Prozess ein Verfahren gegen einen

5 Gedenk- und Forschungsstätte für jüdische NS-Opfer in Jerusalem.

einzelnen Gestapo-Beamten, der war Leiter eines Gettos in Ostpolen gewesen. Bei diesem Verfahren habe ich oft gedolmetscht.

Einmal kam ein jüdischer Zeuge, der bei Kriegsende fünfzehn Jahre alt gewesen war und alle seine Verwandten verloren hatte. Diesem Zeugen ist es entsetzlich nahe gegangen, was er da schildern musste. Dass er wieder zurückkehren musste in die Zeit, die er wahrscheinlich schon verdrängt hatte. Auf dem Gerichtsflur warf er sich nach der Vernehmung auf eine Bank, weinte furchtbar und war überhaupt nicht mehr zu beruhigen.

Mit diesem Eindruck kam ich nun in meine Dienststelle, konnte damit nicht so schnell fertig werden. Man kann nach so etwas einfach nicht nach Hause gehen und zur Tagesordnung überwechseln. Ich wollte das also loswerden, darüber sprechen. Und da passierte es, dass dann zwar freundlich genickt wurde, man aber mit einer gewissen Ungeduld das Thema wechselte.

Im ersten Treblinka-Prozess habe ich sehr oft als Zuhörerin teilgenommen. Dort waren die Angeklagten ganz anders als die im Majdanek-Verfahren. Sie sprachen über ihre Taten, waren – bis auf einige Ausnahmen – bereit auszusagen, haben sich zwar darauf berufen, dass sie damals unter Befehlsnotstand gehandelt hätten – aber immerhin! Ich erinnere mich sehr genau an einen der Angeklagten, einen grauhaarigen Herrn mit freundlichem Gesicht. Wenn man dem auf der Straße begegnet wäre, hätte man sicher gedacht, was ist das für ein netter alter Mann. Dieser Mann war also in Treblinka gewesen.

Dort in Treblinka gab es ein Vernichtungslager und dahinter noch ein Arbeitslager, da waren die Polen untergebracht. Aber das Vernichtungslager war selbst auch in zwei Teile geteilt, in einer Hälfte waren Funktionshäftlinge tätig, in der anderen Hälfte kamen die Transporte an, das ging wirklich wie am Fließband. Die alten Menschen, die nicht mehr bis zur Gaskammer laufen konnten, trug man in einen Sanitätsraum. Dieser Sanitätsraum bestand aus einem riesigen Zelt mit einem Vorraum. Und in diesem Vorraum stand ein Sanitäter mit einer Rot-Kreuz-Binde, nahm die alten Leute fürsorglich in Empfang und führte sie hinter einen Vorhang an große, ausgehobene Gruben, auf deren Rand sich immer vier bis fünf dieser alten Leute setzen mussten.

Dieser freundliche alte Herr tötete sie dann mit einem Genickschuss. Das schilderte er vor Gericht. Es war nicht zu fassen. Der Richter fragte ihn, was er dabei empfunden habe. Und der Mann antwortete ihm: »Aber Herr Richter, das war doch ein Befehl.« Das war ein ganz einfacher Mann. »Ja, aber was haben denn die Häftlinge gesagt?« »Manche haben gebetet, manche haben gesagt, lieber Mann, machen Sie schnell.«

Stellen Sie sich die Situation vor, damals waren sie weitgehend geständig, was ja heute nicht mehr: der Fall war, da haben ja alle geschwiegen.

Ich hatte jüdische Bekannte und ich weiß, dass ich furchtbar befangen war im Umgang mit ihnen. Ich hatte Angst, in deren Beisein das Wort »Jude« auszusprechen, weil ich dachte, ich beleidige sie damit. Es hat lange gedauert, bis ich ein normales Verhältnis zum Judentum bekommen habe. Manchmal dachte ich mir, du machst es dir vielleicht selbst zu schwer, aber ich hatte dann eine sehr nette jüdische Bekannte, die später nach Israel ausgewandert ist. Und über die bin ich dann so allmählich zu einer etwas unbefangeneren Haltung gekommen.

Diese Frau habe ich noch vor dem Treblinka-Prozess kennengelernt, und sie erzählte mir, dass ihre ganze Familie in diesem Lager umgekommen sei. Sie hat nur per Zufall überlebt, weil sie bei Kriegsausbruch gerade in der Schweiz war und nicht nach Warschau zurückgekehrt ist. Kurze Zeit später wanderte sie dann nach Palästina aus, korrespondierte noch eine Zeitlang mit ihren Eltern und Geschwistern, bis dann die Verbindung abbrach. Sie litt entsetzlich darunter und hat mir immer gesagt, du, sag mir die Wahrheit, wenn du während des Prozesses auf meinen Namen stößt, das könnte meine Familie sein.

Ich bin in der Tat im Treblinka-Prozess einmal auf ihren Namen gestoßen. Einer der Angeklagten in diesem Verfahren soll homosexuell gewesen sein und sich immer jemanden von den gut aussehenden Häftlingen ausgesucht haben. In diesem Zusammenhang las ich in einem Protokoll über einen jungen Juden mit dem Namen meiner Bekannten. Ich könnte mir vorstellen, dass es vielleicht einer ihrer Brüder war. Habe ihr das aber nie gesagt.

1966 beschloss ich mit furchtbarem Herzklopfen nach Israel zu fahren. Tröstete mich mit dem Gedanken, du bist dunkelhaarig, sprichst außerdem polnisch, kannst also auch als polnische Jüdin durchgehen. Ich wollte zwar nicht meine Identität leugnen, wollte mich aber auch nicht irgendwelchen Dingen aussetzen.

Irgendwann einmal in einer größeren Stadt mussten wir übernachten, bevor wir ans Rote Meer weiterfuhren. Als der Bus hielt, kam ein älterer Herr aus dem Hotel, nahm meine Koffer und brachte mich auf mein Zimmer. Ich versuchte also, deutsch zu sprechen. Er fragte:

»Kommen Sie aus Deutschland?«

»Ja.«

»Woher denn da?«

»Aus Düsseldorf, aber eigentlich stamme ich aus Oberschlesien.«

»Ich auch, aus Leobschütz.«

»Das ist ja ein Nachbarort, ich komme aus Ratibor.«

Und dann fing der alte Herr an zu weinen. Mich rührte das so, seine Tränen und die Situation. Ich versuchte, ihn zu trösten und sagte: »Aber Sie sind doch in Ihrem Land, sie sind doch unter Ihren Leuten.«

»Ja, aber Leobschütz war meine Heimat!«

Ich dachte, dass dieser Herr genauso empfindet wie wir damals. Aber ich war ja schon längst über meine Heimatgefühle hinweg.

In meinem Heimatort hat es wohl Juden gegeben, als ich noch klein war. Es gab auch einen sehr großen Judenfriedhof und eine Synagoge. Den Erzählungen meiner Eltern nach lebten früher dort einmal sehr viele Juden, aber die waren alle schon weggezogen, bevor die Nazis kamen. Möglicherweise auf Grund des Antisemitismus, den es auch in Polen gegeben hat. Es gab zwar auf dem Marktplatz noch zwei jüdische Geschäfte, ein Juwelier- und ein Schuhwarengeschäft, daran kann ich mich noch erinnern. Und auch an die Familie Stein, die dann plötzlich verschwunden war. Eine alte Dame, die sich immer zum Fenster hinausgelehnt hat, mit einer Tochter, die damals vielleicht vierzig Jahre alt war. Die Damen Stein waren eines Tages weg.

Die Sache Majdanek hat wohl längere Zeit bei der zentralen Stelle in Köln gelegen, ohne dass sie bearbeitet worden ist. Aus welchen Gründen das so war, weiß ich nicht. 1970/71 bekam dann der zuständige Untersuchungsrichter in Düsseldorf den Auftrag, die ersten Zeugen zu vernehmen. Er hat mit den erreichbaren Zeugen begonnen. Wurde dann pensioniert. Das Verfahren übernahm ein neuer Untersuchungsrichter, und mit dem bin ich dann 1972 das erste Mal nach Warschau gefahren. Mit sehr gemischten Gefühlen. In dieser

Zeit der Voruntersuchung war ich neunmal in Polen. Später, während des Majdanek-Prozesses, dann vielleicht noch zehnmal.

Ich weiß noch genau, wie wir in Warschau angekommen sind und erinnere mich noch an die ersten Zeugenvernehmungen. Es waren Frauen, die saßen da völlig reserviert. Eine junge Ärztin saß verkrampft vor uns und sagte alles, wonach sie gefragt wurde. Nur ihre Augen, die blickten furchtbar erschrocken. Sie ist später nicht in Düsseldorf erschienen, obwohl sie wohl eine wichtige Zeugin war. Im Nachhinein haben wir dann gehört, dass sie von einer Nervenklinik in die andere gekommen ist.

In der ersten Zeit waren die polnischen Zeugen uns gegenüber misstrauisch und distanziert. Danuta Medryk hat mir später einmal erzählt, dass sie, als sie zur ersten Vernehmung im Ministerium erschienen sei, in der Geschäftsstelle gefragt habe: »Was ist das für ein Weib?« und damit mich, die Dolmetscherin, meinte. Man gab ihr dort wohl eine beruhigende Antwort.

Diese ersten Vernehmungen also, die waren furchtbar. Ich weiß nicht, ob ich das Folgende überhaupt sagen darf, weil es sehr ins Persönliche geht. Aber wenn Sie zu zweit so eine Sache machen wie der Untersuchungsrichter und ich, und Sie sind in einer fremden Stadt wie Warschau, dann verbringen sie zwangsläufig viel Zeit miteinander.

Damals wurde man von den Polen, mit denen man dienstlich zu tun hatte, nicht eingeladen. So hatten wir denn viele Abende frei. Jeder versuchte, die Freizeit auf seine Weise zu gestalten. Aber wir waren beide notgedrungen aufeinander angewiesen, konnten uns gar nicht aus dem Wege gehen.

Es ergab sich zwangsläufig, dass wir uns zum Essen im Hotel Restaurant trafen, Wein tranken und uns etwas unterhielten.

Das Gespräch drehte sich ewig um Majdanek. Wir redeten stets über dieses scheußliche Thema und litten unter den Grausamkeiten, die dort begangen worden sind. Sprachen über den Rosengarten, diese zynische Bezeichnung für den Lagerteil, auf dem die Häftlinge vor ihrer Vergasung warten mussten, während vor unseren Augen die Menschen tanzten. Denn damals wurde in jedem guten Warschauer Restaurant auch getanzt. Und so saßen wir dann da, tranken unseren Wein, bis manchmal bei mir Tränen flossen. Vielleicht mag der eine oder andere gedacht haben, wir seien verliebt und machten uns gegenseitig gerade eine Szene. Aber es war stets nur Majdanek.

Bei den Vernehmungen in Warschau habe ich eine Zeugin kennengelernt, eine Frau, die zum Tode verurteilt war und in Majdanek auf die Vollstreckung des Urteils wartete. Sie wollte mit den Deutschen nichts mehr zu tun haben und hatte sich vorgenommen, nie mehr ein deutsches Wort über die Lippen zu bringen.

Die Frau erschien also. Sie hatte ein freundliches Gesicht, das auch noch freundlich wirkte, wenn sie distanziert war. Sie schilderte dem Gericht die Tötung einer Häftlingsfrau, die an Typhus erkrankt war. Eine Jüdin, die »abgespritzt« wurde – wie das damals hieß.

Zweimal vorher schon hatte sie bei Vernehmungen genau geschildert, wie sie das alles mit angesehen hat: wie die Jüdin reingebracht wurde, wer sie getragen hat, wie das passiert ist und wie sie durch einen Spalt mit ansah, wie einer der Angeklagten die Injektion setzte und wie nach einer Weile die Leiche der Frau rausgetragen wurde.

Sie hat minutiös alles geschildert. Als sie fertig war, wurde es ganz still im Vernehmungssaal. Es entstand eine merkwürdige Spannung, denn noch hatte sie nicht den Namen des Täters gesagt. Erst auf die Frage des polnischen Richters nach dem Täter erklärte sie: »Ob es der oder der war, kann ich nicht mehr sagen.« Auf den Hinweis, dass sie in den früheren Vernehmungen den Namen gewusst habe, erklärte sie wieder: »Ich kann heute nicht mehr sagen, ob es der sowieso oder der sowieso war.«

Sie wollte einfach nicht mehr. Später einmal hat sie mir gesagt: »Wissen Sie, ich habe im Pawiakgefängnis[6] soviel erlebt, vor allem bei den Vernehmungen durch die Gestapo. Das war so grausam, wenn jemand so lange auf einen einschlägt, bis der andere nur noch ein Fleischklumpen ist. Der muss doch ein Sadist sein.« Ihr Bruder hätte sie einmal gefragt, was würdest du machen, wenn ich dir eines Tages den Reschke vorführe, jenen Gestapomann, der dich so gequält hat. Daraufhin zögerte sie einen Moment und antwortete: »Ich würde mich auf dem Absatz umdrehen und weggehen.«

Die Voruntersuchung und der eigentliche Prozess gingen für mich sehr schnell ineinander über. Das Gericht fuhr im April 1976 zur Ortsbesichtigung nach Lublin. Das war sehr wichtig, da sich kein Mensch, der mit Majdanek zu tun hatte, nur an Hand der Lagerskizzen und Beschreibungen eine Vorstellung davon machen konnte, wie groß das Gelände tatsächlich war. Ich würde schätzen, dass es größer war als der Düsseldorfer Stadtteil Oberkassel. Es liegt auf einem Hügel, an einer Straße, die von Lublin in Richtung UdSSR führt. Heute wirkt es nicht mehr ganz so mächtig, weil da immer mehr zugebaut wird. Zu dem eigentlichen Lagergelände gehörte ja früher auch die Gärtnerei zum Beispiel, und die ist schon längst verbaut.

Auf der linken Seite waren zunächst einmal die Verwaltungsgebäude und Unterkünfte der SS. Das Lager selbst lag

6 Gestapo-Gefängnis in Warschau.

dann im Feld, umzäunt. Man kann heute noch alles sehr gut erkennen. Das Feld, das sogenannte Männerfeld, hat noch die Baracken. Auf den anderen Feldern steht nichts mehr, obwohl es heißt, dass die Deutschen Lublin überstürzt hätten verlassen müssen und die Russen alles noch vorgefunden haben. Ich nehme an, dass die Bevölkerung sich nach dem Krieg aus Not darüber hergemacht und die Baracken auseinandergenommen hat.

Wir kamen also 1976 in Warschau an, und zwar die große Besetzung des Gerichts. Es fuhren alle Schöffen mit und die Verteidiger, für jeden Angeklagten nur einer und nicht alle zwei. Aber damals gab es, glaube ich, fünfzehn Angeklagte, also auch fünfzehn Anwälte.

Am nächsten Tag fuhren wir mit dem Bus nach Lublin und besichtigten das Lagergelände Majdanek. Da merkte man, obwohl niemand darüber sprach, dass alle wegen der Größe sehr erstaunt waren. Vermessungen wurden durchgeführt, und ich rannte immer durch die Felder, wurde mal hier gebraucht und mal da.

Im Bus, auf der Rückreise, saß mancher doch sehr nachdenklich da. Die Stimmung war gedämpft.

Der Prozess lief also an. Es wurden zunächst wohl ehemalige Angehörige der SS-Wachmannschaft als Zeugen vernommen und auch ehemalige Häftlinge, die in der Bundesrepublik lebten. Dabei brauchte ich – bis auf eine Ausnahme – nicht zu dolmetschen. Hier möchte ich hinzufügen, dass sich meine Dolmetschertätigkeit in dem Hauptverfahren nur auf die ersten Vernehmungen polnischer Zeugen von April bis Anfang Juni 1977 beschränkte. Bei den Zeugenvernehmungen in Polen war ich – von drei Ausnahmen abgesehen – immer dabei, und auch vereinzelt im Hauptverfahren, wenn der dort eingesetzte Dolmetscher verhindert war.

Die ersten polnischen Zeugen kamen so im April 1977. Es handelte sich dabei um Dr. Nowak und Herrn Gregorowicz.

Dann kamen zwei Frauen, darunter eine Ärztin. Zwar versuchten nicht alle Verteidiger, die Zeugen durch Befragung in Widersprüche zu verwickeln. Doch gerade dann, wenn das passiert, spielt der Dolmetscher eine wichtige Rolle. Denn es kommt doch sehr darauf an, wie man etwas wiedergibt. Rechtsanwalt Bock zum Beispiel passte genau auf, wie gedolmetscht wurde. Er kannte unter anderem das polnische Wort für Feld »pole«. Und wenn er nun in seiner Frage das Feld nur einmal erwähnt hatte, ich des besseren Verständnisses wegen »pole« aber zweimal in der Übersetzung benutzte, rügte er sofort: Die Dolmetscherin hat ... So ging das los.

Außerdem irritierte mich die Sitzordnung, bei der man den Angeklagten die ganze Zeit ins Gesicht gucken musste. Normalerweise sitzt man ja bei Gericht anders. Auch die Zeugen fühlten sich dadurch irritiert. Die saßen etwas höher und blickten in den Gerichtssaal hinein, mitten in die Gesichter der Angeklagten. Und das Gesicht so manches Angeklagten war so, dass sie sich nur noch eine SS-Mütze darauf vorzustellen brauchten.

Bis auf wenige Ausnahmen habe ich jede Zeugengruppe zu mir nach Hause eingeladen und auch dafür gesorgt, dass sie bei deutschen Familien einen Abend verbringen konnten. Da ich die meisten polnischen Zeugen schon aus den Vernehmungen in der Voruntersuchung kannte, bin ich oft am Tage ihrer Ankunft hier in Düsseldorf ins Hotel gegangen und habe sie begrüßt. Das geschah vor allem in der ersten Zeit. Später waren die Namen der Betreuerinnen in Polen so bekannt, dass die Zeugen ohne Scheu sofort einen guten Kontakt zu ihnen hatten. Und überhaupt die Betreuerinnen, was die geleistet haben! Sie nahmen die Zeugen montags in Empfang, brachten sie samstags früh zum Flughafen. Gerade in der ersten Zeit kam es wegen der vielen Ablehnungsanträge häufig vor, dass Zeugen zehn und mehr Tage hierbleiben mussten, weil ihre Vernehmung immer wieder verschoben wurde. Dann war das ganze Wochenende zu überbrücken. Die Betreuerinnen haben die Zeugen zwar oft mit in ihre Familien genommen, aber das konnte man auch nicht jeden Abend machen. Hinzu kamen häufig die Verständigungsschwierigkeiten, denn nicht alle sprachen Deutsch. Und aus diesem Grunde habe ich mich oft zur Verfügung gestellt.

Nachdem sie ihre Aussagen vor Gericht beendet hatten, haben die Zeugen mir häufig noch Sachen erzählt, die nicht Gegenstand ihrer Vernehmung gewesen waren. Eine Lehrerin aus dem Ort Sandomierz zum Beispiel erzählte mir eines Tages, wie die Frauen ihres Arbeitskommandos das Feld verließen, auf dem eine Zeitlang eine Menge sehr hungriger Kinder waren. Sehr viele dieser Kinder hatten keine Mütter mehr. Eines Tages schmuggelte die Lehrerin einem Jungen eine Möhre von der Gartenarbeit mit aufs Feld. Damals wimmelte das Lager nur so von Häftlingsfrauen, es müssen mehrere Tausend gewesen sein.

Die Frau erzählte mir dann: »Wissen Sie, wir sahen alle egal aus, wir hatten alle die gleiche Häftlingskleidung an und das Haar hochgesteckt. Man konnte uns kaum voneinander unterscheiden.« Und dieser Junge saß nun von da an immer an derselben Stelle und wartete auf sie. Wochenlang muss er da gesessen haben, nur weil einmal ein Mensch freundlich zu ihm gewesen ist. Hat immer beobachtet, wenn die Kommandos zurückkamen und nach ihr geguckt, sich dann bemerkbar gemacht.

Sie hat ihn zuerst gar nicht gesehen. Nahm ihn daraufhin jedoch zu sich, obwohl das verboten war. Hat mit dem vierjährigen russischen Jungen gespielt. Die Frauen dort brauchten anscheinend so etwas. Es gab doch sehr viele, bei denen trotz ihres eigenen Leides die Gefühle noch nicht so zerstört waren. Die konnten an so einem Jungen nicht einfach vorbeigehen.

Dann erzählte die Lehrerin mir weiter: »Eines Tages war der Junge verschwunden.« Das muss für sie entsetzlich gewesen sein. Von da ab – so sagte sie – wurde für sie der Lageraufenthalt eigentlich erst richtig zur Qual.

Frauen sind aus unterschiedlichsten Gründen nach Majdanek gekommen. Die eine Zeugin war im Untergrund gewesen und ist als Geisel festgenommen worden. Andere hatten, wie Danuta Medryk, eine höhere Schule besucht, was Polenkindern untersagt war. Da wurde dann in Privatwohnungen mit Lehrkräften von Gymnasien Schulunterricht erteilt, und wenn das bekannt wurde, kamen Kinder wie Lehrer gleichermaßen nach Majdanek.

Dann gab es die sogenannte Affäre Kalkstein. Kalkstein gehörte zum polnischen Widerstand und ist aufgefallen, verhaftet worden und hat unter der Folter viele seiner Genossen verraten. Viele wurden dann im Zusammenhang mit der Kalkstein-Affäre verhaftet. Darunter zahlreiche Frauen. Zum Beispiel Frau Skibinska aus Radom mit ihrer Mutter und Schwester, die als Geiseln festgenommen wurden für ihren im Widerstand arbeitenden Bruder. Den konnten sie nicht fassen und haben dafür die Frauen genommen. Genauso wie Theresa Śliżewicz, die mit ihrer Mutter als Geisel festgenommen wurde, weil ihr Vater im Widerstand war.

Es waren auch viele männliche Zeugen hier. Die Männer, die haben das doch anders verkraftet. Bis auf zwei.

In Warschau wurde einmal ein alter Mann vernommen, auf den ich in der Pause zugegangen bin, weil er unaufhörlich weinte. Ich versuchte ihn abzulenken. Aber er sagte mir: »Ich bin so krank und werde nie wieder gesund, ich kann das alles nicht vergessen.« Das glaubte ich ihm auch, denn er schilderte unter anderem die Kinderaktion. Ich war dann ganz erstaunt, als ich später feststellte, dass er jünger war als ich.

Oder ein anderer, dessen Mutter in seinem Beisein erschossen worden war. Ein Mann, der in diesem Verfahren als Zeuge nicht aufgetreten ist. Er war als Geisel mit achtzehn Jahren ins Lager gekommen und arbeitete dann auf dem Gut Fellin. Es gab in den Kommandos Vereinbarungen unter den Häftlingen, wonach einer, der besonders schlecht dran war, in ein Außenkommando gebracht wurde, damit er sich mit Möhren und Obst aus den Gärten wieder aufpäppeln konnte.

Durch die Untergrundarbeit erfuhren die Eltern dieses Häftlings, wann ihr Sohn im Außenkommando Fellin war. Sie stellten sich dann an den Straßenrand, um ihm ein Lebensmittelpäckchen zuzustecken. Je nach Aufseher klappte das dann auch oder nicht. Mancher schoss einfach. Das passierte seiner Mutter. Die wurde, als sie ihrem Sohn ein solches Päckchen aushändigen wollte, von einem SS-Mann einfach erschossen. Der Sohn hatte noch geschrien: »Weg, weg!« Der SS-Mann gebrüllt: »Machen Sie, dass Sie fortkommen!« Doch die Frau hatte das nicht verstanden oder wollte nicht gehen. Jedenfalls wurde sie vor den Augen ihres Sohnes erschossen. Der Sohn durfte dann im Krematorium die Leiche seiner Mutter sehen.

Es war schade, dass die Angeklagten keinen Kontakt zu den Zeugen haben durften. Denn es gab einige Zeugen, die hätten der einen oder anderen Angeklagten gerne die Hand gedrückt. Was mich natürlich sehr erstaunte, weil ich dachte, mein Gott, wenn ich im Lager gewesen wäre, würde ich doch mit keinem dieser Menschen mehr zu tun haben wollen, mit keinem einzigen.

Einmal – so erzählte eine Zeugin – kochten die Frauen in einer der großen Baracken heimlich auf dem Kanonenofen eine Gemüsesuppe, die zwar fast nur aus Wasser bestand, in der aber immerhin einige durchgeschmuggelte Möhren schwammen. Das war verboten. Und genau in dem Moment kam der Thumann herein zur Kontrolle. Ängstlich zitternd standen die Frauen herum, dachten, was wird jetzt bloß geschehen, wenn Thumann das merkt. Thumann sah auch prompt den Topf, drehte sich um zur Frau Mayer, die hinter ihm herkam und fragte: »Was ist das, was wird denn hier gekocht?« Woraufhin die ihm schnoddrig antwortete: »Ich lasse hier meine Wäsche kochen.« Damit war das erledigt und beide sind gegangen. Die Häftlingsfrauen waren so erleichtert und so dankbar.

So etwas hat es also auch gegeben. Ich meine zwar, dass es beschämend ist, wenn so eine Kleinigkeit für die Frauen schon soviel bedeutete. Aber sie fühlten sich eben durch so etwas, was die Frau Mayer nicht viel kostete, bei ihr geborgen.

So manches Mal habe ich die Zeugen nach ihrer Vernehmung gefragt: »Die oder die hat ihnen doch soviel angetan, haben Sie keinen Hass?« Die Antwort war meist milde und voller Mitleid und oft hieß es: »Die sehen ja ganz anders aus, wie brave Omas.«

Nur zu der Lächert und der Ryan-Braunsteiner fand niemand etwas Positives zu sagen. Zu den anderen sagte man schon mal: »Jetzt sind die in einer Situation, in der wir damals waren.« Woraufhin ich stets antwortete: »Das stimmt aber nicht. Sie werden nicht geprügelt und misshandelt, und sie leiden keinen Hunger.« Viele bemerkten daraufhin: »Ach wissen Sie, die sind jetzt aber alleine.« Da war ich dann immer sprachlos.

Auch über die Oberaufseherin Ehrich zum Beispiel, die gleich nach Kriegsende in Lublin zum Tode verurteilt worden ist. Es hat mich immer eigenartig berührt, dass Zeugen von dieser Frau sagten, sie war zwar grausam, aber habe so elegant geschlagen. Und wenn ich dann einwarf: »Sie meinen wohl, die Ehrich hat nicht geschlagen«, antwortete man mir stets: »Doch, aber immer so elegant. Es war eine so elegante Frau.«

Wenn jemand von der Ehrich erzählt, werden sie immer hören: »Das war eine schöne Frau. Von der hätte man nie geglaubt, dass eine schöne Frau auch so böse sein kann.« Ich habe mal eine Zeugin gefragt, warum sie sich soviel mit der Ehrich beschäftigt. Die sagte mir: »Weil das für uns wichtig war. Die Lächert kam und schlug so vulgär. Und trotzdem hatten wir immer Angst vor dem eleganten Schlag der Ehrich.«

Danuta Medryk hat einmal erzählt, dass sie zwar auch Angst vor dem Schlag der Ehrich gehabt habe, ihr aber, wenn sie ihr gegenüberstand, immer ganz streng in die Augen geguckt hätte und dabei das Gefühl gehabt habe, dass auf Grund ihrer sozialen Herkunft da so eine Barriere bestand. Denn Danuta Medryk kam aus dem gehobenen polnischen Bürgertum und kannte die Herkunft der Ehrich.

Die Oberaufseherin Ehrich hatte unter den Häftlingen einmal eine Friseurin, eine Jüdin, Mincia genannt, die ihr regelmäßig das Haar machte. Diese Mincia glaubte an die Ehrich und hat immer gesagt, sie wird mich schon retten. Statt dessen, als dann der 3. November 1943 kam, der Tag des Erntefestes, als mit einem Schlag über 17.000 im Lager befindliche Juden umgebracht wurden, musste auch Mincia dran glauben. Später hat die Ehrich sich in ihrem Prozess damit verteidigt, dass sie nicht gewusst habe, was an diesem Tag tatsächlich geschah. Dabei hat sie Mincia selbst ausgeliefert.

So manches weiß man ja auch aus den Erzählungen des Stubenmädchenkommandos, das die Baracken der Offiziere aufräumen musste. Zum Beispiel, dass die Ehrich die Geliebte des Dr. Blanke war.

Es ist so leicht gesagt, wenn man selbst verpflichtet worden wäre, hätte man sich anders verhalten. Ich will mich nicht freisprechen. Ich wäre da wohl auch hingegangen. Aber ich bin fest davon überzeugt, dass ich nicht geschlagen hätte und keine Grausamkeiten gemacht hätte. Ich hätte versucht, im Rahmen meiner Möglichkeiten zu helfen. Ich weiß zum Beispiel noch, dass wir in unserer Heimatstadt russische Kriegsgefangene hatten, die in den Straßen Kanalarbeiten verrichten mussten. Die sahen wirklich aus wie wilde Tiere. Nachher sahen ja unsere Soldaten auch so aus. Aber wir dachten damals, es sind typische Russen, und Russen sehen alle so aus. Wenn wir an denen vorbeigingen, mussten wir Kinder immer ein Päckchen mitnehmen. Wenn dann der Aufseher mal nicht in der Nähe war, warfen wir das den Arbeitern zu. Da war immer was zu essen drin. Das war zwar ein Tropfen auf den heißen Stein. Aber man machte das, obwohl man auch nazistisch beeinflusst war. Aus Menschlichkeit. Deswegen kann ich mir nicht vorstellen, in einem Lager anders gewesen zu sein. Es ist heute leicht, so im Nachhinein auf die Dinge zu schauen.

Aber zu der Zeit stand ein bisschen mehr auf dem Spiel, wenn man etwas verweigerte. Heute allerdings weiß man, dass kein SS-Mann mit dem Tode bestraft worden ist, wenn er sich weigerte, in einem KZ Dienst zu tun, er musste allenfalls damit rechnen, dass er an die Ostfront versetzt wurde. Aber auch das war ja schon eine Entscheidung. Bei der ich allerdings meine, dass sie zumutbar war, weil es viele Tausende anderer auch tun mussten.

Ich war froh, als es zu Ende war. Ich war froh, als ich plötzlich wegen meiner Erkrankung in der Hauptverhandlung nicht mehr dolmetschen musste. Sicher wäre ich auf die

Dauer zu einem Nervenbündel geworden. Diese Not der Zeugen mitanzusehen, das mitzuerleben. Manche Zeugen hielten während der Vernehmung krampfhaft meine Hand fest.

Über das Urteil war ich dann sehr enttäuscht. Ich hatte mit viermal lebenslänglich gerechnet, so wie es die Staatsanwaltschaft beantragt hatte. Ich war regelrecht fassungslos. Enttäuscht waren auch die Polen, die zur Urteilsverkündung aus Warschau angereist kamen. Aber von keinem kam irgendeine Bitterkeit oder gar Kritik gegen das Gericht. Es fiel die Bemerkung: »Nach so vielen Jahren konnte das Ergebnis nicht anders sein.«

Martel Schaschynek bei einer Besichtigung während einer Besuchsreise in das Lager Majdanek, 1976

Die Richterin Ruth-Marie Linden-Bettmann – »Eine Aufgabe, die wir nur unvollkommen bewältigen konnten«

Es war nicht so, dass ich im Majdanek-Prozess völlig überraschend auf ein mir unbekanntes Thema stieß. Ich hatte schon 1970, als junge Richterin, mit einem solchen Verfahren zu tun. Daher wusste ich in etwa, was so an Zeugenaussagen und an Emotionen bei den Zuhörern und auch auf mich zukommen würde. Vor allem wusste ich, was die Zeugen mitmachen würden und was da an tragischen persönlichen Erlebnissen geschildert würde, mit denen wir dann oft für den Prozess selbst gar nichts anfangen konnten.

Was neu war am Majdanek-Prozess, das war die ungeheure Länge des Verfahrens. Ich erinnere mich noch, vor Beginn des Prozesses geflachst zu haben: »Na ja, wenn es heißt, der dauert ein bis zwei Jahre, dann werden es wohl vier bis fünf.« Habe das damals aber selbst nicht geglaubt.

Es sind dann im Verlauf des Verfahrens Dinge zur Sprache gekommen, bei denen niemand unbeteiligt bleiben konnte. Und da Richter ja auch nur Menschen sind, können Sie nicht erwarten, dass wir keine Gefühle haben, die wir in solchen Momenten unterdrücken mussten. Es hat Aussagen von Zeugen gegeben, währenddessen man im Gerichtssaal eine Stecknadel hätte fallen hören können. So etwas geht natürlich unter die Haut. Kaum jemand bekommt das auch wieder aus den Knochen raus.

Eine Zeitlang hat mich die Warnung sehr belastet, die uns das Bundeskriminalamt zukommen ließ, wonach möglicherweise irgendwelche Anschläge aus der rechten Ecke gegen das Gericht geplant seien. Da macht man sich natürlich so seine Gedanken. Gerade zu der Zeit klingelte bei uns häufig abends oder nachts das Telefon, ohne dass jemand dran war. Später stellte sich dann heraus, dass hier ganz offensichtlich ein Kind hinter steckte. Also überhaupt mit dem Ganzen nichts zu tun hatte. Aber man machte sich schon seine Sorgen.

Zu der Zeit kam auch gerade meine Tochter in die Schule. Und wir haben uns eine ganze Weile die Mühe gemacht, sie nie alleine den Schulweg gehen zu lassen. Einfach deshalb, weil wir uns gesagt haben, zerstochene Reifen am Auto könnten zwar höchst lästig sein, aber unserem Kind soll nichts passieren. Aber auch diese Angst hat sich wieder gelegt.

Als der Prozess anlief, war meine Tochter gerade drei Jahre alt. Natürlich brachte das Verfahren Unruhe in meinen Haushalt. Ich wusste nie, wann ich abends zurück sein würde. Und es ist auch schon passiert, dass man morgens ahnungslos nach Düsseldorf fuhr und dann ganz schnell mit dem Flugzeug nach München oder Frankfurt flog, weil irgendjemand erkrankt war und dort vernommen werden musste. Oder auch die ewig nach dem zehnten Verhandlungstag unterbrochenen Urlaube. Da ja der Prozess nie länger unterbrochen werden durfte, musste man dann immer kurz nach Düsseldorf kommen und konnte dann wieder zehn Tage weiter verreisen.

Zu Hause habe ich gar nicht gerne über das Verfahren gesprochen. Nur manchmal bin ich nachts wach geworden, manchmal auch schreiend. Natürlich hat mein Mann das mitgekriegt, wie ich zeitweise unter Druck stand.

Die weiblichen Angeklagten hatten ja nicht so direkten Kontakt zu den eigentlichen Tötungskommandos und dem eigentlichen Töten. Ich bin mir allerdings nicht sicher, ob Frauen nicht auch – wenn sie zu den Erschießungskommandos eingesetzt worden wären – das entsprechend getan hätten. Ich glaube nicht, dass es da einen Unterschied zwischen Mann und Frau gibt.

Es gibt vielleicht einen Grund, warum man Frauen da nicht einsetzte, der wurde mir klar, als ich 1970 an meinem ersten NS-Verfahren teilnahm. Damals habe ich die Aussage von jemandem gelesen, der einem Erschießungskommando angehörte. Der beschrieb die Gräben, die man ausgehoben hatte, das Aufstellen und das Erschießen. Und erzählte dann, wie immer alles »ganz reibungslos ging. Ausgenommen die Fälle, wo Frauen mit Kindern dabei waren«. Das hätte den reibungslosen Ablauf ganz entschieden gestört, weil die Kinder sich an die Mütter geklammert hätten, und die Mütter versuchten, wenigstens die Kinder zu schützen.

Der schilderte das so, als wäre da einfach ein bisschen Sand im Getriebe gewesen. Das hat mich damals sehr erschreckt. Aber vielleicht ist das auch der Grund, weswegen zu den Erschießungskommandos keine Frauen eingesetzt wurden.

Die Aussage einer Zeugin jetzt im Majdanek-Prozess hat mich sehr berührt. Der waren bei einer Selektion beide Kinder abgenommen worden. Und sie sprach immer wieder davon, dass man ihr den kleinen Sohn genommen hätte. Erwähnte nur am Rande das etwa drei- bis vierjährige Mädchen. Das hatte zwar mit dem Prozess eigentlich überhaupt nichts zu tun. Aber es war für mich unfassbar, dieser Unterschied, den die Frau da machte.

Was mich an dem Prozess aber am meisten immer wieder entsetzt hat, das ist die Perfektion, mit der das Ganze von oben gesteuert worden ist. Das war für mich das Erschreckendste. Deutsche Gründlichkeit!

Zum Urteil kann ich nicht viel sagen. Nur glaube ich, dass es kaum möglich gewesen wäre, ein Urteil zu sprechen, mit dem alle zufrieden gewesen wären. Insofern waren die anschließenden Proteste für mich keine große Überraschung. Was mich sehr berührt hat, war, das manche Stimmen sinngemäß gesagt haben, wir hätten wieder eine Möglichkeit vertan, moralische Schuld zu sühnen. Dazu war der Prozess meiner Meinung aber gar nicht da. Die Angeklagten waren sicher nicht dazu da, die moralische Schuld eines ganzen Volkes abzutragen und zu sühnen. Wenn man das von dem Verfahren erwartet hat, dann erwartete man etwas, was wir gar nicht bringen konnten.

Von links nach rechts: Richterin Linden-Bettmann, Vorsitzender Richter Günter Bogen und Landgerichtsrat Dr. Schmitz, 26.11.1975

Ein unbefriedigtes Gefühl blieb anschließend schon deshalb zurück, weil man uns eine Aufgabe gegeben hat, die wir nur unvollkommen bewältigen konnten. Das Urteil ist dafür Ausdruck. Und wenn Sie das Urteil in Relation zu der ursprünglichen Anklage setzen, dann ist vieles ungeklärt geblieben. Ich meine aber, dass es fast unmöglich ist, nach so langer Zeit überhaupt noch zu einem befriedigenden Urteil zukommen. Notgedrungen kommen Sie zu Freisprüchen, weil es einfach nicht mehr aufklärbar ist, was damals geschah. Und dann kann man sich eigentlich nach dem Gesetz der Wahrscheinlichkeit ausrechnen, dass ein Gutteil der Freisprüche vermutlich Schuldige begünstigt. Das ist natürlich unbefriedigend.

Wenn die Leute aber zu mir sagten: »Kann man nicht endlich mal mit diesem Thema Schluss machen?«, dann habe ich ihnen immer geantwortet, sie sollten sich bitte mal vorstellen, man hätte den Jürgen Bartsch[7] dreißig Jahre später erst erwischt. Dann hätten die meisten Menschen doch auch gesagt, das ist klar, dass der vor Gericht muss. So was kann doch nicht verjähren.

Deswegen meine ich, dass der Zeitablauf alleine keine Rechtfertigung dafür ist zu sagen: das verfolgen wir jetzt nicht weiter. Aus praktischen Gesichtspunkten wäre es allerdings vernünftiger, solche Verfahren nicht mehr zu führen. Das meine ich aber nur aus dem Gefühl heraus, dass die Zeit so viele Spuren verwischt und das menschliche Gedächtnis so unvollkommen ist. Ein wirklich überzeugendes Ergebnis kann man nach so langer Zeit einfach nicht mehr erreichen. Und nur aus diesem Gedanken heraus bin ich persönlich eigentlich für die Verjährung. Aber eben nur aus praktischen Gesichtspunkten. Das hat überhaupt nichts damit zu tun, dass ich etwa meinen könnte, die Zeit heile, und wenn genug Zeit vergangen ist, ist das, was passiert ist, nicht mehr so schlimm. Das meine ich ganz und gar nicht.

Natürlich hat das Verfahren auch die Erinnerung an damals wieder wachgerufen. Aber ich meine fast, dass die Fernsehserie

7 Jürgen Bartsch war ein Serienmörder, der in den 1960er Jahren vier Jungen ermordete. Er wurde 1967 verhaftet und auch verurteilt.

›Holocaust‹ – so kitschig manche Szenen darin auch waren – auf diesem Gebiet sehr viel erfolgreicher gewesen ist. Außerdem ist es meiner Meinung nach nicht Aufgabe der Justiz, Geschichtsbewältigung zu betreiben. Ich sträube mich zwar nicht dagegen und außerdem ergibt es sich ja zwangsläufig. Sie können einfach nicht so ein Verfahren durchziehen, ohne gleichzeitig auch eine Art Aufklärung in geschichtlicher Hinsicht zu betreiben.

Als ich anfangs mal einem Bekannten gegenüber erwähnte, dass ich in diesem Majdanek-Prozess sitze, kriegte ich zu hören: »Ach du lieber Himmel. Kann man damit nicht endlich mal aufhören. Ist doch so lange her. Außerdem, wer redet denn von den Verbrechen der Anderen?« Als genau der gleiche Mann – ein Akademiker übrigens und auch sonst ein ganz gebildeter Mensch –, nachdem die Serie ›Holocaust‹ gelaufen war, mir erklärte: »Warum machen sie denn nicht kurzen Prozess mit ihren Angeklagten. Denen gehört allen die Rübe ab!«, war ich erschüttert. Ich fand das genauso erschreckend wie seine Reaktion zuvor.

Ich glaube einfach, dass viel verdrängt worden ist. Mir hat zum Beispiel mal ein entfernter Verwandter kurz nach dem Krieg folgende Geschichte erzählt: Er wäre seinerzeit im Osten mit dem Wagen, in dem auch noch andere saßen, offenbar in den Bereich einer Judenerschießungsaktion geraten. Ein junges Mädchen sei plötzlich bei Dunkelheit, um Hilfe bittend, bei ihnen aufgetaucht und habe gesagt, man würde sie alle erschießen. Mein Verwandter und seine Begleiter hätten das nicht glauben wollen. Als kurze Zeit darauf Angehörige einer Polizeieinheit auftauchten, hätten die ihnen gesagt, sie sollten sich da raushalten, und das junge Mädchen mitgenommen.

Er erzählte mir das also nach Kriegsende und sagte, ihm sei inzwischen klar, dass das wohl so eine Judenerschießungsaktion gewesen sei. Damals hörte man ja schon alles mögliche. Meine Mutter hat den gleichen Mann dann vor einigen Jahren noch mal getroffen und hat ihn noch einmal angesprochen auf das, was er damals berichtet hat. Woraufhin der voller Empörung erklärte, so was hätte er erstens nie erlebt und zweitens auch nie erzählt. Da bin ich fassungslos, weil da ein so erfolgreicher Verdrängungsprozess stattgefunden hat.

Bei Kriegsende war ich erst vierzehn Jahre alt. Ich hatte einen Onkel, der 1942/43 einmal bei uns im Urlaub war. Und der erzählte dann von dem russischen Kriegsgefangenen, den sie da hinter Stacheldraht ohne Essen und ohne Trinken übernachten ließen und der dann morgens vom Stacheldraht die Tautropfen ableckte. Wegen derartiger Vorkommnisse – so erklärte dieser Onkel – habe er sich zur Front gemeldet und käme nun auch Gott sei Dank weg. Ich vergesse nie, dass ich daraufhin gesagt habe, er müsste sofort an Adolf Hitler schreiben. Der Onkel hat ein bisschen gelächelt und geantwortet, er meine eigentlich, dass Adolf Hitler das wüsste.

Wir beteuern ja immer alle, wir hätten von all dem nichts gewusst, was damals passiert ist. Ich erinnere mich aber sehr deutlich an den letzten Kriegswinter, wo in unserer Klasse das Gerücht herumging, diese graue leichte Seife, die auf den Toiletten der Schule herumlag, wäre aus den Knochen der Juden gemacht worden. Und die Juden seien vergast worden.

Nun habe ich das damals nicht einfach so geglaubt. Die Vorstellung, dass die Juden nicht in Arbeitslagern wären, sondern vergast würden, war eigentlich viel zu ungeheuerlich. Aber immerhin habe ich nie mehr so ein Stück Seife angerührt. Ich kann demnach nicht behaupten, ich hätte es so gar nicht geglaubt. Ich muss es ja wohl für möglich gehalten haben, denn sonst hätte ich ja keinen Grund gehabt, diese Seife zu meiden.

Der Staatsanwalt Dieter Ambach – »Mit mindestens der gleichen Grausamkeit wie die Männer«

Überraschend für alle war, dass durch den Prozess plötzlich dokumentiert wurde, zu welch brutalen Grausamkeiten auch Frauen in der Lage sind. In unser Klischee-Bild von Frauen passt ja nun überhaupt nicht rein, dass junge Frauen Kinder ermorden können. Die Lächert argumentierte denn auch folgerichtig damit, dass sie immer sagte: »Wie könnt ihr gerade mir so etwas vorwerfen, wo ich doch selbst zwei kleine Kinder hatte.«

Versucht man das zu erklären, kommt man zu der fast peinlichen Feststellung, dass altüberkommene Denkvorstellungen hier die Oberhand gewinnen. Es hat immer Kriege gegeben, das gehört seit jeher zum guten Ton. Man kann sich daher gut vorstellen, dass Männer sich gegenseitig umbringen, verletzten, quälen, töten. Nur die Frauen, die haben früher immer fein hinterm Herd gestanden, haben nicht in dieses Geschehen eingegriffen. Im Dritten Reich dann taten sie sich plötzlich hervor, beteiligten sich – wie man im Majdanek-Prozess gesehen hat – mit mindestens der gleichen Grausamkeit wie die Männer. Es gab da tatsächlich keinen Unterschied.

Besonders erschüttert ist man dann über Taten von Frauen an Frauen. Dabei waren doch die Männer nach nur wenigen Monaten im KZ oder nach einem Gettoaufenthalt praktisch in ihrer Abwehrkraft und ihrer körperlichen Kraft auf dem Niveau von kleinen Kindern. Gleichwohl gewöhnten wir uns entschieden schneller an die Ermordung von Männern. Weil wir eben ein viel größeres Mitgefühl zu entwickeln gewöhnt sind gegenüber den angeblich so hilflosen Frauen und den Kindern und es einfach nicht umsetzen konnten, dass die Männer inzwischen schon genauso hilflos waren.

Mir ist das genauso ergangen, ich konnte mich davon auch nicht freimachen. Die schlimmsten Prozesstage waren für mich, wenn Zeuginnen vernommen wurden, die selbst mit einem Kleinkind auf dem Arm im Lager angekommen waren, denen man dann das Kind zur Vergasung abgenommen hatte. Das waren die erschütterndsten Aussagen. Nach diesen Tagen musste ich auf der Heimfahrt mit meinem Auto manchmal an den Straßenrand fahren, weil ich einfach nicht mehr weiterkonnte.

Ob da der alte Vater von der Frau getrennt worden war und gleichzeitig mit dem Kind in die Gaskammer marschiert ist, hat keinen so getroffen, wie gerade die besondere Hilflosigkeit des Kindes. Das Gefühl dafür brach automatisch bei uns durch.

Aber dieses Vorurteil, das hatten die Häftlinge wohl auch. Die hatten doch zum Teil auch die Erwartung, dass eine so schöne Frau, wie die Ehrich, irgendwie menschlicher sein würde als ein SS-Mann. Das tauchte immer wieder auf in den Beschreibungen der Zeuginnen. Die Häftlinge waren immer wieder verwundert, wenn jemand mit einem engelsgleichen Gesicht auf sie zukam, als erstes eine Peitsche herauszog und ihnen damit links und rechts durchs Gesicht fuhr.

Ich habe für meine These zwar keinerlei Beweise, aber vielleicht wären SS-Männer tatsächlich etwas zurückhaltender Frauen und Kindern gegenüber gewesen, weil sie ja auch von diesem Klischee geprägt waren. Vielleicht hätten die Männer manchmal nicht so hart durchgegriffen, wie es die Frauen gemacht haben. Die hätten vielleicht gar nicht so eine Mordlust entwickelt, wie ich das manchmal bei den Aufseherinnen feststellen konnte.

Eine mögliche Erklärung wäre die, dass die Frauen von Grund auf eine fast krankhafte Veranlagung hatten. Aber das wird sich wohl kaum nachweisen lassen. Viel mehr spricht dafür, dass die gesamten Umstände im Lager zu einer derartigen Verkehrung der Werte und zu einer derartigen Brutalisierung führten, dass die Aufseherinnen unter Umständen ihr Vorgehen gar nicht mehr als so brutal angesehen haben, sondern es vielleicht sogar für einen Dienst am Vaterland gehalten haben. Möglicherweise war eine Art von Ekel die Ursache für die für uns so unverständliche Brutalität des Aufsichtspersonals in solchen Konzentrationslagern. Ekel vor der dort herrschenden Unordnung, vor dem Schmutz, dem Matsch. Aber auch vor den Menschen, die man zu bewachen hatte. Die in die letzten Lumpen gekleidet waren, zerfetzt, schmutzig, ungewaschen, heruntergekommen, ganz objektiv gesehen einfach ekelhaft aussehend. So dass sich bei den Aufseherinnen ein Ekel entwickelt hat über ihr eigenes Los, das sie zwang, in einer solch schmutzigen stinkenden Umwelt Dienst zu tun und der sich dann in solchen Brutalitäten entlud.

Dies gepaart mit der Norm von Sauberkeit und Ordnung war auch insbesondere bei den Männern so, die als Soldaten erzogen worden waren. Denn das ist ja wohl die perverseste Übertreibung von Sauberkeit und Ordnung. Für die muss in dem Lager eine Welt zusammengebrochen sein.

Psychologisch ist es natürlich auch sehr gut verständlich, dass man ungewollt in eine Art Blutrausch hineinkommt. Wenn man erst einmal jemanden geschlagen hat, und diese Person bricht dann aus Schwäche zusammen, beginnt zu bluten, zu stöhnen, dann kann der Ekel sich gegen einen selbst richten. Und aus Ekel vor seinem eigenen Tun kommt man in so einen Rausch hinein und schlägt so lange zu, bis diese

Person tot ist, sich nicht mehr bewegt, nicht mehr stöhnt. So eine Art Ekel kann in Majdanek durchaus entstanden sein.

Wir haben von vielen der Opfer gehört, dass es eine ganze Reihe Aufseherinnen gegeben hat, die sich gerade von Brutalitäten ferngehalten haben. Die sich gedrückt haben vor bestimmten Einsätzen. Oder allenfalls plötzlich anfingen laut zu schreien und leichte Kläpse zu verteilen, wenn der Lagerkommandant in der Nähe war. Und das nur, um ihre harte Durchgreiffähigkeit unter Beweis zu stellen. Die aber Maßnahmen, die andere eingeleitet haben, stellenweise wieder aufhoben. Das gab es auch.

Es wäre durchaus verständlich gewesen, wenn Zeugen hingegangen wären und alle Schuld irgendwie auf die fünf angeklagten Frauen abgeladen hätten. Aber nein, ein großer Prozentsatz der ehemaligen Häftlinge hat da einen Unterschied gemacht zwischen den dreien, die 1979 freigesprochen worden waren und den beiden anderen, die später noch da saßen. Für mich war das ein starker Hinweis darauf, dass hier eine konkrete Erinnerung da ist, und dass die nicht einfach aus Hass Leute global beschuldigen wollten.

Wir Staatsanwälte hatten die Angeklagten untereinander aufgeteilt, ich hatte die Frauen, Staatsanwalt Weber die Männer. Meine Arbeit wurde im Laufe des Verfahrens immer umfangreicher, weil der Prozess in den letzten drei bis vier Jahren zu 90 Prozent gegen die beiden Frauen Ryan-Braunsteiner und Lächert lief. Das drückte sich so aus, dass der allergrößte Teil der Zeugenaussagen sich auf diese beiden Frauen bezog und kaum noch etwas auf die Männer.

Der Hauptgrund dafür wird wohl sein, dass es im Lager zwar Hunderte von SS-Männern gegeben hat, aber nur achtzehn SS-Frauen. So dass sich die Zeugen besser die Gesichter und Handlungen einzelner Aufseherinnen einprägten als einzelner Männer aus dem Riesenhaufen. Es gibt noch immer Tausende Überlebende dieses Lagers, ob darunter mehr Männer als Frauen sind, kann ich nicht sagen. Aber bei uns im Prozess war es so, dass es mehr konkrete Zeugenaussagen zu Aufseherinnen gab als zu bestimmten SS-Männern.

Das Urteil kann ich mir nur so erklären, dass ein Teil der Richter die Beweise nicht für so durchschlagend angesehen hat, um sich zu einer harten Strafe durchringen zu können. Es klang ja in der mündlichen Urteilsbegründung an, dass ihre Hauptschwierigkeit die Personenverwechslung gewesen ist. Tatsächlich war nicht auszuschließen, dass viele Zeuginnen die Lächert zum Beispiel mit der Oberaufseherin Ehrich verwechselt haben. Grund dafür war wohl eine gewisse äußerliche Ähnlichkeit zwischen den beiden, aber auch, weil beide sich durch besondere Brutalität in den Vordergrund gespielt haben. Im Nachhinein wurde dann in der Vorstellungskraft der Zeuginnen alles der Lächert zugeschrieben.

Wenn Zeuginnen zum Beispiel berichteten, die »blutige Brygida« sei auf einem Pferd oder gar auf einem Schimmel durchs Lager geritten, konnte man nur darauf hinweisen, dass die Lächert einen so niedrigen Rang hatte, dass sie an die paar Pferde wahrscheinlich gar nicht rangekommen wäre. Wenn da jemand geritten ist, dann ist es allenfalls ab und zu die Oberaufseherin gewesen. Bei solchen Aussagen wusste man gleich, hier liegt eine Verwechslung vor.

Für mich war es einfach unvorstellbar, dass jemand, der im Allgemeinen als derart blutgierig und grausam geschildert worden ist wie die Lächert, nur eine Beihilfe zu Taten geleistet haben soll. Wer eine solche Grundeinstellung wie diese Frau hatte, der ist selbst Täter, der braucht dazu keine Befehle mehr. Für den sind – das habe ich in meinem Plädoyer gesagt – die Befehle allenfalls angenehme Erlaubnisse, diese Brutalität auszuführen, die sie eigentlich schon von sich aus vornehmen wollte. In diesem Punkt verstehe ich das Urteil überhaupt nicht.

Staatsanwalt Dieter Ambach mit Prozessakten

Gespräch mit der Tochter von Staatsanwalt Dieter Ambach, Bettina, fünfzehn Jahre alt, und ihrer Schulfreundin Katja – »Für die in der Schule ist das Omakram«

Wieso kommst Du immer wieder in Saal 111 des Düsseldorfer Landgerichts?

Bettina: Unser Geschichtslehrer hat sich sehr für den Majdanek-Prozess interessiert. Das war aber auch fast der einzige Lehrer an unserer Schule, der mehrere Klassen dahin geführt hat. Aus unserem Nachbar-Gymnasium war keine Klasse im Majdanek-Prozess.

Wie seid ihr auf den Besuch im Landgericht vorbereitet worden?

Katja: Eigentlich kaum. Ich kann mich gar nicht mehr richtig dran erinnern. Unser Lehrer hat uns höchstens allgemein erzählt, was eben ein Konzentrationslager war, von Majdanek speziell hat er gar nichts gesagt.

Bettina: Der hat einmal, als die Reichskristallnacht sich jährte, eine normale Geschichtsstunde ausfallen lassen und ist auf dieses Thema gekommen. Aber nur, weil er persönlich so sehr daran interessiert war. Dabei kam er dann hinterher noch auf den Majdanek-Prozess zu sprechen. Aber direkt vor dem Prozess-Besuch sind wir eigentlich nicht darauf vorbereitet worden.

Ist denn die Nazi-Zeit im Unterricht behandelt worden?

Bettina: Nein. In der zehnten Klasse ist das noch nicht dran, eine ganz blöde Regelung. Das Dritte Reich kommt erst

Ende der zehnten Klasse, da soll das dann angeschnitten werden. Aber da die meisten Geschichtskurse aus unserer Kollegklasse unheimlich weit hinter dem Lehrplan zurück sind, kommt es dann meistens so, wenn in der elften Klasse drei Klassen zusammengelegt werden, dass das Dritte Reich übersprungen wird. So wissen manche Schüler überhaupt nicht, was damals passiert ist. Durch das Zusammenlegen der Klassen passiert es eben, dass manche dieses Thema überhaupt nicht behandeln.

[…]

Was behandelt ihr denn sonst im Geschichtsunterricht für Themen?

BETTINA: Wir sind erst bei Bismarck. Das Dritte Reich, das kommt erst viel später. Wenn überhaupt. In anderen Fächern sprechen wir es schon mal kurz an. Aber dieses Thema muss man doch eigentlich in seinen Ursachen untersuchen, um es begreifen zu können. Und das machen wir nun wirklich nirgends.

[…]

BETTINA: Auch in den Familien, da wird darüber wohl nicht geredet, weil es einfach zu weit weg liegt, das Ganze.

KATJA: Ich glaube, in jeder Familie erzählen wohl die Eltern ihren Kindern irgendwann von der Zeit.

BETTINA: Ja, aber wie sie es erzählen. Sicher wird darüber gesprochen, weil ja auch irgendwann die Jugendlichen ankommen und nachfragen, wie war das eigentlich mit euch und mit den Großeltern? Aber die Eltern können das dann natürlich so darlegen, wie es ihnen gerade passt. Die Jugendlichen können das nicht überprüfen, dazu wissen sie zu wenig.

Wie war das denn eigentlich, als ihr damals den Prozess besucht habt? Was habt ihr so gedacht, als ihr da im Gerichtssaal saßt?

BETTINA: Das erste Mal, als ich da war, bin ich mit meinem Vater den Richteraufgang langgekommen, da, wo auch die Angeklagten in der Pause stehen. Und da wollte ich ihnen erst mal ins Gesicht sehen. Aber das hat mir nicht viel gesagt. Das Gesicht, das hätte genausogut von meiner Oma sein können. Später stellt man sich dann vor, was das für eine Bestie war und auf einmal sieht man dann ganz schlimme Sachen, obwohl die ja aus dem Gesicht gar nicht zu ersehen sind.

Man interpretiert das da so rein.

KATJA: Ja, so ging es mir auch. [...] Man stellt sich vor, das müsste man den Leuten schon ansehen. [...] An dem Tag ging es in der Verhandlung um die »blutige Brygida«. Eine polnische Zeugin erzählte. Es war irgendwie eindrucksvoll. Man konnte, auch wenn man nicht so genau über damals Bescheid wusste, doch viel verstehen.

BETTINA: Vor dem Tag, an dem meine Klasse da war, hab ich mal schulfrei bekommen und bin mit einer höheren Klasse in den Prozess gegangen. Diese Klasse, in der also alle ein Jahr älter waren als ich, war vollkommen desinteressiert. Die haben da hinten Witze gerissen und haben sich kaputtgelacht. Waren höchstens mal still, wenn die Zeugin aufgestanden ist und durch die Reihen ging, um die Angeklagten zu identifizieren.

Die Zeugin hat unheimlich oft die Beherrschung verloren, hat angefangen zu heulen oder zu schreien. Die Reaktionen der Schüler darauf waren dann sehr verschieden: die sonst Interessierten waren interessiert und die anderen, für die bedeutete das eben nichts. Viele haben auch gesagt, das ist jetzt schon so lange her, man soll damit endlich mal aufhören. Und auch: was geht mich das eigentlich an. Ich gehöre doch zu einer anderen Generation.

Das Schlimmste fand ich, als ich mit meiner Klasse da war und die Verhandlung sehr lang andauerte. Bis siebzehn Uhr etwa und da ist natürlich kaum einer dageblieben. Das kann ich eigentlich auch verstehen. In der Mittagspause hat mein Vater denen noch ein paar Fragen beantwortet und danach wurde den Schülern freigestellt, ob sie nun gehen wollen oder nicht. Nur noch zwei sind außer mir geblieben. Das war sehr schade, weil dieser Verhandlungstag hinterher noch sehr interessant wurde.

Als nämlich die Verhandlung fast beendet war, sprach die »blutige Brygida«, die an dem Tag schwer beschuldigt worden war, so eine Art Schlusswort. Das wäre alles nicht wahr, was da gesagt worden sei. Sie stritt alles ab, was die Zeugin tagsüber erzählt hatte, und sagte, sie habe ihre Strafe doch schon abgebüßt, direkt nach dem Zweiten Weltkrieg. Ich fand es sehr schlimm, dass sie so was gesagt hat und verstand es überhaupt nicht. Da wurde sie den ganzen Tag beschuldigt und manchmal so eindeutig belastet und sagt danach so etwas! Im Zuschauerraum sah man daraufhin auf den Gesichtern der Leute auch nur noch Schmunzeln oder Erschrecken.

Warum sind denn die anderen aus deiner Klasse nicht länger geblieben?

Bettina: Die hatten ja Freizeit, die Schule war offiziell zu Ende und viele haben ihre Freizeit dem Majdanek-Prozess vorgezogen. […] Und viele meinen, sie wüssten einfach genug aus der Zeit.

Katja: Ja, das stimmt. Oft ist die Reaktion, dass man eben wirklich sagt, schon wieder über das Dritte Reich, schon wieder über Juden sprechen. Auch in der Schule sagen ziemlich viele, ich kann das nicht mehr hören.

BETTINA: Obwohl sie sich, wie ich meine, noch gar nicht gründlich genug damit befaßt haben. Aber sobald es darauf kommt, was in den KZ geschehen ist, wollen sie nichts mehr hören.

KATJA: Ja, aber das ist auch eine Belastung.

BETTINA: Und viele können sich damit überhaupt nicht mehr identifizieren. Für die ist das Omakram.

Bettina Ambach ist in die Fußstapfen ihres Vaters getreten. Als ich sie im Sommer 2024 per Mail kontaktierte, hatte sie wenig Zeit. Sie war gerade auf einem Zwischenstopp in Istanbul, auf dem Weg nach Nigeria. Dort schult sie afrikanische Staatsanwälte, um deren Fähigkeiten zu stärken, neben Terrorismus auch Völkerrechtsverbrechen zu ermitteln und zu verfolgen. Außerdem arbeitet sie an einem Projekt mit, durch das sudanesischen Menschenrechtsanwälten im Exil geholfen wird, Beweise von Menschenrechtsverbrechen im Sudan sicherzustellen. Damit die Verantwortlichen dieser grauenvollen Verbrechen eines Tages zur Rechenschaft gezogen werden können. Auf die Frage, warum sie das mache, schreibt sie: »Nun denn, ich glaube da kommt mein Vater ins Spiel, der als Staatsanwalt im Majdanek-Prozess sowohl bei mir als auch bei meinem Bruder die Weichen gestellt hat. Heute wird natürlich wieder mehr als deutlich, warum solche Prozesse so wichtig waren und es noch immer sind: um den Opfern eine Stimme zu geben und um Gerechtigkeit walten zu lassen, die dann hoffentlich für Abschreckung sorgt und vor allen Dingen darüber aufklärt, was wirklich passiert ist.«

Die Zeugen »von der anderen Seite«

Es sagten auch ehemalige Kollegen und Kolleginnen der Angeklagten aus, die – wie diese – nie etwas gesehen, nie etwas gehört haben wollten. Männer und Frauen, die selbst wegen NS-Verbrechen verurteilt worden waren. Oder solche, die sich peinlichst darum bemühten, dass nur ja nichts an ihnen hängen blieb.

Manche wurden frech, wie die ehemalige SS-Aufseherin Erika Hering, die im Januar 1976 einfach behauptete, ihr sei von Majdanek so gut wie nichts mehr in Erinnerung geblieben. »Privatsachen interessieren Sie ja nicht«, höhnte sie im Zeugenstand, »ob wir in die Stadt Kaffee trinken gegangen sind«, zum Beispiel.

Nichts gesehen und nichts gehört habe angeblich auch Hertha Naumann, geborene Ehlers, Hausfrau aus Bad Homburg. Zur Zeit ihrer Majdanek-Karriere als SS-Aufseherin unterstand ihr ein Wäschereikommando. Über dreißig Jahre später wollte sie im Gerichtssaal den Anwesenden weismachen, sie habe im Lager, »gleich als ich hinkam«, von morgens bis abends nur gearbeitet. »Die ganze Zeit, die ich da war.« Deshalb – so verstehe sich von selbst – habe sie auch »überhaupt nichts von Vergasungseinrichtungen« mitbekommen. Kann sich darunter auch nichts Rechtes vorstellen. »Ich habe auch gar nicht darüber nachgedacht.« Krematorien – na ja, die soll es wohl gegeben haben.

Lamentierend beklagte sie sich in ihrer Zeugenaussage, dass sie damals von Ravensbrück nach Majdanek strafversetzt worden war, weil sie angeblich einem Gefangenen »etwas zugesteckt« habe. Wieso es denn in Ravensbrück besser gewesen sei, wollte Bogen wissen. Da war – so Frau Naumann, ganz biedere Hausfrau – »alles so schön kultiviert, ordentlich, sauber. In Lublin hatten wir Läuse. Da gab's keine richtige Straße. Alles war so lehmig.«

Mitte September 1976 platzte dem an sich ruhigen Staatsanwalt Wolfgang Weber während der Aussage eines ehemaligen Blockführers, der von Judentötungen nur vom »Hörensagen« gewusst haben wollte, lautstark der Kragen. »Man sollte meinen«, fuhr Weber den Zeugen an, »Sie seien nicht in einem KZ gewesen, sondern in einer Jugendherberge.«

Wie erlösend wirkte da der Tag, an dem die damals 66 Jahre alte Lucie Moschko den Gerichtssaal betrat. Es war der 107. Verhandlungstag im Dezember 1976, als die ehemalige Aufseherin des Schneidereikommandos als erste aller bis dahin vernommenen Lagerangestellten unumwunden zugab, von Vergasungen gewusst und Leichentransporten beigewohnt zu haben. Das freilich erst, nachdem die drängenden Fragen von Richter Bogen ihren Panzer von »Ich weiß nichts mehr« nach und nach durchstießen. Am gleichen Tag wie Lucie Moschko versuchte sich der ehemalige Blockführer Müller aus Berlin darin, auf viele Fragen so wenig Antworten wie möglich zu geben. Selbstverständlich wusste auch Müller von niemand und von nichts. Und erst als Bogens Fragen immer präziser wurden, musste Müller widerstrebend einräumen, für einige Wochen die Aufsicht in der Gaskammer gehabt zu haben. Und da durfte er dann »kurz mal reingucken« und hat gesehen, dass die Leichen der Vergasten »so etwas verfärbt« waren. Für alle ewigen Zweifler und nimmermüden Propagandisten der »Auschwitz- oder Majdanek-Lüge« listete Staatsanwalt Dieter Ambach noch einmal die Aussagen der Zeugen auf, die sich aus der Gruppe der Mitschuldigen zu Vergasungen in Majdanek geäußert hatten. Darunter vier der angeklagten Männer und die ehemaligen Aufseherinnen Böttcher und Süss, die wenigstens ihre Kenntnis von Vergasungen eingestanden hatten. Die frühere Aufseherin Erna Wallisch räumte anlässlich ihrer Vernehmung in Österreich ein, Dienst vor der Gaskammer gehabt zu haben und vor Vergasungsaktionen mit anderen SS-Leuten zusammen dort für Ruhe und Ordnung gesorgt zu haben. Ein weiterer Zeuge aus diesem Kollegenkreis erinnerte sich, dass er während einer Vergasung die Schreie der Opfer hören konnte, obwohl ein neben der Gaskammer laufender Dieselmotor diese übertönen sollte.

Eine nach Ansicht von Staatsanwalt Dieter Ambach »positive Ausnahme aus der schweigsamen und vergesslichen Phalanx der Tatbeteiligten« war der frühere SS-Sturmmann und Blockführer in Majdanek, Wilhelm Fink. Es überrasch te die Offenheit, mit der Fink bei zwei Vernehmungen 1965 und 1972 das damalige Geschehen beschrieb. Da Fink bei Beginn der Hauptverhandlung schon verstorben war, mussten die Protokolle dieser Vernehmungen verlesen werden.

Es war vor allem eine Begebenheit, die Fink nach all den Jahren im Gedächtnis geblieben war: die Vergasung von rund hundert jüdischen Kindern, vom Säugling bis zum Zehnjährigen. Etwa Ende August, Anfang September 1943 sollten die Kinder eines Judentransportes aus dem polnisch-russischen Grenzgebiet vergast werden. Da nun die SS-Mannschaft beim Abtransport der Kinder des Warschauer Gettos wenige Monate zuvor herzzerreißende Szenen mit weinenden und sich wehrenden Müttern erlebt hatte, dachte sie sich dieses Mal ein geschicktes Täuschungsmanöver aus. Den Müttern wurde vorgegaukelt, ihre Kinder kämen lediglich in ein anderes Lager. Man lockte die Kleinen mit Nahrungsmitteln und Süßigkeiten auf die Ladeflächen bereitstehender LKWs und Traktoranhänger. Dann fuhr man die Fahrzeuge auf das außerhalb des eigentlichen Lagergeländes gelegene Gut Fellin, ließ sie dort bis Einbruch der Dunkelheit stehen und kehrte zurück ins Lager, wo die Kinder vergast und ihre Leichen verbrannt wurden. SS-Mann Fink bekam am Abend dieses Tages von seinem Vorgesetzten den Befehl, einen Kameraden auf Gut Fellin abzulösen. Dort sah er dann die LKWs und die Traktoren mit den Anhängern, die bis zu Beginn der Dunkelheit dort warteten. Nach etwa zwei Stunden wurden diese Fahrzeuge zurück ins Lager beordert, die Kinder in die Bade- und Vergasungsbaracke geschickt und ihnen befohlen, sich zu entkleiden. Fink trug währenddessen einige Kleinkinder, die noch nicht laufen konnten, in die Baracke. Dabei fragte ihn ein kleines Mädchen: »Gelt, Herr Blockführer, wir werden nicht vergast?« Woraufhin er sich weinend abwandte und keine Antwort gab. Während all dieser Zeit übertönte das Dröhnen der laufenden Fahrzeugmotoren die Schreie und das Weinen der Kinder.

Es sollte Monate dauern, bevor wieder einmal einer der ehemaligen Aufseher und Wachleute Majdaneks sich an etwas erinnerte. Eine solche Ausnahme war der damalige Angehörige des Wachbataillons, Otto Zakis, der im April 1977 gehört wurde. Als Sechzehnjähriger war Zakis seinerzeit zur Hundestaffel von Majdanek gekommen und anschließend nach Buchenwald, Auschwitz und Birkenau abkommandiert worden. »Diese Geschichte«, so versicherte er dem Gericht, »gehört mit zu dem, was ich am schlechtesten in meinem Leben verarbeitet habe.« In all den Jahren will der bei seiner Aussage 51 Jahre alte Mann den »Haufen schreiender Menschen, die gebrochenen Augen« eines vom Wachpersonal erschossenen jüdischen Häftlings nicht vergessen haben. Nach dem Krieg studierte Zakis Theologie und lebte als Pfarrer in Süddeutschland. Als einziger des Kommandantur- und Wachstabes von Majdanek versicherte er bei seiner Aussage, dass jeder

Wach- und Aufsichtsposten im Lager über Häftlingstötungen und Vergasungen sehr wohl informiert gewesen sei.

Auch darüber, was am 3. November 1943 in Majdanek passierte, dem schwärzesten Tag in der düsteren Chronik dieses Ortes. Dieser Tag, von den Nationalsozialisten zynisch »Erntefest« genannt, wurde zum Todestag für mehr als 18.000 Menschen. Alle jüdischen Häftlinge, ob Männer, Frauen oder Kinder, die sich am 3. November in Majdanek befanden, wurden innerhalb weniger Stunden umgebracht. Der ehemalige Krematoriumschef, SS-Oberscharführer Musfeld, schilderte den Ablauf dieses unvorstellbaren Blutbades in einem Verfahren kurz nach Kriegsende: »Gegen sechs Uhr begann die Aktion. Ein Teil der auf Feld V versammelten Juden wurde in eine Baracke getrieben, wobei sie sich auskleiden mussten. Nachher wurde die Drahtumzäunung zwischen dem V. Feld und den Gräben von Schutzhaftlagerführer Thumann durchgeschnitten. Auf diese Weise entstand ein Durchgang. Von diesem Durchgang bis zum Graben bildete man ein Spalier bewaffneter Polizisten. Durch dieses Spalier trieb man in jeden Graben zehn Juden. Diejenigen, die schon im Graben waren, trieb man bis ans Ende des Grabens, wobei sie sich niederlegen mussten. Nachher schossen am Ende des Grabens stehende SS-Männer vom Sonderkommando auf die Juden. Dann mussten sich die Nächstfolgenden auf die Erschossenen legen, so dass sich mit der Zeit der Graben füllte. Erst kamen die Männer, dann die Frauen. Die Aktion dauerte ohne Unterbrechung bis gegen fünf Uhr nachmittags.«

Während dieser Aktion, so erinnerte sich der ehemalige Gestapo-Kriminalkommissar Schubert, übertönte laute Walzer- und Marschmusik die Maschinengewehr-Salven der Mörderkommandos, die Schreie der Opfer. Zur Belohnung bekamen die Sonderkommandos Schnaps, besonders

Verdienstvolle wurden später mit Orden ausgezeichnet. Tagelang brannten anschließend noch die zu Scheiterhaufen aufgestapelten Leichen.

All das wollten die ehemaligen Kollegen der Angeklagten meist nur »vom Hörensagen« gewusst haben, beriefen sich darauf »wie jeder andere auch, meine Pflicht getan zu haben« und hatten scheinbar alles vergessen: die Gaskammern, die Massenmorde, die täglichen Quälereien. Dafür erinnerte man sich dann, so wie der ehemalige Mitarbeiter in Majdaneks Personalabteilung, Hermann Dick, dass er vor der Räumung von Majdanek persönlich in Berlin Schreibmaschinen und Büromaterial abgeliefert hat. Alles andere, »das fragen Sie nach 32 Jahren Herr Richter? Ich verstehe die Welt nicht mehr.«

Josefine Jürgens – Der »Engel«, der den Angeklagten half

Grau und unauffällig saß sie Tag für Tag unter den Zuhörern in Saal 111. Mal plauderte sie mit einer der anderen unscheinbaren älteren Damen, die kaum einen Prozesstag versäumten. Mal drückte sie mitfühlend dem beständigsten Gast, dem Ehemann der Angeklagten Hermine Ryan-Braunsteiner, die Hand. Und erst nachdem ihr Engagement in Sachen Nächstenliebe mit dem höchsten Orden der Bundesrepublik, dem Bundesverdienstkreuz, ausgezeichnet worden war, wurde ruchbar, dass das Herz der Josefine Jürgens nicht nur auf dem rechten Fleck, sondern auch auf der rechten Seite schlug.

Sie starb am 6. Dezember 1981. Ihre Familie setzte in die Todesanzeige die Worte: »Sie mühte sich lange Jahre ihres Lebens um Mitmenschen, die im Schatten stehen, um Waisenkinder und Strafgefangene, und erhielt hierfür das Bundesverdienstkreuz«. Gerade um diese Medaille jedoch hatte es in den letzten Monaten vor ihrem Tod erhebliches Gerangel gegeben. Bundespräsident und Bundesinnenminister hatten kurz vorher einen Erlass unterzeichnet, durch den ihr der Orden wieder aberkannt werden sollte. Ein bislang in der Geschichte der Ordensverleihung Westdeutschlands einmaliger Vorgang.

Die 78 Jahre alte Rentnerin, ehemals Wäschereibesitzerin, war jahrelang in der Presse als »Engel der Gefangenen« gelobt worden. Inzwischen wusste man mehr um ihren Einsatz für die Lebenslänglichen, aber auch über um die strenge Auswahl, die sie unter ihren Schützlingen traf. NS-Verbrecher standen in den letzten Jahren bei ihr hoch im Kurs, und ihre Kontakte zu einem rechtslastigen Verein brachten sie ins Gerede. Am 19. Mai 1981 berichtete der *Westdeutsche Rundfunk* über den Dortmunder Journalisten Jürgen Pomorin, der Josefine Jürgens auf der Bremer Jahreskonferenz der »Stillen Hilfe« angetroffen hatte. Dieser Verein, der sich um die zu lebenslanger Haft verurteilten NS-Verbrecher kümmerte, unterhielt enge Kontakte zur rechtsradikalen HIAG, der Hilfsorganisation ehemaliger SS-Angehöriger.

1946 lernte der Ankläger in den Nürnberger Prozessen, Professor Robert Kempner, die »Stille Hilfe« erstmals durch ihre »Diffamierungskampagne gegen die Dachauer Prozesse« kennen. Später dann tauchte sie wieder auf, als auf Intervention Konrad Adenauers Mitte der fünfziger Jahre neben Kriegsgefangenen auch zahlreiche NS-Verbrecher aus der Sowjetunion in die Bundesrepublik entlassen wurden. Die »Stille Hilfe« empfing sie mit Geschenkpäckchen und überreichte ihnen gleich dazu die Adresse eines vertrauenswürdigen Anwalts. Für alle Fälle.

In den folgenden Jahren setzte sich der Verein, dessen Vermögen sich Anfang der siebziger Jahre offiziell auf 300.000 DM belief und dessen Arbeit als gemeinnützig anerkannt war, in Gnadengesuchen für immer den gleichen Personenkreis ein: für die, laut Vereinssatzung, auf »besondere Fürsorge und Hilfe sittlich denkender und handelnder Menschen angewiesenen« ehemaligen NS-Leuten in bundesdeutschen Gefängnissen.

Im Majdanek-Prozess kümmerten sich die Damen und Herren der »Stillen Hilfe« rührend um die Angeklagten. Mittags brachte man den Untersuchungshäftlingen warmes Essen aus umliegenden Restaurants, jeden Monat gab es einen Scheck ins Gefängnis, zu Weihnachten Pakete, und am Tag nach dem Tod der Angeklagten Orlowski legte man pietätvoll einen Strauß Chrysanthemen auf den freigewordenen Platz in der Anklagebank. In den Verhandlungspausen wurde großmütig ideologisches Gedankengut rechtsradikaler Couleur unter die Zuhörer gebracht, was bei manchen zu diesem Prozess erschienenen ehemaligen KZ-Häftlingen Wut und Empörung auslöste.

Zur gleichen Zeit, als die Verbindung der Josefine Jürgens zur »Stillen Hilfe« bekannt wurde, erfuhr man mit Erstaunen, dass ausgerechnet die Westdeutsche Landesbank (WestLB) die Betreuungsarbeit dieser Frau tatkräftig unterstützte und sie kostenlos im Hause fotokopieren ließ. Darüber befragt, ob er von den Kontakten zu Frau Jürgens etwas wisse, antwortete damals ein Sprecher der Landesbank ziemlich hochnäsig: Man sähe keinen Anlass, das zu überprüfen.

Vier Tage nach der WDR-Sendung, am Verfassungstag 1981, wurde dem »Engel der Gefangenen«, trotz seiner stillen Hilfe, von Bundespräsident Karl Carstens feierlich das Bundesverdienstkreuz überreicht. Und während man genüsslich im vornehmen Steigenberger Hotel aus diesem Anlass zu Tische saß, während der Bundespräsident – so brüstete sich Frau Jürgens später – ausgiebig mit der alten Dame plauderte, ihr gar seine Privatadresse überreicht haben soll, damit ihre Gnadengesuche in Zukunft nicht auf den Schreibtischen Subalterner vermoderte, zeigten draußen vor dem Hotelportal ein paar unverbesserliche Querulanten mit der israelischen Fahne in der Hand so gar kein Verständnis für die Ehrung dieser Frau.

Einen Monat später sprach Josefine Jürgens dann in aller Öffentlichkeit derart unmissverständlich ein paar deutliche Worte, dass auch dem letzten Zweifler das Zweifeln daran verging, aus welcher politischen Ecke ihre Wohltätigkeit wohl kommen mochte. In der Fernsehsendung »Monitor« nahm sie kein Blatt vor den Mund und polterte aus vollem Herzen los: Sie wolle einmal darauf hinweisen, dass im Düsseldorfer

Majdanek-Prozess im Namen des deutschen Bürgers Recht gesprochen werden müsse und nicht im Namen von Kommunisten und Juden. Dabei gestand sie, einen Richter dieses Verfahrens an seine Pflicht erinnert zu haben, »gegen Juden und Kommunisten aufzustehen«. Und beschwerte sich, dass in diesem Prozess zuviel gelogen und von Zeugen zu viele Meineide geschworen worden seien.

Seit diesem Tag war es aus mit der Stille um die Hilfe der Josefine Jürgens. Empört erstattete der Zentralrat der Juden in Deutschland Strafanzeige wegen Volksverhetzung und Beleidigung. SPD-Mitglieder des Düsseldorfer Ortsvereins Pempelforth entdeckten plötzlich in ihrer Mitgliederkartei den Namen der Ordensempfängerin und erzwangen ihren Parteiausschluss. Die »Gesellschaft für Christlich-Jüdische Zusammenarbeit«, deren Mitglied sie nach Auskunft des Vorstands unter Vorspiegelung falscher Tatsachen geworden war, setzte sie vor die Tür.

In der Landesregierung wurde derweil fieberhaft nach demjenigen gefahndet, der dieses Kuckucksei für das noble Ordensnest vorgeschlagen hatte. Nach und nach sickerte durch, dass die nordrhein-westfälische Landesregierung, trotz ihrer Beteuerungen, nichts über die Aktivitäten der Josefine Jürgens gewusst zu haben, sehr wohl darüber hätte informiert sein können. Ein Jahr zuvor hatte nämlich der damalige Innenminister Herbert Schnoor ein langes Gespräch mit der Bittstellerin geführt. Über Gnadengesuche soll dabei geredet worden sein, verlautete die Staatskanzlei. Und da seit einigen Jahren Altnazis die Gnadenliste dieser Frau kürten, hätte man schon damals ihre Anliegen zumindest kritischer beäugen müssen.

Auch die WestLB sah sich zu einer Stellungnahme genötigt. Bestätigte darin, dass über die Fotokopien hinaus Frau Jürgens einmal 5.000 DM und ein anderes Mal 2.500 DM gespendet worden seien. Dabei habe man freilich berücksichtigt, dass Josefine Jürgens zugunsten der Bank ihre auf einem von der Bank erworbenen Grundstück betriebene Wäscherei zur Räumung freigegeben hatte. Von den NS-Aktivitäten habe man nichts gewusst und seit deren Bekanntwerden auch gleich dieser Frau Fotokopier-Verbot erteilt.

Von da an wurde geprüft: bei der Staatsanwaltschaft in Köln und beim Bundespräsidialamt in Bonn. Obwohl es ja eigentlich – so Jurist Robert Kempner – nach den eindeutigen Aussagen der Josefine Jürgens in der »Monitor«-Sendung für die Behörden so recht nichts mehr zu prüfen gab. Josefine Jürgens dagegen verstand derweil die Welt nicht mehr. Die Anschuldigung, sie habe durch ihre Äußerung Volksverhetzung betrieben, hielt sie für den »größten Witz des Jahrhunderts«. Und zu dem Entziehungsverfahren beim Bundespräsidialamt schickte sie gleich ihren Rechtsanwalt: keinen geringeren als Ludwig Bock persönlich, einschlägig bekannt durch seine Auftritte im Majdanek-Prozess.

Josefine Jürgens wollte das dekorative Kreuz zeit ihres Lebens gerne behalten. Denn ihrer Meinung nach hatte sie es sich wahrlich zu Recht verdient. Und lieferte für diese Berechtigung selbst in den letzten Wochen ihres Lebens erneut den Beweis durch stete Anwesenheit in einem im Herbst 1981 vor dem Düsseldorfer Landgericht angelaufenen Prozess. Auch diesmal fiel ihr Schützling nicht aus dem Rahmen. Es war der frühere SS-Oberscharführer Heinz Wisner, der als Sanitäter im KZ Riga mindestens 31 jüdische Häftlinge ermordet haben soll.

Ihr Tod hat den Streit um die Medaille beendet. Die Familie jedenfalls konnte noch stolz in der Todesanzeige darauf hinweisen, dass der »Engel der Gefangenen« für seine Verdienste mit diesem Orden ausgezeichnet worden war.

Epilog

474 Tage lang wurde vor dem Landgericht Düsseldorf verhandelt, rund 350 Zeugen aus dem In- und Ausland angehört: Das Gerichtsverfahren um die NS-Verbrechen im Konzentrationslager Majdanek war eines der aufwendigsten und aufsehenerregendsten Deutschlands und mit 20 Millionen D-Mark auch der teuerste Strafprozess in der deutschen Justizgeschichte. Eine Verhandlung, die emotional aufwühlte. »Das war der schwerste Prozess meiner Karriere. Am schlimmsten waren die Grausamkeiten, die wir uns anhören mussten. Von Opfern und von Tätern. Das war eine enorme Belastung«, so erinnert sich der Pflichtverteidiger Lothar Lindenau später in einem Zeitungsbericht (aus: Ralf Bosen, Vor 40 Jahren. Urteile im Majdanek-Prozess. In: Deutsche Welle, 30.06.2021).

Der Düsseldorfer Majdanek-Prozess sei insgesamt gescheitert, so der Vorsitzende Richter Günter Bogen zehn Jahre nach Urteilsverkündigung in einem Interview mit der Autorin. Bogen bezeichnete das Urteil als »falsch«. Es sei

> »traurig, traurig. Schlicht traurig. Und das ist eigentlich so ein Punkt, mit dem ich wahrscheinlich für den Rest meines Lebens nicht fertig werde. Im Nachhinein so das Gefühl zu haben, als Richter ein verkehrtes Urteil gesprochen zu haben, das belastet schon erheblich. Wir haben damals alle Mühe darangesetzt, das mit Sicherheit nach unserer Überzeugung vorhandene weitere Beweismaterial ausfindig zu machen. Das lag in irgendwelchen polnischen Archiven. Wir haben einen historisch-zeitgeschichtlichen Sachverständigen in den Archiven wochenlang herumstöbern lassen. Er ist nicht fündig geworden.« Ohne dieses Beweismaterial bekam nur eine der angeklagten KZ-Aufseherinnen eine lebenslange

> Haftstrafe, während eine der als brutalsten geltenden Aufseherinnen mit gerade mal 12 Jahren Haft davon kam und drei weitere Mitangeklagte freigesprochen wurden.«

Nach Ansicht von Jens Rommel, dem Leiter der Zentralstelle zur Aufklärung nationalsozialistischer Verbrechen in einem Gespräch mit Deutschlandfunk (27.01.2020), hatte es in der deutschen Justiz lange große Zurückhaltung gegeben, alle NS-Verbrecher angemessen zu verurteilen. Seiner Einschätzung nach war zu dem Zeitpunkt der Majdanek-Prozesse »das deutsche Strafrecht für Massenverbrechen nicht geeignet.«

2011 wurde anders geurteilt. Im Münchener Prozess gegen den gebürtigen Ukrainer John Demjanjuk, der eine neue Ära im Umgang mit Tätern und Täterinnen aus dem Lager-Aufsichtspersonal einläutete, wurde Demjanjuk wegen Beihilfe zum Mord an 28.000 Juden im Vernichtungslager Sobibor zu fünf Jahren Haft verurteilt worden, obwohl der Nachweis einer konkreten Tat zu diesem Zeitpunkt nicht erbracht werden konnte, sondern »allein deswegen, weil er Teil der Vernichtungsmaschinerie war«, wie es in der Urteilsbegründung hieß. »Im Demjanjuk-Verfahren gab es ja keinen lebenden Augenzeugen, der gesagt hat, ich habe gesehen, was Demjanjuk gemacht hat«, so Strafrechtler Cornelius Nestler, Nebenklagevertreter im dem Münchener Prozess, im Jahr 2013 in einem Interview mit der Autorin.

> »Das Besondere war, dass nach so langer Zeit jemand angeklagt wurde, dem nicht eine spezifische Einzeltat, also ein spezifisches Tötungsdelikt vorgeworfen wurde, sondern dem vorgeworfen wurde, dass er in seiner Funktion, also als Wachmann in dem Vernichtungslager Sobibor, Beihilfe zu dem Mord an den Menschen begangen hatte, die in dem

Vernichtungslager, in dem Zeitraum, in dem er dort tätig war, ermordet wurden. Als dann Thomas Walther sozusagen als Erster nach 2000 auf die Idee gekommen ist zu sagen, ja selbstverständlich ist das Beihilfe zum Mord, wenn da jemand täglich mitwirkt, dass die Menschen vernichtet werden können – da ist er auf großen Widerstand gestoßen. Die Juristen um ihn herum haben gesagt, nein, wir müssen doch irgendeine konkrete Einzeltat haben, die wir ihm nachweisen können. Und als Thomas Walther dann argumentiert und gesagt hat, die Tat ist doch, dass der als Wachmann dafür gesorgt hat, dass die Menschen ermordet werden konnten, hat er große Schwierigkeiten gehabt, das durchzusetzen. Bis dann – und das ist das Neue am Demjanjuk-Verfahren – auf einmal die Leitung in Ludwigsburg und die Staatsanwaltschaft in München und auch das Gericht in München gesagt haben, ja natürlich ist das Beihilfe.«

Literaturhinweise

Ambach, Dieter / Thomas Köhler, Lublin-Majdanek. Das Konzentrations- und Vernichtungslager im Spiegel von Zeugenaussagen (Juristische Zeitgeschichte NRW Bd. 12). Justizministerium des Landes NRW, Düsseldorf 2003.

Arndt, Ino, Frauen. Verfolgung und Widerstand (Dachauer Hefte Bd. 3). Verlag Dachauer Heft, Dachau 1987.

Benz, Angelika, Der Henkersknecht. Der Prozess gegen John (Iwan) Demjanjuk in München (Reihe ZeitgeschichteN Bd. 6). Metropol Verlag, Berlin 2011.

Benz, Ute (Hg.), Frauen im Nationalsozialismus. Dokumente und Zeugnisse (Beck'sche Reihe Bd. 1038). C.H. Beck, München 1993.

Cadenbach, Christoph und Bastian Obermayer, Der lange Schatten der Schuld. In: SZ-Magazin, 22.04.2014, https://sz-magazin.sueddeutsche.de/geschichte/der-lange-schatten-der-schuld-80366 (Zugriff 15.07.2024).

Distel, Barbara, Frauen im Holocaust. Bleicher Verlag, Gerlingen 2002.

Distel, Barbara, Frauen in Konzentrationslagern – Opfer und Täterinnen. In: Wolfgang Benz / Barbara Distel (Hg.), Der Ort des Terrors. Geschichte der nationalsozialistischen Konzentrationslager, Bd. 1. C.H. Beck, München 2005, S. 195–209.

Douglas, Lawrence: Späte Korrektur. Die Prozesse gegen John Demjanjuk (Beiträge zur Geschichte des 20. Jahrhunderts Bd. 29). Aus dem Englischen von Felix Kurz. Wallstein Verlag, Göttingen 2020.

Ebbinghaus, Angelika (Hg.), Opfer und Täterinnen. Frauenbiographien des Nationalsozialismus. Fischer-Taschenbuch-Verlag, Frankfurt a.M, 1996.

Erpel, Simone (Hg.), Im Gefolge der SS. Aufseherinnen des Frauen-KZ Ravensbrück. Begleitband zur Ausstellung (Schriftenreihe der Stiftung Brandenburgische Gedenkstätten Bd. 17). Metropol Verlag, Berlin 2018.

Fechner, Eberhard (Regisseur), Der Prozess. Eine Darstellung des Majdanek-Verfahrens in Düsseldorf. 2 DVDs. Absolut MEDIEN 2016.

Frank, Niklas. Meine Deutsche Mutter. C. Bertelsmann, München 2005.

Friedrich, Jörg, Freispruch für die Nazi-Justiz. Die Urteile gegen NS-Richter seit 1948. Ullstein, Berlin 1998.

Glaser, Magdalena. »…wegen mir ist keiner gestorben«. Entlastungsstrategien der ehemaligen KZ-Aufseherin Lächert im Kontext weiblicher Täterschaft. Masterarbeit. Eingereicht an der Universität Wien, ausgezeichnet mit dem Herbert-Steiner-Preis 2022.

Göring, Bettina / Melissa Müller, Der gute Onkel. Mein verdammtes deutsches Erbe. Droemer Verlag, München 2024.

Heise, Ljiljana, KZ-Aufseherinnen vor Gericht. Greta Bösel – »another of those brutal types of women«? (Zivilisationen und Geschichte Bd. 1). Peter Lang, Frankfurt a.M. u.a. 2009.

Heise, Ljiljana, Verhandelte Schuld. Täterinnenschaft im ersten britischen Ravenbrück-Prozess 1946/47. In: Maja Figge et al. (Hg.), Scham und Schuld. Geschlechter(sub)texte der Shoah (GenderCodes. Transkriptionen zwischen Wissen und Geschlecht Bd. 11). Transcript, Bielefeld 2010.

Kaul, Friedrich-Karl, Ich klage an. Der berühmte DDR-Anwalt berichtet als Nebenkläger und Verteidiger in westdeutschen Strafprozessen. Konkret-Buchverlag, Hamburg 1971.

Kay, Alex, Das Reich der Vernichtung. Eine Gesamtgeschichte des nationalsozialistischen Massenmordens. WBG Theiss, Darmstadt 2022.

Klüger, Ruth, Weiter leben. Eine Jugend. dtv, München 1994.

Kompisch, Kathrin, Täterinnen. Frauen im Nationalsozialismus. Böhlau Verlag, Köln 2008.

Krauss, Marita (Hg.), Sie waren dabei. Mitläuferinnen, Nutznießerinnen, Täterinnen im Nationalsozialismus (Dachauer

Symposium zur Zeitgeschichte Bd. 8). Wallstein Verlag, Göttingen 2008.

Kuretsidis-Haider, Claudia et al. (Hg.), Das KZ Lublin-Majdanek und die Justiz. Strafverfolgung und verweigerte Gerechtigkeit. Polen, Deutschland und Österreich im Vergleich. CLIO, Graz 2011.

Lichtenstein, Heiner, Majdanek. Reportage eines Prozesses. EVA, Frankfurt a.M. 1979.

Lower, Wendy, Hitlers Helferinnen. Deutsche Frauen im Holocaust. Aus dem Englischen von Andreas Wirthensohn. Hanser, München 2014.

Magnus, Ariel, Das zweite Leben des Adolf Eichmann. Roman. Aus dem Spanischen von Silke Kleemann. Kiepenheuer & Witsch, Köln 2021.

Mailänder, Elissa, Gewalt im Dienstalltag. Die SS Aufseherinnen des Konzentrationslagers und Vernichtungslagers Majdanek. Hamburger Editionen, Hamburg 2009.

Neumahr, Uwe, Das Schloss der Schriftsteller. Nürnberg '46 – Treffen am Abgrund. C.H. Beck, München 2023.

Przyrembel, Alexandra, Im Bann des Bösen. Ilse Koch – Ein Kapitel Deutscher Gesellschaftsgeschichte 1933 bis 1970. S. Fischer Verlag, Frankfurt a.M. 2013.

Rückerl, Adalbert, Die Strafverfolgung von NS-Verbrechen 1945–1978. Eine Dokumentation (Recht, Justiz, Zeitgeschehen Bd. 31). C.F. Müller Verlag, Heidelberg 1979.

Schaake, Erich. Hitlers Frauen. List Verlag, München 2000.

Scheuer, Lisa. Vom Tode, der nicht stattfand. Theresienstadt, Auschwitz, Freiberg Mauthausen – eine Frau überlebt. Shaker Verlag, Aachen 1998.

Schneider, Helga, Laß mich gehen. Roman. Piper, München 2003.

Schoenberner, Gerhard, Zeugen sagen aus. Berichte und Dokumente über die Judenverfolgung im »Dritten Reich«. Aufbau-Taschenbuch-Verlag, Berlin 1998.

Schubert, Helga, Judasfrauen. 10 Fallgeschichten weiblicher Denunziation im »Dritten Reich«. dtv, München 2021.

Schüddekopf, Charles (Hg.), Der alltägliche Faschismus. Frauen im Dritten Reich, Verlag J.H.W. Dietz Nachf., Berlin u.a. 1981.

Schwartz, Johannes, »Weibliche Angelegenheiten«. Handlungsräume von KZ-Aufseherinnen in Ravensbrück und Neubrandenburg (Studien zur Gewaltgeschichte des 20. Jahrhunderts). Hamburger Editionen, Hamburg 2018.

Szepansky, Gerda, Frauen leisten Widerstand 1933–1945. Lebensgeschichten nach Interviews und Dokumenten, S. Fischer Verlag, Frankfurt a.M. 2018. Reprint 1983.

Volk, Rainer, Das letzte Urteil. Die Medien und der Demjanjuk-Prozess (Zeitgeschichte im Gespräch Bd. 14). De Gruyter, München 2012.

Wamhof, Georg (Hg.), Das Gericht als Tribunal. Oder: Wie der NS-Vergangenheit der Prozess gemacht wurde (Veröffentlichungen des Zeitgeschichtlichen Arbeitskreises Niedersachsen Bd. 25). Wallstein Verlag, Göttingen 2009.

Weckel, Ulrike / Edgar Wolfgrum (Hg.), »Bestien« und »Befehlsempfänger«. Frauen und Männer in NS-Prozessen nach 1945. Vandenhoeck & Ruprecht, Göttingen 2003.

Wefing, Heinrich, Der Fall Demjanjuk. Der letzte große NS-Prozess. C.H. Beck, München 2011.

Anmerkungen

Die Texte von Danuta Medryk stammen aus ihrer Autobiographie »Himmel ohne Vögel« Warschau 1968, Übersetzung Martel/Schaschynek. Der Text von Krystyna Tarasiewicz wurde zunächst in Radar 5/1980 abgedruckt, und der Text von Susanne v. Paczensky erschien 1980 in der »Emma«.

Bildnachweise

Cover, © Brigitte Hellgoth, 1975.

Abb. S. 16, © NRZ-Foto: Friedhelm Zingler.

Abb. S. 32, © ARCHIWUM GŁ. KOMISJI: Badania Zbrodni Hitlerowskich w Polsce.

Abb. S. 47, © Ulrich Baatz, 1977.

Abb. S. 53, © Państwowe Muzeum na Majdanku.

Abb. S. 65, li., © Ulrich Baatz, 1978.

Abb. S. 65, re., © Ulrich Baatz, 1978.

Abb. S. 72, © Albrecht Jaschinski.

Abb. S. 93, li., © privat, 1942.

Abb. S. 93, re., © privat.

Abb. S. 114, © privat.

Abb. S. 144, © NRZ-Foto: Friedhelm Zingler.

Abb. S. 148, © Brigitte Hellgoth, 1975.

Abb. S. 156, © Brigitte Hellgoth, 1975.

Abb. S. 164, © Brigitte Hellgoth, 1975.

Abb. S. 172, li., © Gabriele Jakobi.

Abb. S. 172, re., © Gabriele Jakobi.

Abb. S. 202, © privat.

Abb. S. 206, © dpa Bild, 1975.

Abb. S. 215, © Winfried Göllner.

Buchveröffentlichungen der Autorin

Die Frauen von Majdanek. rororo, Reinbek bei Hamburg 1982.

Besetzung – weil das Wünschen nicht geholfen hat. Köln, Freiburg, Gorleben, Zürich und Berlin. rororo, Reinbek bei Hamburg 1981.

Biedermänner und Brandstifter. Fremdenfeindlichkeit vor Gericht. Dietz Verlag, Bonn 1998.

Zwei Welten. Protokolle aus einer Stadt im Wandel. Emons-Verlag, Köln 2009.

Sprengsatz unterm Küchentisch. Wenn die Frau das Geld verdient. Klett-Cotta, Stuttgart 2013.

Die geprügelte Generation. Kochlöffel, Rohrstock und die Folgen. Klett Cotta, Stuttgart 2012. Erscheint in 7. Auflage bei Piper, München 2013.